Jörn Schütrumpf
Deutsche mit Anstand
Der »Bund Neues Vaterland« wird
»Deutsche Liga für Menschenrechte«

*Dr. Jörn Schütrumpf* war bis 2022 Leiter der Fokusstelle Rosa Luxemburg am Historischen Zentrum der Rosa-Luxemburg-Stiftung in Berlin. Er hat u.a. die Schriften von Paul Levi herausgegeben. Zuletzt veröffentlichte er als Herausgeber im VSA: Verlag den Band »Rosa Luxemburg | Paul Levi: Die Russische Revolution. Neuausgabe einer viel zitierten, aber selten gelesenen Schrift«.

Jörn Schütrumpf

# Deutsche mit Anstand

Der »Bund Neues Vaterland« wird
»Deutsche Liga für Menschenrechte«

Eine Veröffentlichung der Rosa-Luxemburg-Stiftung
zum 75. Jahrestag der »Allgemeinen Erklärung der Menschenrechte«

VSA: Verlag Hamburg

www.vsa-verlag.de

Gefördert mit Mitteln des Bundesministeriums für Wirtschaftliche Zusammenarbeit und Entwicklung (BMZ). Für diese Publikation ist alleine die Herausgeberin verantwortlich. Die hier dargestellten Positionen geben nicht den Standpunkt des Zuwendungsgebers wieder.

Parallel erscheint eine englischsprachige Ausgabe dieser Publikation unter dem Titel »Germans with decency. Commentary and Documents on the ›League for Human Rights‹«, ISBN 978-3-96488-207-3 [www.vsa-verlag.de/nc/buecher/detail/artikel/germans-with-decency/].


Umschlagabbildung: A. Einstein ( l.) und E. J. Gumbel (r.) am 15. Juni 1932 bei einer Versammlung der Deutschen Liga für Menschenrechte.
Druck und Buchbindearbeiten: CPI books GmbH, Leck
ISBN 978-3-96488-185-4

# Inhalt



**Dokumente**

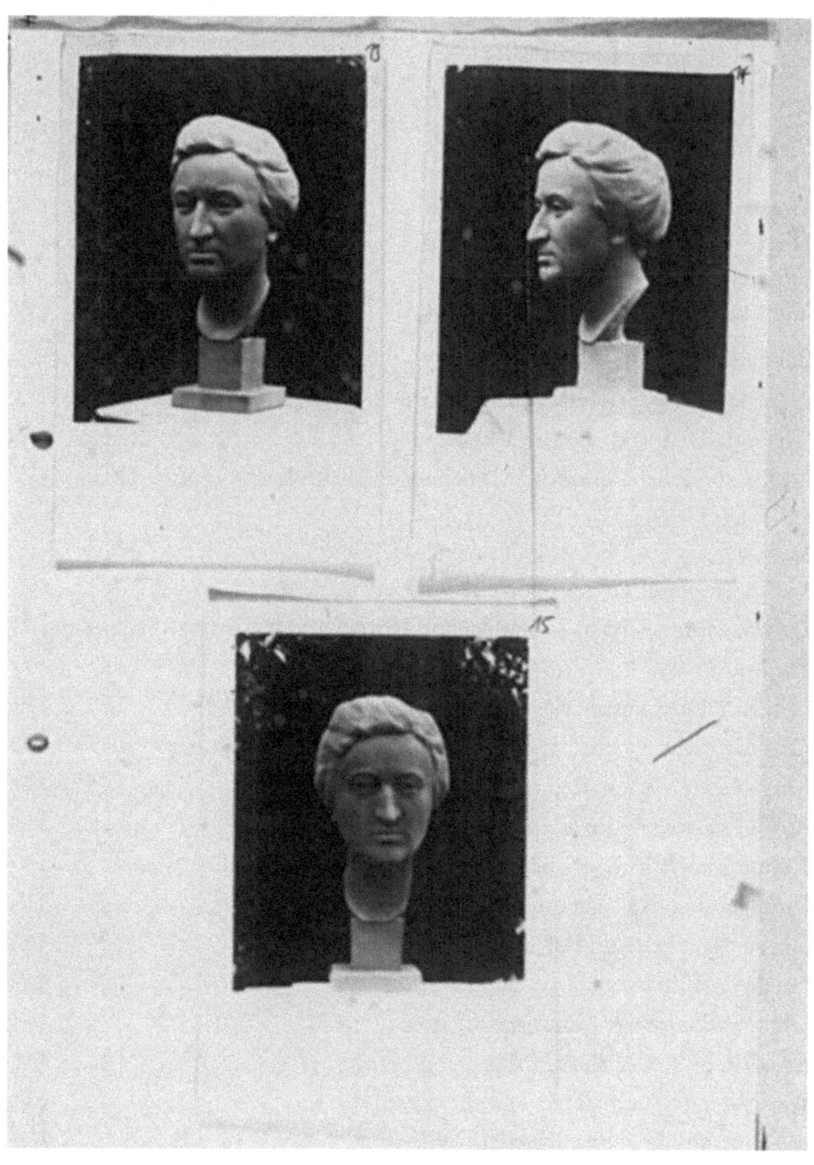

Rosa-Luxemburg-Büste des Bildhauers Carl Lühnsdorf.
Diese erste von Rosa Luxemburg angefertigte Büste stand ab September 1930 in der Geschäftsstelle der Liga für Menschenrechte (siehe hierzu auch das Dokument auf Seite 175). Über ihren Verbleib ist nichts bekannt.

# Spätfolgen

Am 10. Dezember 1948 verabschiedete die Generalversammlung der Vereinten Nationen (UNO) im Pariser Palais de Chaillot, dem 1937 errichteten Nachfolgebau des Trocadéro, die »Allgemeine Erklärung der Menschenrechte«. Der Entwurf dieser – nicht bindenden – Deklaration stammte von René Cassin,[1] einem Vertreter der Internationalen Liga für Menschenrechte und späterem Friedensnobelpreisträger. Die »Fédération internationale des ligues des droits de l'Homme« war 1922 von der Französischen Liga für Menschenrechte[2] unter Beteiligung der Deutschen Liga für Menschenrechte, bis Januar 1922 »Bund Neues Vaterland«, gegründet worden. Weitere gleich gesinnte Organisationen aus anderen Ländern traten hinzu. Bis heute bekennt sich jede nationale Liga, die der Föderation angeschlossen ist, zu den Grundsätzen, die in den im Feuer der Revolution geschmiedeten Deklarationen für Menschenrechte von 1789 und 1793 sowie in der Allgemeinen Deklaration der Menschenrechte von 1948 enthalten sind. An der Fertigstellung des Entwurfs der »Allgemeinen Erklärung der Menschenrechte« hatte sich 1948 Joseph Paul-Boncour[3] beteiligt, Präsident der Internationalen Liga für Menschenrechte von 1948 bis 1972.

Bei der Abstimmung über die Resolution enthielten sich, wenig überraschend, das rassistische Südafrika und Saudi-Arabien sowie Jossif Stalins UdSSR, in ihrem Fahrwasser selbstverständlich auch die Ukraine und Belorussland,[4] außerdem Polen, die Tschechoslowakei und das 1948 zumindest noch nach außen hin moskautreue Jugoslawien.[5]

---

[1] René Cassin (1887–1976) war 1924 und 1938 Frankreichs Vertreter im Völkerbund; von 1946 bis 1958 vertrat er sein Land bei den Vereinten Nationen.

[2] Ligue française pour la défense des droits de l'homme et du citoyen, kurz: Ligue des droits de l'homme.

[3] Der Sozialist Joseph Paul-Boncour (1873–1972) war 1932/33 kurzzeitig Premierminister; 1945 unterzeichnete er in San Francisco für Frankreich die Charta der Vereinten Nationen.

[4] Beiden Sowjetrepubliken war in der UNO ein eigenes Stimmrecht zuerkannt worden.

[5] Das Verhältnis zwischen Generalissimus Jossif Stalin (1878–1953) und Marschall Josip Broz Tito (1892–1980) war zwar schon in Feindschaft umgeschlagen; in der Öffentlichkeit versuchte Tito jedoch noch – die jugoslawische KP war am 27. Juni 1948 aus dem am 30. September 1947 in Warschau gegründeten »Informationsbüro der kommunistischen und Arbeiterparteien« (Kominform) ausgeschlossen worden –,

**Der Text der Resolution lautet:**

»*Da* die Anerkennung der angeborenen Würde und der gleichen und unveräußerlichen Rechte aller Mitglieder der Gemeinschaft der Menschen die Grundlage von Freiheit, Gerechtigkeit und Frieden in der Welt bildet,

*da* die Nichtanerkennung und Verachtung der Menschenrechte zu Akten der Barbarei geführt haben, die das Gewissen der Menschheit mit Empörung erfüllen, und da verkündet worden ist, dass einer Welt, in der die Menschen Rede- und Glaubensfreiheit und Freiheit von Furcht und Not genießen, das höchste Streben des Menschen gilt,

*da* es notwendig ist, die Menschenrechte durch die Herrschaft des Rechtes zu schützen, damit der Mensch nicht gezwungen wird, als letztes Mittel zum Aufstand gegen Tyrannei und Unterdrückung zu greifen,

*da* es notwendig ist, die Entwicklung freundschaftlicher Beziehungen zwischen den Nationen zu fördern,

*da* die Völker der Vereinten Nationen in der Charta ihren Glauben an die grundlegenden Menschenrechte, an die Würde und den Wert der menschlichen Person und an die Gleichberechtigung von Mann und Frau erneut bekräftigt und beschlossen haben, den sozialen Fortschritt und bessere Lebensbedingungen in größerer Freiheit zu fördern,

---

die Fassade zu erhalten. Sein Brief, in dem er Stalin mit seinem Ende drohte, war unmissverständlich: »Hör auf, Mörder nach mir auszusenden! Wir haben bereits fünf von ihnen gefangen, einer von ihnen trug eine Bombe, der andere hatte ein Gewehr [...] Falls Du das nicht verstehst, schicke ich einen sehr effizienten Killer nach Moskau zu Dir. Ich muss bestimmt keinen zweiten nachsenden.« In: www.blog.tagesanzeiger.ch. Die Kominform sollte – aus Stalins Sicht – dem »Erfahrungsaustausch der Parteien« und der »freiwilligen Gleichschaltung ihrer Aktionen« dienen, also letztlich ein Hilfsorgan der sowjetischen Außenpolitik sein. Wegen der Weigerung der jugoslawischen Führung, sich diesem sowjetischen Führungsanspruch zu beugen, war der Sitz des Kominformbüros nach dem 27. Juni 1948 von Belgrad nach Bukarest verlegt worden. Ich danke Wladislaw Hedeler für entsprechende Hinweise. 1948 war jedoch nicht nur ein Jahr des Umbruchs im Verhältnis zwischen der UdSSR und Jugoslawien: In der Tschechoslowakei putschten sich im Februar die Kommunisten an die – alleinige – Macht; in Südafrika errichtete die National Party ihr Apartheid-Regime; mit der Unterbrechung des Warenverkehrs zwischen den deutschen Westzonen und den Berliner Westsektoren – in der Propaganda des Westens bis heute gern als eine »Blockade« à la Leningrad 1941 bis 1944 verkauft – ging Stalin dem Westen in die Falle und wurde dessen bester Mann: Er machte den Weg in die NATO frei. Für entsprechende Hinweise danke ich Florian Weis.

*da* die Mitgliedstaaten sich verpflichtet haben, in Zusammenarbeit mit den Vereinten Nationen auf die allgemeine Achtung und Einhaltung der Menschenrechte und Grundfreiheiten hinzuwirken,

*da* ein gemeinsames Verständnis dieser Rechte und Freiheiten von größter Wichtigkeit für die volle Erfüllung dieser Verpflichtung ist, verkündet die Generalversammlung diese Allgemeine Erklärung der Menschenrechte als das von allen Völkern und Nationen zu erreichende gemeinsame Ideal, damit jeder einzelne und alle Organe der Gesellschaft sich diese Erklärung stets gegenwärtig halten und sich bemühen, durch Unterricht und Erziehung die Achtung vor diesen Rechten und Freiheiten zu fördern und durch fortschreitende nationale und internationale Maßnahmen ihre allgemeine und tatsächliche Anerkennung und Einhaltung durch die Bevölkerung der Mitgliedstaaten selbst wie auch durch die Bevölkerung der ihrer Hoheitsgewalt unterstehenden Gebiete zu gewährleisten.

**Artikel 1:** Alle Menschen sind frei und gleich an Würde und Rechten geboren. Sie sind mit Vernunft und Gewissen begabt und sollen einander im Geiste der Brüderlichkeit begegnen.

**Artikel 2:** Jeder hat Anspruch auf alle in dieser Erklärung verkündeten Rechte und Freiheiten, ohne irgendeinen Unterschied, etwa nach Rasse, Hautfarbe, Geschlecht, Sprache, Religion, politischer oder sonstiger Anschauung, nationaler oder sozialer Herkunft, Vermögen, Geburt oder sonstigem Stand. Des Weiteren darf kein Unterschied gemacht werden auf Grund der politischen, rechtlichen oder internationalen Stellung des Landes oder Gebietes, dem eine Person angehört, gleichgültig ob dieses unabhängig ist, unter Treuhandschaft steht, keine Selbstregierung besitzt oder sonst in seiner Souveränität eingeschränkt ist.

**Artikel 3:** Jeder hat das Recht auf Leben, Freiheit und Sicherheit der Person.

**Artikel 4:** Niemand darf in Sklaverei oder Leibeigenschaft gehalten werden; Sklaverei und Sklavenhandel in allen ihren Formen sind verboten.

**Artikel 5:** Niemand darf der Folter oder grausamer, unmenschlicher oder erniedrigender Behandlung oder Strafe unterworfen werden.

**Artikel 6:** Jeder hat das Recht, überall als rechtsfähig anerkannt zu werden.

**Artikel 7:** Alle Menschen sind vor dem Gesetz gleich und haben ohne Unterschied Anspruch auf gleichen Schutz durch das Gesetz. Alle haben Anspruch auf gleichen Schutz gegen jede Diskriminierung, die gegen

diese Erklärung verstößt, und gegen jede Aufhetzung zu einer derartigen Diskriminierung.
**Artikel 8:** Jeder hat Anspruch auf einen wirksamen Rechtsbehelf bei den zuständigen innerstaatlichen Gerichten gegen Handlungen, durch die seine ihm nach der Verfassung oder nach dem Gesetz zustehenden Grundrechte verletzt werden.
**Artikel 9:** Niemand darf willkürlich festgenommen, in Haft gehalten oder des Landes verwiesen werden.
**Artikel 10:** Jeder hat bei der Feststellung seiner Rechte und Pflichten sowie bei einer gegen ihn erhobenen strafrechtlichen Beschuldigung in voller Gleichheit Anspruch auf ein gerechtes und öffentliches Verfahren vor einem unabhängigen und unparteiischen Gericht.
**Artikel 11:** 1. Jeder, der einer strafbaren Handlung beschuldigt wird, hat das Recht, als unschuldig zu gelten, solange seine Schuld nicht in einem öffentlichen Verfahren, in dem er alle für seine Verteidigung notwendigen Garantien gehabt hat, gemäß dem Gesetz nachgewiesen ist. 2. Niemand darf wegen einer Handlung oder Unterlassung verurteilt werden, die zur Zeit ihrer Begehung nach innerstaatlichem oder internationalem Recht nicht strafbar war. Ebenso darf keine schwerere Strafe als die zum Zeitpunkt der Begehung der strafbaren Handlung angedrohte Strafe verhängt werden.
**Artikel 12:** Niemand darf willkürlichen Eingriffen in sein Privatleben, seine Familie, seine Wohnung und seinen Schriftverkehr oder Beeinträchtigungen seiner Ehre und seines Rufes ausgesetzt werden. Jeder hat Anspruch auf rechtlichen Schutz gegen solche Eingriffe oder Beeinträchtigungen.
**Artikel 13:** 1. Jeder hat das Recht, sich innerhalb eines Staates frei zu bewegen und seinen Aufenthaltsort frei zu wählen. 2. Jeder hat das Recht, jedes Land, einschließlich seines eigenen, zu verlassen und in sein Land zurückzukehren.
**Artikel 14:** 1. Jeder hat das Recht, in anderen Ländern vor Verfolgung Asyl zu suchen und zu genießen. 2. Dieses Recht kann nicht in Anspruch genommen werden im Falle einer Strafverfolgung, die tatsächlich auf Grund von Verbrechen nichtpolitischer Art oder auf Grund von Handlungen erfolgt, die gegen die Ziele und Grundsätze der Vereinten Nationen verstoßen.

**Artikel 15:** 1. Jeder hat das Recht auf eine Staatsangehörigkeit. 2. Niemandem darf seine Staatsangehörigkeit willkürlich entzogen noch das Recht versagt werden, seine Staatsangehörigkeit zu wechseln.

**Artikel 16:** 1. Heiratsfähige Männer und Frauen haben ohne jede Beschränkung auf Grund der Rasse, der Staatsangehörigkeit oder der Religion das Recht, zu heiraten und eine Familie zu gründen. Sie haben bei der Eheschließung, während der Ehe und bei deren Auflösung gleiche Rechte. 2. Eine Ehe darf nur bei freier und uneingeschränkter Willenseinigung der künftigen Ehegatten geschlossen werden. 3. Die Familie ist die natürliche Grundeinheit der Gesellschaft und hat Anspruch auf Schutz durch Gesellschaft und Staat.

**Artikel 17:** 1. Jeder hat das Recht, sowohl allein als auch in Gemeinschaft mit anderen Eigentum innezuhaben. 2. Niemand darf willkürlich seines Eigentums beraubt werden.

**Artikel 18:** Jeder hat das Recht auf Gedanken-, Gewissens- und Religionsfreiheit; dieses Recht schließt die Freiheit ein, seine Religion oder seine Weltanschauung zu wechseln, sowie die Freiheit, seine Religion oder seine Weltanschauung allein oder in Gemeinschaft mit anderen, öffentlich oder privat durch Lehre, Ausübung, Gottesdienst und Kulthandlungen zu bekennen.

**Artikel 19:** Jeder hat das Recht auf Meinungsfreiheit und freie Meinungsäußerung; dieses Recht schließt die Freiheit ein, Meinungen ungehindert anzuhängen sowie über Medien jeder Art und ohne Rücksicht auf Grenzen Informationen und Gedankengut zu suchen, zu empfangen und zu verbreiten.

**Artikel 20:** 1. Alle Menschen haben das Recht, sich friedlich zu versammeln und zu Vereinigungen zusammenzuschließen. 2. Niemand darf gezwungen werden, einer Vereinigung anzugehören.

**Artikel 21:** 1. Jeder hat das Recht, an der Gestaltung der öffentlichen Angelegenheiten seines Landes unmittelbar oder durch frei gewählte Vertreter mitzuwirken. 2. Jeder hat das Recht auf gleichen Zugang zu öffentlichen Ämtern in seinem Lande. 3. Der Wille des Volkes bildet die Grundlage für die Autorität der öffentlichen Gewalt; dieser Wille muss durch regelmäßige, unverfälschte, allgemeine und gleiche Wahlen mit geheimer Stimmabgabe oder einem gleichwertigen freien Wahlverfahren zum Ausdruck kommen.

**Artikel 22:** Jeder hat als Mitglied der Gesellschaft das Recht auf soziale Sicherheit und Anspruch darauf, durch innerstaatliche Maßnahmen und internationale Zusammenarbeit sowie unter Berücksichtigung der Organisation und der Mittel jedes Staates in den Genuss der wirtschaftlichen, sozialen und kulturellen Rechte zu gelangen, die für seine Würde und die freie Entwicklung seiner Persönlichkeit unentbehrlich sind.
**Artikel 23:** 1. Jeder hat das Recht auf Arbeit, auf freie Berufswahl, auf gerechte und befriedigende Arbeitsbedingungen sowie auf Schutz vor Arbeitslosigkeit. 2. Jeder, ohne Unterschied, hat das Recht auf gleichen Lohn für gleiche Arbeit. 3. Jeder, der arbeitet, hat das Recht auf gerechte und befriedigende Entlohnung, die ihm und seiner Familie eine der menschlichen Würde entsprechende Existenz sichert, gegebenenfalls ergänzt durch andere soziale Schutzmaßnahmen. 4. Jeder hat das Recht, zum Schutze seiner Interessen Gewerkschaften zu bilden und solchen beizutreten.
**Artikel 24:** Jeder hat das Recht auf Erholung und Freizeit und insbesondere auf eine vernünftige Begrenzung der Arbeitszeit und regelmäßigen bezahlten Urlaub.
**Artikel 25:** 1. Jeder hat das Recht auf einen Lebensstandard, der seine und seiner Familie Gesundheit und Wohl gewährleistet, einschließlich Nahrung, Kleidung, Wohnung, ärztliche Versorgung und notwendige soziale Leistungen, sowie das Recht auf Sicherheit im Falle von Arbeitslosigkeit, Krankheit, Invalidität oder Verwitwung, im Alter sowie bei anderweitigem Verlust seiner Unterhaltsmittel durch unverschuldete Umstände. 2. Mütter und Kinder haben Anspruch auf besondere Fürsorge und Unterstützung. Alle Kinder, eheliche wie außereheliche, genießen den gleichen sozialen Schutz.
**Artikel 26:** 1. Jeder hat das Recht auf Bildung. Die Bildung ist unentgeltlich, zum mindesten der Grundschulunterricht und die grundlegende Bildung. Der Grundschulunterricht ist obligatorisch. Fach- und Berufsschulunterricht müssen allgemein verfügbar gemacht werden, und der Hochschulunterricht muss allen gleichermaßen entsprechend ihren Fähigkeiten offenstehen. 2. Die Bildung muss auf die volle Entfaltung der menschlichen Persönlichkeit und auf die Stärkung der Achtung vor den Menschenrechten und Grundfreiheiten gerichtet sein. Sie muß zu Verständnis, Toleranz und Freundschaft zwischen allen Nationen und allen rassischen oder religiösen Gruppen beitragen und der Tätigkeit der

Vereinten Nationen für die Wahrung des Friedens förderlich sein. 3. Die Eltern haben ein vorrangiges Recht, die Art der Bildung zu wählen, die ihren Kindern zuteilwerden soll.
**Artikel 27:** 1. Jeder hat das Recht, am kulturellen Leben der Gemeinschaft frei teilzunehmen, sich an den Künsten zu erfreuen und am wissenschaftlichen Fortschritt und dessen Errungenschaften teilzuhaben. 2. Jeder hat das Recht auf Schutz der geistigen und materiellen Interessen, die ihm als Urheber von Werken der Wissenschaft, Literatur oder Kunst erwachsen.
**Artikel 28:** Jeder hat Anspruch auf eine soziale und internationale Ordnung, in der die in dieser Erklärung verkündeten Rechte und Freiheiten voll verwirklicht werden können.
**Artikel 29:** 1. Jeder hat Pflichten gegenüber der Gemeinschaft, in der allein die freie und volle Entfaltung seiner Persönlichkeit möglich ist. 2. Jeder ist bei der Ausübung seiner Rechte und Freiheiten nur den Beschränkungen unterworfen, die das Gesetz ausschließlich zu dem Zweck vorsieht, die Anerkennung und Achtung der Rechte und Freiheiten anderer zu sichern und den gerechten Anforderungen der Moral, der öffentlichen Ordnung und des allgemeinen Wohles in einer demokratischen Gesellschaft zu genügen. 3. Diese Rechte und Freiheiten dürfen in keinem Fall im Widerspruch zu den Zielen und Grundsätzen der Vereinten Nationen ausgeübt werden.
**Artikel 30:** Keine Bestimmung dieser Erklärung darf dahin ausgelegt werden, dass sie für einen Staat, eine Gruppe oder eine Person irgendein Recht begründet, eine Tätigkeit auszuüben oder eine Handlung zu begehen, welche die Beseitigung der in dieser Erklärung verkündeten Rechte und Freiheiten zum Ziel hat.«

Den unmittelbaren Anlass für diese Resolution bildeten die während des Zweiten Weltkrieges verübten deutschen und japanischen Verbrechen gegen die Menschlichkeit. Sie ließen jedoch nicht vergessen, dass der Einsatz für Menschenrechte älteren Datums war. Die Auffassung, dass Menschen unveräußerliche Rechte besitzen (müssen) – den Schutz vor Gewalt und Krieg eingeschlossen – hatte schon in Platon und Aristoteles ihre Vorkämpfer …

# Aus der Mitte der Gesellschaft

In der heutigen deutschen Gesellschaft bildet der Bund Neues Vaterland ein weitgehend vergessenes Kapitel. Die Deutsche Liga für Menschenrechte hat 2019 ihre Arbeit eingestellt, während die Internationale Liga für Menschenrechte im Berliner »Haus der Demokratie« weiter arbeitet.[6] Die Idee, sich für den Kampf um die Menschenrechte zu organisieren, ist ein Kind Frankreichs. Hier entstand mit der Ligue des droits de l'homme 1898 die weltweit erste Menschenrechtsorganisation. Den Anstoß hatte ein von Émile Zola in die Öffentlichkeit getragener Justizskandal gegeben: Der Offizier Alfred Dreyfus – er war Jude – war 1894 auf der Grundlage rechtswidriger Beweise und zweifelhafter Handschriftengutachten wegen angeblichen Landesverrats zu lebenslanger Haft und Verbannung verurteilt worden.[7] Das Ziel der Ligue des droits de l'homme war es, eine Wiederaufnahme dieses Prozesses zu erzwingen. Höchsten Kreise im Militär und anderen einflussreichen antirepublikanischen sowie antisemitischen Kräften gelang es jedoch, über Jahre hinweg, die Wiederherstellung der Bürgerrechte von Dreyfus zu verhindern.[8] Erst nach erbitterten, in der Öffentlichkeit geführten Auseinandersetzungen wurde der Offizier am 12. Juli 1906 vollständig rehabilitiert – eine schwere Niederlage für die französische Rechte.

Der Skandal, der 16 Jahre später in Deutschland zur Bildung einer Menschenrechtsorganisation führte, wog jedoch ungleich schwerer. In Frankreich war es um die Freiheit eines Einzelnen gegangen; in Deutschland ging es um das Leben von Millionen, die durch die verbrecherische Politik der (Un-)Verantwortlichen in Österreich-Ungarn und Deutschland in Kasernen um ihre Freiheit und dann auf den Schlachtfeldern um ihr Leben gebracht wurden.

Unmittelbar nach Beginn des Weltkrieges meinten einige – wenige – Kräfte aus Berlins bürgerlichen Kreisen: Dieses Gemetzel (dass es sich um einen Maschinen-Krieg bisher unbekannten Ausmaßes handelte, war ih-

---

[6] Vgl. ilmr.de.

[7] Der erfolg- und einflussreiche Schriftsteller Émile Zola (1840–1902) hatte daraufhin am 13. Januar 1898 einen offenen Brief an den französischen Präsidenten veröffentlicht: »J'accuse ...!« (»Ich klage an ...!«). Vor allem die Sozialisten um Jean Jaures (1859–1914) schrieben sich von da an einen offensiven Kampf gegen den Antisemitismus auf die Fahnen.

[8] Die Dreyfus-Affäre stärkte unter französischen Juden die zionistische, auf Auswanderung zielende Bewegung.

nen noch gar nicht bewusst) solle mit so wenigen Opfern und so schnell wie möglich – dauerhaft – beendet werden.

Dafür einzutreten, wäre eigentlich Aufgabe der 1892 gegründeten »Deutschen Friedensgesellschaft« gewesen. Doch die hatte am 15. August 1914 erklärt: »Jetzt, da die Frage, ob Krieg oder Frieden, unserem Willen entrückt ist und Deutschland sich in einem schicksalsschweren Kampf befindet, hat jeder deutsche Friedensfreund seine Pflicht gegenüber dem Vaterlande genau wie jeder andere Deutsche zu erfüllen.«[9]

Nicht zuletzt deshalb fanden sich am 16. November 1914 zwei Frauen und neun Männer zu einem »Bund Neues Vaterland« zusammen. Im Einzelnen waren das Lilli Jannasch und Emma Krappek sowie – als Vorsitzende – Kurt von Tepper-Laski und Otto Lehmann-Russbüldt plus Albert Einstein, 1922 Nobelpreisträger für Physik, sowie der Chefredakteur der Zeitschrift »Deutscher Sport«, Georg Ehlers, der spätere Regierende Bürgermeister von West-Berlin Ernst Reuter sowie der Diplomat Hans Schlieben, der Bankier Hugo Simon und der Rechtsanwalt Max Steinschneider.[10]

Wenn auch oft verzerrt, wird heute allenfalls die SPD-Linke, die sogenannte Spartakusgruppe um Rosa Luxemburg (1871–1919), Clara Zetkin (1857–1933), Franz Mehring (1846–1919), Leo Jogiches (1867–1919) und Karl Liebknecht (1871–1919), in Deutschland als Antikriegskraft erinnert. Der Bund Neues Vaterland, dessen Mitglieder zeitweise Aktivitäten der Spartakusgruppe finanzierten,[11] war in den Augen des kaiserlichen Terrorregimes jedoch keineswegs weniger gefährlich – trotz oder auch wegen seiner Verankerung im Bildungsbürgertum. »Hier hat mindestens einmal alles gastiert, was schon mitten im Krieg Bedenken hatte gegen die Darstellungen der offiziellen Propaganda.«[12]

---

[9] Quidde, Ludwig: Der deutsche Pazifismus während des Weltkrieges 1914–1918, aus dem Nachlass hrsg. von Karl Holl, Boppard am Rhein 1979, S. 244.

[10] Otto Lehmann-Russbüldt beginnt seine Aufzählung mit Kurt von Tepper-Laski und sich selbst; vgl. Lehmann-Russbüldt, Otto: Der Kampf der Deutschen Liga für Menschenrechte, vormals Bund Neues Vaterland, für den Weltfrieden 1914–1927, Berlin 1927, S. 6.

[11] Vgl. Luban, Ottokar: Julius Gerson und Eduard Fuchs, die Spendensammler für die Flugschriftenagitation der Spartakusgruppe – Verbindungen zwischen Linkssozialisten und bürgerlichen Pazifisten, in: ders.: Rosa Luxemburgs Demokratiekonzept. Ihre Kritik an Lenin und ihr politisches Wirken 1913–1919 (Rosa-Luxemburg-Forschungsberichte Heft 6), Leipzig 2008, S. 289.

[12] Zirker, Milly: Chronik des Bundes Neues Vaterland, in: Die Weltbühne, 24. Jg., Nr. 10, 6. März 1928, S. 362.

Zur Aufgabe hatte sich diese kleine Gruppe gestellt, *»gegen die Kreise der Alldeutschen anzukämpfen«.*[13] Denn nach Beginn des Weltkriegs hatten aus der Bürgerschaft des Deutschen Reiches die Alldeutschen einen großen Zulauf. Der dadurch noch zusätzlich an Einfluss gewinnende »Alldeutsche Verband« verfolgte ein Programm, das chauvinistisch, militaristisch, expansionistisch und von Rassismus und Antisemitismus geprägt war.[14]

Der Bund Neues Vaterland setzte sich zum Ziel »die direkte und indirekte Förderung aller Bestrebungen, die geeignet sind, die Politik und Diplomatie der europäischen Staaten mit dem Gedanken des friedlichen Wettbewerbs und des überstaatlichen Zusammenschlusses zu erfüllen, um eine politische und wirtschaftliche Verständigung zwischen den Kulturvölkern herbeizuführen«. In gesetzten Worten forderte er eine Demokratisierung Deutschlands: »Das ist nur möglich, wenn mit dem bisherigen System gebrochen wird, wonach einige Wenige über Wohl und Wehe von hunderten Millionen Menschen zu entscheiden haben.«[15]

Lilli Jannasch und Emma Krappek steckten erhebliche Mittel in das Projekt. Die heute weitgehend vergessene Deutsch-Französin Lilli Jannasch (1872– um 1968)[16] hatte auf Bitten von Tepper-Laski und Lehmann-Russ-

---

[13] Lehmann-Russbüldt, Otto: Der Kampf der Deutschen Liga für Menschenrechte, S. 28.

[14] Ausführlich dazu Hering, Rainer: Konstruierte Nation. Der Alldeutsche Verband 1890 bis 1939, Hamburg 2003.

[15] Satzung des »Bundes Neues Vaterland«, in: Lehmann-Russbüldt, Der Kampf der Deutschen Liga für Menschenrechte, S. 139.

[16] Lilli Jannasch, auch Lilly. »Der Großvater war Rechtsanwalt, liberaler Bürgermeister in Köthen und Vizepräsident des ersten Landtages von Anhalt-Köthen. Der Vater Robert Jannasch war Professor für Nationalökonomie mit einem Schwerpunkt auf Außenhandel, auch in den Kolonien. Die Mutter war Französin. Lilly Jannasch wuchs in Schlesien, Dresden und Berlin auf. Spätestens seit 1904 war sie in der Frauenbewegung um Alice Salomon [1872–1948] und in der Freidenkerbewegung um Rudolph Penzig [1855–1931] aktiv. 1906 war sie Gründungsmitglied des Deutschen Bundes für weltliche Schule und Moralunterricht. Sie engagierte sich besonders für eine ethische Erziehung und Schulunterricht ohne religiöse Bindungen [...]. Um 1919 zog Lilly Jannasch in das besetzte Rheinland. Dort trat sie aktiv gegen die verbreitete Diffamierung schwarzer französischer Besatzungssoldaten (›Schwarze Schmach‹) auf. 1924 publizierte sie ein Buch über ›Die Untaten des preußischen Militarismus im besetzten Frankreich und Belgien‹ und erhielt daraufhin eine Anklage vor dem Reichsgericht wegen Hochverrat und Veröffentlichung militärischer Geheimnisse. Diese wurde jedoch abgewiesen. Danach zog sie sich aus allen politischen und publizistischen Aktivitäten zurück. Um 1933 emigrierte Lilly Jannasch. Spätestens seit 1936 lebte sie im französischen Strasbourg. Dort war sie zeitweise als Graphologin tätig. Ihr weiteres Leben ist unbekannt.« wikipedia.org.

büldt für die Verbreitung einer Broschüre ohne Autorenangabe – in ihr wurde für einen schnellen Frieden und für Vereinigte Staaten von Europa geworben[17] – schon im Oktober 1914 den Verlag »Neues Vaterland« gegründet. Auch die Geschäftsführung im Bund Neues Vaterland übernahm sie. Eine rege Publikationstätigkeit setzte ein, die staatlicherseits jedoch schnell mit Verboten von einzelnen Publikationen und mit Diffamierungen in der Öffentlichkeit, keineswegs nur in der alldeutschen Presse, bekämpft wurde. Am 7. Februar 1916 musste der ohnehin schon seit Monaten zuvor Behinderungen ausgesetzte Bund Neues Vaterland für die Dauer des Krieges jegliche Tätigkeit einstellen. Am 31. März wurde Lilli Jannasch festgenommen und ohne Gerichtsverfahren weggesperrt; nach 14 Wochen holte sie ihr Anwalt aus der Haft wieder heraus. Es war Hugo Haase (1863–1919), damals noch einer der beiden Vorsitzenden der SPD, dann – bis zu seiner Ermordung im November 1919 – der alleinige Vorsitzende der Unabhängigen SPD (USPD), die sich zu Ostern 1917 in Gotha von der SPD wegen deren Unterstützung der deutschen Kriegsführung getrennt hatte.

*Emma Krappek,*[18] die Partnerin von Otto Lehmann-Russbüldt, beteiligte sich nicht nur an der Finanzierung des Bundes Neues Vaterland. Sie finanzierte im September 1915 auch die Reisekosten von deutschen Teilnehmern an der Zimmerwalder Konferenz in der Schweiz,[19] von wo die europäische Linke, vorwiegend ihr männlicher Teil, nach Kriegsbeginn ihr zweites Lebenszeichen sandte. Das erste hatten unter der Regie von Clara Zetkin und Angelica Balabanoff[20] schon ein halbes Jahr zuvor die linken

---

[17] Vgl. Lehmann-Russbüldt, Otto: Die Schöpfung der Vereinigten Staaten von Europa, Berlin 1914.

[18] Von Emma Krappek konnten keine Lebensdaten ermittelt werden.

[19] Zwischen dem 5. und 8. September 1915 trafen sich auf der Konferenz in Zimmerwald bei Bern europäische Linke und verabschiedeten – trotz Lenins (1870–1924) Destruktionspolitik (er wollte den Weltkrieg in einen Bürgerkrieg umwandeln, was ihm in Russland 1918 auch gelang) – ein von Trotzki (1979–1940) entworfenes Manifest gegen den Krieg. Ausführlich dazu Horst Lademacher (Hrsg.): Die Zimmerwalder Bewegung. Protokolle und Korrespondenz, 2 Bände, Den Haag u. a. 1967.

[20] Die Führerin der Sozialistischen Partei Italiens, die aus dem ukrainischen Großbürgertum stammende Angelica Balabanoff (1869–1965), 1919 kurze Zeit erster »Sekretär« der Kommunistischen Internationale, war zusammen mit Robert Grimm (1881–1958), dem Redakteur der in Bern erscheinenden sozialdemokratischen »Tagwacht«, Organisatorin der Zimmerwalder und ein Jahr später auch der in Kiental (ebenfalls bei Bern) stattfindenden Antikriegskonferenz.

europäischen Frauen von Bern aus in die Welt geschickt.[21] Doch nicht nur in der parteikommunistischen Literatur ist in der Regel nur von der Männerveranstaltung in Zimmerwald die Rede.

Bis zum Kriegsbeginn hatte Emma Krappek in ihrer Wilmersdorfer Wohnung in der Regensburger Straße dem »Komitee Konfessionslos«, das zweimal wöchentlich eine »Kirchen-Austritts-Korrespondenz« herausgab, ein Büro zur Verfügung gestellt. 1919 trat Emma Krappek in die KPD ein. Ihre Pflegetochter wurde 1920 die erste Frau von Ernst Reuter, der sich als führender deutscher Kommunist »Friesland«[22] nannte. Emma Krappek blieb in der KPD, auch nachdem im Januar 1922 ihr Schwiegersohn ausgeschlossen worden war. In der Partei hieß es, »das Beste an ›Friesland‹ sei seine Schwiegermutter [...]«[23]

*Kurt von Tepper-Laski* (1850–1931) und Otto Lehmann-Russbüldt waren die eigentlichen Initiatoren des Bundes Neues Vaterland. Unter dem 8. August 1914 notierte Lehmann-Russbüldt in sein Tagebuch eine Bemerkung von Tepper-Laski: »Wir müssen nach dem Kriege Revolution machen, um nochmaligen Vorkommnissen vorzubeugen.«[24]

Dabei hatte er die Errichtung einer sozialdemokratischen Republik vor Augen. Der Sportreiter und Rittmeister Tepper-Laski war im Deutsch-Französischen Krieg von 1870/71 ausgezeichnet worden. Nachdem ihm jedoch befohlen wurde, eine Wache vor einer jungen Prinzessin strammstehen zu lassen, hatte er seinen Abschied genommen. Auf verschiedenen Ebenen engagierte sich Tepper-Laski für die deutsch-französische Verständigung und unterstützte 1906 die Gründung des Deutschen Monistenbundes, einer internationalistisch und pazifistisch ausgerichteten Freidenker-Organisation. Angesichts der wachsenden Kriegsgefahr finanzierte er 1913 in Brüssel ein Treffen, auf dem deutsche und französische Journalisten sich besser kennenlernen sollten.

---

[21] Die Tagung hatte zwischen dem 26. und 28. März 1915 stattgefunden; vgl. Erklärung der Internationalen Sozialistischen Frauenkonferenz zu Bern, in: Voigt, Marga (Hrsg.), Clara Zetkin. Die Kriegsbriefe, Berlin 2016, S. 209-212; Balabanoff, Angelica: LENIN oder: Der Zweck heiligt die Mittel. Herausgegeben von Jörn Schütrumpf, 2., korrigierte Auflage, Berlin 2016, S. 47 ff.; Martha Arendsee (1885–1953) und Tony Sender (1888–1964) schmuggelten das Papier nach Deutschland, wo es illegal verbreitet wurde.

[22] Ernst Reuter stammte aus dem friesländischen Apenrade, heute Dänemark.

[23] Brandt, Willy/Löwenthal, Richard: Ernst Reuter. Ein Leben für die Freiheit. Eine politische Biographie. München 1957, S. 208.

[24] Lehmann-Russbüldt, Otto: Der Kampf der Deutschen Liga für Menschenrechte, S. 13.

*Otto Lehmann-Russbüldt* (1873–1964), ein gelernter Buchhändler, arbeitete bis Kriegsbeginn in der Wohnung von Emma Krappek als Geschäftsführer des »Komitees Konfessionslos«. Von 1922 bis 1926 war er Generalsekretär der Deutschen Liga für Menschenrechte; seine 1929 erschienene Arbeit »Die blutige Internationale der Rüstungsindustrie« wurde in elf Sprachen übersetzt. Am 23. August 1933 setzten die Nationalsozialisten Lehmann-Russbüldts Namen neben den von 32 weiteren auf die erste Ausbürgerungsliste.

Mindestens zwölf der 33 Ausgebürgerten waren Mitglieder des Bundes Neues Vaterland bzw. Mitglieder der Liga für Menschenrechte, einer – nach Mitgliedern gerechnet – Mini-Organisation. Mit ihr zu tun indes hatten die meisten:[25] Alfred Apfel*, Anwalt; Georg Bernhard, Journalist; Rudolf Breitscheid*, sozialdemokratischer Politiker; Eugen Eppstein, kommunistischer Politiker; Alfred Falk*, Pazifist; Lion Feuchtwanger, Schriftsteller; Ruth Fischer (in der Liste als Elfriede Gohlke verzeichnet), kommunistische Politikerin; Friedrich Wilhelm Foerster, Philosoph; Hellmut von Gerlach*, Journalist; Kurt Grossmann*, 1926 bis 1933 Generalsekretär der Liga für Menschenrechte; Albert Grzesinski, sozialdemokratischer Politiker, Berliner Polizeipräsident; Emil Julius Gumbel*, Mathematiker; Wilhelm Hansmann, sozialdemokratischer Politiker; Friedrich Heckert, kommunistischer Politiker; Max Hoelz, kommunistischer Politiker; Berthold Jacob*, Journalist; Alfred Kerr, Theaterkritiker; Heinrich Mann*, Schriftsteller; Peter Maslowski, kommunistischer Politiker; Willi Münzenberg, kommunistischer Politiker, Verleger; Heinz Neumann, kommunistischer Politiker; Wilhelm Pieck, kommunistischer Politiker, Philipp Scheidemann, sozialdemokratischer Politiker, erklärte 1918 Deutschland zur Republik; Leopold Schwarzschild, Journalist (»Das Tagebuch«); Max Sievers, Vorsitzender des Freidenker-Verbandes; Friedrich Stampfer, Chefredakteur des SPD-Zentralorgans »Vorwärts«; Ernst Toller*, Schriftsteller; Kurt Tucholsky*, Journalist; Robert Weismann, Preußischer Staatssekretär; Bernhard Weiß, Berliner Vize-Polizeipräsident; Otto Wels, Vorsitzender der SPD; Johannes Werthauer*, Jurist.

Vom Berliner Senat erhielt Otto Lehmann-Russbüldt nach seiner Rückkehr nach Deutschland im Jahre 1951 einen Ehrensold.

Vom vor 1927 verstorbenen Journalisten *Georg Ehlers* ist nur bekannt, dass er am 24. Dezember 1914 zusammen mit Lehmann-Russbüldt im in

---

[25] Die Namen der Mitglieder der Liga für Menschenrechte sind mit * versehen.

der Nähe des Berliner Bahnhofs Friedrichstraße gelegenen Hotel »Continental« stundenlang mit dem Diplomaten Graf Unico von der Gröben (1861–1924) konferierte, der ausführlich darlegte, dass »eine restlose Verständigung zwischen Frankreich und Deutschland [...] sehr wohl möglich gewesen« sei, wenn der Kaiser sie nur gewollt hätte.[26] Gröben gehörte, wie andere Diplomaten auch, zu einem kleinen Kreis, der den Bund Neues Vaterland mit Hintergrundinformationen versorgte, aber im Bund selbst – bis auf den aus dem diplomatischen Dienst ausgeschiedenen Hans Schlieben – nicht in Erscheinung trat.

Über *Albert Einstein* (1879–1955), der kurz vor Kriegsbeginn, von Zürich kommend, einem Ruf an die Kaiser-Wilhelm-Gesellschaft und an die Berliner Universität gefolgt war, sei hier nur angemerkt, dass der Beginn des Ersten Weltkrieges ihn erstmals sich intensiv mit politischen Fragen beschäftigen ließ. An einen österreichischen Kollegen, der an der Universität Leiden in den Niederlanden lehrte, schrieb er wenige Tage nach Kriegsbeginn: »In solcher Zeit sieht man, welch trauriger Viehgattung man angehört. Ich empfinde nur eine Mischung aus Mitleid und Abscheu [...]«

Vier Monate später ergänzte er: »Die internationale Katastrophe lastet schwer auf mir internationalem Menschen. Man begreift schwer beim Erleben dieser ›großen Zeit‹, dass man dieser verrückten, verkommenen Spezies angehört, die sich Willensfreiheit zuschreibt. Wenn es doch irgendwo eine Insel der Wohlwollenden und Besonnenen gäbe! Da wollte ich auch glühender Patriot sein.«[27]

Der aus einer bürgerlichen Familie in Schleswig-Holstein stammende *Ernst Reuter* (1889–1953), seit 1912 Mitglied der SPD und 1914 kurzzeitig einer ihrer besoldeten Wanderredner, hatte in der Wohnung von Emma Krappek halbtags die bei Beginn des Weltkrieges verbotene »Kirchen-Austritts-Korrespondenz« redigiert. Ab November 1914 teilte er sich im Bund Neues Vaterland mit Lilli Jannasch die Geschäftsführung – bis er eingezogen wurde und sich in russischer Kriegsgefangenschaft den Bolschewiki anschloss; 1918 arbeitete er im Siedlungsgebiet der Wolgadeutschen in Saratow als Volkskommissar. Am 19. Dezember 1918 begleitete Reuter den

---

[26] Lehmann-Russbüldt, Otto: Der Kampf der Deutschen Liga für Menschenrechte, S. 19.

[27] Albert Einstein an Paul Ehrenfest, 19. August 1914 sowie ders. an dens., Anfang Dezember 1914, in: Einstein, Albert, Über den Frieden. Weltordnung oder Weltuntergang? Herausgegeben von Otto Nathan und Heinz Norden, Vorwort von Bertrand Russell, Köln 2004, S. 20.

illegal nach Berlin reisenden Karl Radek[28] und machte in der KPD schnell Karriere; von August bis Dezember 1921 war er deren erster und einziger Generalsekretär, brach dann aber innerlich mit der Partei,[29] was zu seinem Ausschluss führte.

Der heimliche Republikaner *Hans Schlieben* (1865–1943) hatte vor dem Weltkrieg als deutscher Konsul in Serbiens Hauptstadt Belgrad gearbeitet; besondere Abneigung pflegte er gegen seinen obersten Chef, den Kaiser, und dessen Politik. Nachdem diese Haltung ruchbar geworden war, sollte Schlieben nach Quito (Ecuador) versetzt werden. Er zog die Pensionierung vor und lebte nach Kriegsbeginn zusammen mit seiner französischen Frau überwiegend in Bern. Dort gab er inkognito, finanziert mit französischen Geheimdienstgeldern und Regierungsmitteln des US-»Comittee on Public Information«, zweimal in der Woche ein Blatt heraus, das sich gegen den preußischen Militarismus wandte: »Die freie Zeitung«. Als der Kopf des Unternehmens gab sich Schlieben in der Öffentlichkeit erst am 17. September 1919 zu erkennen.

Die 1917/18 miteinander befreundeten *Ernst Bloch* (1885–1977), der Philosoph des »Noch-Nicht« und der Ungleichzeitigkeit, und *Hugo Ball* (1886–1927), der Begründer der Dada-Bewegung – beide waren in die Schweiz ausgewichen –, lebten von den Honoraren, die Schlieben ihnen für ihre Zeitungsartikel zahlte.

Sein damals bekanntester Autor war jedoch der – anders als Ernst Bloch und Hugo Ball – heute fast vollständig vergessene *Richard Grelling* (1853–1929), Syndikus des Schutzverbandes Deutscher Schriftsteller und 1892 Mitbegründer der Deutschen Friedensgesellschaft. Seine Schrift »J'accuse! Von einem Deutschen« (1915 in Lausanne erschienen) wurde wegen der ausführlichen Beweisführung, dass der Erste Weltkrieg ein von Österreich-Ungarn und Deutschland systematisch vorbereiteter Konflikt mit dem Ziel

---

[28] Karl Radek, eigentlich Sobelsohn (1885–1939), war wegen finanzieller Unregelmäßigkeiten auf Betreibens Rosa Luxemburgs und ihrer Freunde 1911 aus der polnischen und deutschen Sozialdemokratie ausgeschlossen worden; danach war Radek ein führender Bolschewik. Bis zu seiner Entmachtung 1924 Deutschland-Spezialist der Kommunistischen Internationale, setzte Radek ab 1920 in der KPD die Unterwerfung unter die Bolschewiki sowie – international – die von Lenin in die linke Politik eingeführte Diffamierung von Opponenten als eine zentrale Methode kommunistischer Politik durch. Karl Radek wurde im 2. Moskauer Schauprozess 1937 zu zehn Jahren Lagerhaft verurteilt, am 19. Mai 1939 ließ Stalin seinen Mitwisser ermorden.

[29] Vgl. Friesland, Ernst: (d.i. Ernst Reuter): Zur Krise unserer Partei. Als Manuskript gedruckt, Berlin 1921.

territorialer Eroberungen war, sowohl in der Schweiz als auch, in Übersetzungen, in den Entente-Staaten ein großer Erfolg und – genauso wie »Die freie Zeitung« – in Frankreich und Großbritannien in großen Mengen unter deutschen und österreichisch-ungarischen, immer noch an einen Defensivkrieg der Mittelmächte glaubende Kriegsgefangene verteilt.

*Hugo Simon* (1880–1950), der einzige Privatbanker, der in Deutschland als Linker kenntlich geworden ist, war Aufsichtsratsmitglied beim S. Fischer Verlag und beim Ullstein Verlag sowie der Bankier des Galeristen und Verlegers Paul Cassirer (1871–1926), des Ehemanns der damals im Berliner Theater die Maßstäbe setzenden Schauspielerin Tilla Durieux (1880–1971); sie unterstützte die in Haft sitzende Rosa Luxemburg finanziell.[30] 1918/19 war Simon kurzzeitig für die USPD in Preußen Finanzminister. Als während der galoppierenden Inflation des Jahres 1923 freie Journalisten so gut wie keine verwertbaren Einnahmen mehr erzielen konnten, beschäftigte Simon den auch heute noch gelesenen Kurt Tucholsky als Privatsekretär – bis der »Mann mit den 5 PS«[31] 1924 seinen Lebensmittelpunkt ins Ausland verlegte.

Über Hugo Simon, in dessen Bank »Bett, Simon & Co«[32] die Liga für Menschenrechte ihre Gelder verwalten ließ, schrieb Tisa von der Schulenburg (1903–2001), die Schwester von Fritz-Dietlof Graf von der Schulenburg (1902–1944), eines der späteren Mitverschworenen des Hitler-Attentäters Claus Schenk Graf von Stauffenberg (1907–1944): »Bei Hugo Simon trafen sich wöchentlich Politiker, Künstler, Wissenschaftler, Gelehrte. Der Preußische Ministerpräsident Braun, der Berliner Oberbürgermeister Böss, Scheidemann, Heilmann, Breitscheid, Paul Levi [...] Fast alle namhaften Schriftsteller dieser Zeit gehörten zu diesem Kreis: Brecht, Remarque, die

---

[30] Der Pianist Leo Kestenberg »erzählte auch von Rosa Luxemburg, die im Gefängnis saß. Kurz vor meiner Schweizer Reise hatte ich von ihrer sehr bedrängten materiellen Lage gehört und Kestenberg geraten, eine monatliche Rente, die ich ihm zur Verfügung stellte, ihren Angehörigen zukommen zu lassen. Ich war glücklich, dieser außergewöhnlichen Frau ein wenig helfen zu können.« Tilla Durieux: Eine Tür steht offen. Erinnerungen, Berlin-Grunewald 1954, S. 124.

[31] So nannte sich Tucholsky selbst; er schrieb unter den Pseudonymen Kaspar Hauser, Peter Panter, Theobald Tiger und Ignaz Wrobel. Sein eigener Name, unter dem er nur gelegentlich veröffentlichte, war für ihn sein fünftes Pseudonym.

[32] Berlin W8, Mauerstr. 53.

beiden Zweigs, Döblin, Wassermann, Heinrich Mann, Ringelnatz, Max Herrmann-Neiße, Annette Kolb, Else Lasker-Schüler, Zuckmayer […]«.[33]

Im Exil ab 1933 hatten etliche Emigrantenorganisationen bei Hugo Simons Pariser Bank ihre Konten. 1940 gelang seiner Frau und ihm – mit tschechoslowakischen Pässen – die Flucht nach Brasilien. Seine Bemühungen, wieder unter dem eigenen Namen zu leben, scheiterten.[34]

Justizrat *Max Steinschneider* (Jg. 1853, er starb im Dezember 1915) war Gründer der Villenkolonie Neu-Döberitz im heutigen Dallgow-Döberitz bei Berlin und engagierte sich in zahlreichen sozialen und genossenschaftlichen Projekten. 1915 schenkte er den größten Teil seines Besitzes dem »Verein zur Förderung der Bodenkultur unter den Juden Deutschlands« (Bodenkulturverein), der eine Gärtnereischule für Mädchen errichten sollte. Die Villenkolonie wurde 1933 »arisiert«. Einer der Söhne Steinschneiders, der nach Frankreich emigrierte Rechtsanwalt Adolf Moritz Steinschneider (Jg. 1894), wurde am 11. Juni 1944 von Angehörigen der SS-Einheit »Das Reich«, die am Vortag das Massaker von Oradour[35] verübt hatten, aufgespürt und ermordet.

---

[33] von der Schulenburg, Tisa: Ich hab's gewagt. Bildhauerin und Ordensfrau, Freiburg u.a.1987, S. 84.

[34] Ein Enkel von Hugo Simon hat das Schicksal seines Großvaters in einem Roman verarbeitet; vgl. Cardoso, Rafael: Das Vermächtnis der Seidenraupen. Geschichte einer Familie, aus dem brasilianischen Portugiesisch übersetzt von Luis Ruby, Frankfurt a.M. 2016.

[35] Im französischen Dorf Oradour-sur-Glane wurden 642 Menschen, darunter viele Frauen und Kinder, niedergemetzelt. Kaum einer der Täter wurde zur Verantwortung gezogen.

## Vor dem Haager Treffen am 7. April 1915

Im Bund Neues Vaterland, der nie über 200 Mitglieder hinauskam,[36] trafen sich Konservative, Liberale und Sozialisten. Trotzdem hat die »parteioffizielle Demokratie semi- und sozialdemokratischer Richtung [...] den Bund Neues Vaterland selten mit einem heiteren, meistens mit zwei nassen Augen angesehen: Er galt als ›zu radikal‹.«[37]

Die Namen etlicher seiner Mitglieder, vor allem der männlichen, sind auch heute noch zumindest einer begrenzten Öffentlichkeit bekannt. Bis März 1915 traten Elsbeth Bruck, Ilse Müller-Oestreich, Elisabeth Rotten, Helene Stöcker, Georg Graf Arco, Eduard Bernstein, Kurt Eisner, Rudolf Goldscheid, Walther Schücking, Friedrich Siegmund-Schultze, Hans Wehberg und Richard Witting dem Bund bei – während Anna Hamburger-Ludwig und Anna Thiessen, beide in Berlin lebend, wohl für immer vergessen bleiben.

Wegen Landesverrats wurde die mit Lilli Jannasch eng zusammenarbeitende Schauspielerin *Elsbeth Bruck* (1874–1970) 1918 inhaftiert. Auf die Falschmeldung hin, Elsbeth Bruck sei tot, schrieb in seiner Zelle in der Festung Ansbach Erich Mühsam (1878–1934)[38] in sein Tagebuch: »Elsbeth Bruck hat sich, wie die ›Rote Fahne‹ berichtet, in Berlin erschossen. Das war eine feine, kluge, charaktervolle, von Idealismus erfüllte Frau. Sie tat während des Krieges treu ihre Pflicht und wirkte, ohne Gefährdung und Haft zu scheuen, gegen das Gemetzel und für Aufklärung im Sinne pazifistisch-sozialistischer Ideen. Später stellte sie ihr schönes Rezitationstalent in den Dienst revolutionärer Bestrebungen, und auch von mir hat sie in München und in Berlin Kampfverse vor Arbeitern vermittelt.«[39]

Den Holocaust überlebte Elsbeth Bruck im britischen Exil. Angeblich war sie – die als junge Frau beim Erneuerer des deutschen Theaters, Max Reinhard (1873–1943), auf den Brettern, die die Welt bedeuten, gestanden hatte – später Beraterin für Rhetorik und öffentliches Reden des stark

---

[36] Vgl. Lehmann-Russbüldt, Otto: Der Kampf der Deutschen Liga für Menschenrechte, S. 100.

[37] Ebenda, S. 91.

[38] Erich Mühsam wurde wegen seiner Beteiligung an der Münchener Räterepublik seit 1919 festgehalten; seine Begnadigung 1924 wurde von der Liga für Menschenrechte durchgesetzt; vgl. ebenda, S. 119.

[39] Mühsam, Erich: Tagebücher. Band 11, Heft 34, Eintrag vom 13. September 1922. In: muehsam-tagebuch.de.

sächselnden DDR-Staatschefs Walter Ulbricht (1893–1973).[40] Beerdigt ist sie am Pergolenweg auf dem Friedhof der Sozialisten in Berlin-Friedrichsfelde, ganz in der Nähe des Ulbrichtschen Grabes.

Von der wahrscheinlich 1928 verstorbenen Pädagogin *Ilse Müller-Oestreich* ist wenig bekannt: Sie gehörte zur Führung des »Deutschen Käuferbundes«, einer »Vereinigung von Männern und Frauen aller Konfessionen und Richtungen, welche, als Käufer und Konsumenten, sich ihrer Verantwortung gegenüber den Heimarbeitern, Werkstättenarbeitern und Handelsangestellten bewusst sind und eine Verbesserung der Arbeitsverhältnisse derselben erstreben«.[41]

Am 6. Dezember 1914 vertrat Ilse Müller-Oestreich den Käuferbund bei der Gründung des »Kriegsausschusses für Konsumenteninteressen«, der sich gegen Miet- und Preiswucher wandte und dem sich 35 Verbände, die um die sechs Millionen Mitglieder vertraten, anschlossen. 1917 war Ilse Müller-Oestreich dessen Berichterstatterin.[42] Verheiratet war sie mit dem Vorsitzenden des »Bundes Entschiedener Schulreformer«, Paul Oestreich (1878–1959),[43] mit dem sie auch einige Schriften veröffentlichte.[44]

Die Reformpädagogin *Elisabeth Rotten* (1882–1964) war 1913 über »Goethes Urphänomen und die platonische Idee« promoviert worden und hatte anschließend an der Universität Cambridge gelehrt. Während des Krieges arbeitete sie zusammen mit Friedrich Siegmund-Schultze beim von ihr gegründetem Rettungswerk »Auskunfts- und Hilfsstelle für Deutsche im Ausland und Ausländer in Deutschland«. 1915 vertrat Elisabeth Rotten auf dem 1. Internationalen Frauenfriedenskongress in Den Haag den Bund Neues Vaterland und war zudem an der Gründung der »Women's International League for Peace and Freedom« beteiligt. Später schloss sie sich der »Religious Society of Friends« (Quäker) an. Ihr Leben lang initiierte

---

[40] Vgl. bruckfamilyblog.com

[41] Satzung und Geschäftsbericht des Käuferbundes Deutschland (1907). In: www.europa.clio-online.de

[42] Vgl. Bericht über die Sitzung des Gesamtvorstandes des Kriegsausschusses für Konsumenteninteressen unter Hinzuziehung der Bezirks-Ausschüsse am 25. August 1917 im »Rheingold« Berlin o.J.

[43] Vgl. Homburg, Heidrun: Das Reichswirtschaftsamt/Reichswirtschaftsministerium in der Formierungsphase 1917–1923. Strukturen und Akteure, in: Abelshauser, Werner/Fisch, Stefan/Hoffmann, Dierk/Holtfrerich, Carl-Ludwig/ Ritschl, Albrecht (Hrsg.): Wirtschaftspolitik in Deutschland 1917–1990, S. 173.

[44] U.a. Oestreich, Paul/Mueller-Oestreich, Ilse: Die freie studentische Produktionsgemeinschaft als Vorstufe der Einheitsschule, Berlin-Fichtenau 1920.

Elisabeth Rotten soziale Hilfsprojekte; ab 1937 bis zu ihrem Tod war sie Vizepräsidentin der »Association Montessori Internationale«.

Die in Bern promovierte Frauenrechtlerin *Helene Stöcker* (1869–1943) hatte 1905 den »Bund für Mutterschutz« gegründet, der sich für unverheiratete Mütter und deren Kinder einsetzte. Auch verlangte Helene Stöcker – öffentlich – die Straffreiheit der männlichen Homosexualität. Aus Empörung über die positive Haltung der Kirchen zum Weltkrieg trat sie im Januar 1915 aus der Kirche aus. Zeitlebens engagierte sie sich in Antikriegsgruppen; in der Liga für Menschenrechte arbeitete sie in den Führungsgremien, mal im Vorstand, mal im »politischen Beirat« mit. 1925 initiierte sie zusammen mit René Robert Kuczynski und dem späteren Friedensnobelpreisträger Ludwig Quidde,[45] den »Ausschuss zur Durchführung des Volksentscheids für entschädigungslose Enteignung der Fürsten«. Zu Helene Stöckers 70. Geburtstag richtete der Schutzverband deutscher Schriftsteller am 13. November 1939 in Stockholm eine Feier aus. Die Sexualreformerin starb in New York an Krebs.

Der Technische Direktor des Unternehmens »Telefunken« *Georg Graf Arco* (1869–1940) – er war durch die Entwicklung leistungsstarker Sendeanlagen international bekannt geworden – wurde nach seinem Eintritt in den Bund Neues Vaterland dessen stellvertretender Vorsitzender. Wegen der kritischen Denkschrift »Sollen wir Belgien annektieren?«,[46] deren Verbreitung sofort verboten wurde, geriet er im Juli 1915 erstmals mit den Militärs aneinander. Danach rissen die Auseinandersetzungen nicht mehr ab. Nachdem im September 1918 der zweite Mann in der Militärdiktatur Deutschlands, Erich Ludendorff (1865–1937) – im Einverständnis mit seinem formalen Chef Paul von Hindenburg –, gegenüber der kaiserlichen Reichsführung die Niederlage im Weltkrieg eingestanden und eine parlamentarische Reichsregierung verlangt hatte, die die Verantwortung für das Desaster übernehmen sollte, forderte Arco zusammen mit anderen Vorstandsmitgliedern des Bundes Neues Vaterland in einem Telegramm an den seit dem 3. Oktober amtierenden neuen Reichskanzler, Prinz Max von Baden (1867–1929), die Entlassung aller politischen Gefangenen. Der ebenfalls

[45] Der Historiker Ludwig Quidde (1858–1941) war von 1914 bis 1929 Vorsitzender der Deutschen Friedensgesellschaft. 1927 erhielt er zusammen mit Ferdinand Buisson (1841–1932), dem Mitbegründer und langjährigen Vorsitzenden der französischen Liga für Menschenrechte, den Friedensnobelpreis.

[46] Vgl. Schücking, Lothar: Sollen wir Belgien annektieren?, veröffentlicht in: Lehmann-Russbüldt: Der Kampf der Deutschen Liga für Menschenrechte, S. 164–167.

gerade neu ernannte Staatssekretär ohne Portefeuille in der Reichsregierung Philipp Scheidemann (1865–1939) – zuvor war er seit 1913 Fraktionsvorsitzender der SPD gewesen – machte sich diesen Gedanken zu eigen: Karl Liebknecht und andere kamen frei. Allerdings blieben bis zur Revolution wenige Wochen später zumindest die anderen Führer der Linken, Rosa Luxemburg und Leo Jogiches, in Haft. 1923 war Arco Mitbegründer der »Gesellschaft der Freunde des neuen Russland«; seinen 60. Geburtstag feierte er in Moskau.

*Eduard Bernstein* (1850–1932) ist zumeist als Begründer des theoretischen Revisionismus der Marxschen Auffassungen in Erinnerung. Die Zurückdrängung dieser Auffassungen wurde aber von den Machthabern des Kaiserreichs, die – trotz unvermeidbarer Zugeständnisse an die Zeitumstände – eine Politik im Stile des 18. Jahrhunderts betrieben, keineswegs goutiert: Nach der Aufhebung des Sozialistengesetzes 1890 musste Bernstein als einziger Sozialdemokrat noch lange Jahre im Exil verbleiben; der Haftbefehl gegen ihn wurde erst 1901 aufgehoben. Bernstein trat 1915 nicht nur dem Bund Neues Vaterland bei, sondern meldete sich zusammen mit Hugo Haase und Karl Kautsky (1854–1938) – wenige Wochen nach Rosa Luxemburg, Clara Zetkin, Franz Mehring und Karl Liebknecht,[47] die ihn alle nicht ausstehen konnten – öffentlich gegen den Krieg zu Wort.[48] Der Reichstagsabgeordnete Bernstein zählte zudem zu den wenigen deutschen Politikern, die laut und über den Reichstag vernehmbar gegen den jungtürkischen Genozid, den Völkermord an den Armeniern durch die mit Deutschland verbündete Hohe Pforte, die Führung des Osmanischen Reiches, protestierten.

Ob, und wenn ja, in welchem Verwandtschaftsverhältnis Anton Graf von Arco auf Valley (1897–1945), der am 21. Februar 1919 in München *Kurt Eisner* (1867–1919) mit zwei Revolverschüssen in den Hinterkopf hinmordete, zum Technischen Direktor des Unternehmens »Telefunken« Georg Graf Arco stand, konnte nicht geklärt werden. Bei Kriegsbeginn war Kurt

---

[47] Vgl. deren Beiträge in: Die Internationale. Eine Monatsschrift für Praxis und Theorie des Marxismus, 14. April 1915. Die Zeitschrift wurde nach der ersten Nummer bis 1919 eingestellt, da die Herausgeber, Rosa Luxemburg und Franz Mehring, eine Vorzensur ablehnten. Der im Februar 1915 inhaftierten Rosa Luxemburg war während des Krieges das Publizieren verboten, so dass sie ihre Texte anonym veröffentlichen musste.

[48] Vgl. Bernstein, Eduard/Haase, Hugo/Kautsky, Karl: Das Gebot der Stunde, in: Leipziger Volkszeitung. Organ für die Interessen des gesamten werktätigen Volkes, 22. Jg., Nr. 130, 19. Juni 1915.

Eisner noch von einer russischen Aggression ausgegangen, hatte dann aber schnell begriffen, dass der wirkliche Aggressor Deutschland hieß. Ab Frühjahr 1915 wuchs Eisner zum Kopf der bayrischen Antikriegs-Opposition heran. Zusammen mit Sarah Sonja Rabinowitz, verh. Lerch (1882–1918, gebürtig aus Warschau),[49] organisierte er im Januar 1918 – als Teil einer reichsweiten Streikwelle, mit der eine Demokratisierung des Staates und ein Verständigungsfrieden durchgesetzt werden sollten – den Münchener Munitionsarbeiterstreik. Beide wurden verhaftet, Sarah Sonja Rabinowitz nahm sich in der Haft das Leben. Nachdem der Bund Neues Vaterland die sofortige Freilassung politischer Gefangener gefordert hatte, wieder auf freien Fuß, rief der in Berlin geborene Kurt Eisner am 8. November 1918 den heute noch bestehenden »Freistaat Bayern« aus.[50]

Der umtriebige Privatgelehrte *Rudolf Goldscheid* (1870–1931) aus Wien zählt im deutschsprachigen Raum zu den Pionieren der Soziologie, er begründete mit dem führenden Theoretiker des Austromarxismus Max Adler (1873–1937) die »Soziologische Gesellschaft«. 1909 war Goldscheid Initiator und zusammen mit Ferdinand Tönnies (1855–1936), Max Weber (1864–1920) und Georg Simmel (1858–1918) Mitbegründer der »Deutschen Gesellschaft für Soziologie«. Während des Weltkriegs entwickelte er, der Frage nachgehend, wie die Kriegsschulden finanziert werden könnten, seine Lehre von der Finanzsoziologie, die weltweit rezipiert wurde. 1926 initiierte Goldscheid die Gründung der »Österreichischen Liga für Menschenrechte«.[51]

Der Völkerrechtler *Walther Schücking* (1875–1935) lehrte in Marburg Staatsrecht, Völkerrecht, Kirchen- und Verwaltungsrecht. Als er gegen die Enteignung polnischen Grundbesitzes auf der Grundlage des preußischen Ansiedlungsgesetzes vom 20. März 1908 protestierte, schloss ihn das preußische Kultusministerium wegen »sittlicher Unwürdigkeit« dauerhaft aus

[49] Vgl. Naumann, Cornelia: »Ich hoffe noch, dass aller Menschen Glück nahe sein muss…« Fragmente eines revolutionären Lebens der Sarah Sonja Rabinowitz, Lich 2018.

[50] Der Nachlass Kurt Eisners wird seit 2016 – unterstützt durch die Rosa-Luxemburg-Stiftung – von einem Kreis um Frank Jacob im Berliner Metropol Verlag als »Kurt Eisner Studien« herausgegeben. Bisher sind sieben Bände erschienen.

[51] Von 2018 bis 2020 wurde unter der Leitung von Christopher Treiblmayr das Archiv der Österreichischen Liga für Menschenrechte aufgearbeitet; vgl. auch ders.: »… mit dem heutigen Begriffe der Menschenrechte unvereinbar«. Zum Engagement der Österreichischen Liga für Menschenrechte für Homosexuelle, in: Mitteilungen der Magnus-Hirschfeld-Gesellschaft, H. 55/56, Dezember 2016, S. 50–65. Für den Hinweis bedanke ich mich bei Gabriella Hauch, Wien.

der juristischen Prüfungskommission für das Referendarexamen aus. Im gleichen Jahr veröffentlichte sein Bruder Lothar Schücking (1873–1943), er war der Bürgermeister von Husum, mit dem in Klammern gesetzten Zusatz »Bürgermeister X. Y. in Z.« die Schrift »Die Reaktion in der inneren Verwaltung Preußens«. Nach seiner Enttarnung wurden ihm wegen »Verletzung der Treuepflicht« sein Pensionsanspruch und sein Titel aberkannt. Lothar Schücking trat 1915 ebenfalls dem Bund Neues Vaterland bei. Während des Weltkriegs hielten die Brüder am Gedanken einer internationalen Verständigung fest. Deshalb untersagte das Reichswehr-Generalkommando Kassel 1915 dem Völkerrechtler Walther Schücking, über diese Probleme mit ausländischen Kollegen zu korrespondieren, Reisen in fremde Länder zu unternehmen und seine Ideen über internationale Organisationen zu verbreiten. Von 1921 bis 1933 war Walther Schücking von der deutschen Regierung für zwei Amtsperioden als deutscher Vertreter zum Ständigen Schiedshof in Den Haag entsandt. 1933 blieb er in dieser Stadt; in ihr starb er auch.

Der Theologe *Friedrich Siegmund-Schultze* (1885–1969) war an der Hofkirche zu Potsdam tätig, wo er die Ignoranz der kaiserlichen und bürgerlichen »Eliten« gegenüber der wachsenden Not großer Bevölkerungsteile kennenlernte. Deshalb gründeten er und seine Frau 1911 die »Soziale Arbeitsgemeinschaft Berlin-Ost« (SAG), ein Nachbarschaftshilfe- und Siedlungsprojekt; beide übersiedelten – zusammen mit Gleichgesinnten – in eines der ärmsten Viertel Berlins: am Schlesischen Bahnhof (heute Ostbahnhof).

»Nachbar zu sein, bedeutete für den SAG-Gründer, dem existenten Klassenhass durch bisweilen aufopfernde Beziehungsarbeit und praktizierte Nächstenliebe zu begegnen und mit einer Politik der kleinen Schritte ein Klima gegenseitigen Vertrauens zu schaffen.«[52]

Während des Krieges arbeitete Siegmund-Schultze mit Elisabeth Rotten in deren Rettungswerk »Auskunfts- und Hilfsstelle für Deutsche im Ausland und Ausländer in Deutschland« zusammen. 1933 half er verfolgten Juden bei der Flucht; die Gestapo eskortierte ihn an die Schweizer Grenze: ins Exil.

*Hans Wehberg* (1885–1962) begründete zusammen mit Walther Schücking die pazifistische Völkerrechtslehre. Gegen den von Deutschland begangenen Bruch des Völkerrechts beim Einmarsch ins neutrale Belgien

---

[52] Diese und andere Informationen aus: stadtteilarbeit.de.

protestierte 1915 der Besatzungssoldat Wehberg, woraufhin er in eine Strafeinheit versetzt, anschließend unehrenhaft aus dem Militär entlassen und wegen Landesverrat verfolgt wurde – worüber zwar nicht die deutsche Presse, aber die »Humanité« (Paris) am 22. September 1915 berichtete.[53] Von 1924 bis zu seinem Tod war Wehberg Herausgeber der Zeitschrift »Die Friedens-Warte«, 1928 übernahm er eine Professur am Genfer Institut Universitaire de Hautes Etudes Internationales.

Der Aufsichtsratsvorsitzende der Darmstädter und Nationalbank, der Bankier *Richard Witting*, eigentlich Witkowski (1856–1923), hatte als Berater des Kaisers schon wenige Wochen nach Kriegsbeginn begriffen, dass die Reichsführung – entgegen allen Dementis – einen Eroberungskrieg vom Zaun gebrochen hatte. 1916 bildete sich um Witting ein Gesprächskreis, zu dem der Chefredakteur der linksliberalen »Welt am Montag«, Hellmut von Gerlach, Wittings Schwiegersohn Hans Paasche, Eduard Bernstein, Kurt Eisner und gelegentlich der spätere Außenminister und 1922 von rechtsradikalen Terroristen ermordete Walther Rathenau (Jg. 1867)[54] zählten. Der Chefredakteur des sozialdemokratischen »Vorwärts« nannte Wittings Villa »die wichtigste [der] ›Stätten der Verschwörung‹«.[55] Zusammen mit Hugo Preuß (1860–1925) arbeitete Witting 1919 die ersten Entwürfe der Weimarer Verfassung aus.

Der jüngere Bruder von Richard Witting war Maximilian Harden (1861–1927), seit 1892 Herausgeber der Zeitschrift »Die Zukunft«, die 1915 verboten wurde. Maximilian Harden starb an den Spätfolgen eines Attentats, das 1922 Rechtsradikale verübt hatten; ein analoger Fall zum Attentatsopfer Rudi Dutschke (1940–1979) 50 Jahre später.

---

[53] Vgl. Lehmann-Russbüldt: Der Kampf der Deutschen Liga für Menschenrechte, S. 75.

[54] Ursprünglich plädierte Rathenau als Chef der AEG für Annexionen durch Deutschland; der Vorschlag, 100.000 Belgier – unter nicht selten zum Tode führenden Umständen – zur Arbeit in Deutschland zwangszuverpflichten, ging ebenfalls auf ihn zurück.

[55] Stampfer, Friedrich: Erfahrungen und Erkenntnisse. Aufzeichnungen aus meinem Leben, Köln 1957, S. 218, zit. In: wikipedia.org

***

In den ersten Monaten seiner Existenz hoffte der Bund Neues Vaterland auf eine Zusammenarbeit mit der deutschen Regierung und bot entsprechende Vermittlerdienste an. Denn im Auswärtigen Amt gab es in den ersten Monaten des Krieges noch den Bethmann Hollweg-Flügel, der an einem schnellen Friedensschluss interessiert war und im Frühjahr 1915 eine Konferenz zwischen Vertretern des Bundes Neues Vaterland und Gleichgesinnten aus Großbritannien, Belgien und den Niederlanden förderte. Die Zusammenkunft fand vom 7. bis 10. April 1915 in Den Haag statt – das Auswärtige Amt stellte den deutschen Teilnehmern die Pässe. Neben Tepper-Laski und Lehmann-Russbüldt nahmen vom Bund Walther Schücking und aus Wien Rudolf Goldscheid teil, außerdem, als Vorsitzender der Deutschen Friedensgesellschaft, Ludwig Quidde.[56]

Auf Druck der deutschen Militärs ließ das Auswärtige Amt jedoch ein Vermittlungsangebot von niederländischen Aktivisten unbeantwortet.

Stattdessen sah sich der Bund zunehmend einem Kesseltreiben durch die Militärbehörden ausgesetzt, die mit Briefkontrollen, Briefsperren und der Beschlagnahme von Dokumenten und der Durchsuchung von Büroräumen den Friedensaktivisten das Leben schwer machten.[57]

---

[56] Ludwig Quidde und die Berliner Ortsgruppe der Friedensgesellschaft traten anschließend dem Bund bei.

[57] Vgl. Wieland, Lothar: Deutsche Liga für Menschenrechte, in: Donat, Helmut/ Holl, Karl (Hrsg.): Die Friedensbewegung. Organisierter Pazifismus in Deutschland, Österreich und in der Schweiz, mit einem Vorwort von Dieter Lattmann, Düsseldorf 1983, S. 78.

## Vor der Unterdrückung des Bundes

*Anna Siemsen* (1882–1951) ist kein ganz gewöhnlicher Fall: Nicht nur ihre Brüder, August, der Pädagoge, Politiker und Journalist (1884–1958), Karl, der Jurist und Politiker (1887–1968) sowie Hans, der Journalist und Schriftsteller (1891–1969), sind heute noch Spezialisten geläufig – an deren Schwester erinnern Straßen, u.a. seit 1966 in Berlin-Neukölln, sowie in Hannover und Herford Schulen. Am 29. Dezember 1932 wurde der Pädagogin die Honorarprofessur, die sie seit 1923 an der Universität Jena ausübte, durch den nationalsozialistischen Volksbildungsminister Thüringens entzogen. Da im Schweizer Exil Anna Siemsen nur als Schweizer Staatsbürgerin weiter Politik machen durfte, ging die bis dahin Unverheiratete 1934 mit über 50 Jahren eine Scheinehe ein.

Am 18. September 1919 hatte sie zusammen mit Paul Oestreich und Elisabeth Rotten den »Bund Entschiedener Schulreformer« gegründet. Alle Unternehmungen in der SPD, die links und pazifistisch unterwegs waren, zählten sie zur Mitstreiterin, ob Julius Schaxels[58] »Urania, Monatshefte für Naturerkenntnis und Gesellschaftslehre«, die Zeitschrift »Der Klassenkampf – Marxistische Blätter«, die »Jungsozialistische Schriftenreihe«, bei der sie Mitherausgeberin war, oder 1926 bei der Gründung des »Bundes sozialdemokratischer Intellektueller«, der beim SPD-Parteivorstand auf brüske Ablehnung stieß. 1931 war es ihr jedoch mit der SPD genug. In der von der SPD abgespaltenen Sozialistischen Arbeiterpartei Deutschlands (SAPD) war Anna Siemsen der Kopf des linkssozialdemokratisch-pazifistischen, also des »rechten« Parteiflügels; auf die Periodika der Partei wirkte sie prägend. Menschen wie die KPD-Mitbegründer Rosi Wolfstein (1888–1987) und ihr Partner Paul Frölich (1884–1953), später auch Jacob Walcher,[59] beteiligten sich an dieser Partei. Dazu kamen Otto Brenner (1907–1972) und Max Diamand (1908–1992), nach 1945 beide in der Spitze der IG Metall, und nicht zuletzt Willy Brandt, 1969 bis 1974 Kanzler in der Bundesrepublik. Außerdem gehörte Anna Siemsen dem

[58] Julius Schaxel (1887–1943) war an der Universität Jena als Zoologe und Entwicklungsbiologe tätig; er half, die Dissertationsunterlagen von Karl Marx, der in Jena promoviert hatte, aufzufinden und war 1943 in Moskau für die KPD Mitbegründer des »Nationalkomitees Freies Deutschland«.

[59] Vgl. die 2023 mit dem Preis der Leipziger Buchmesse ausgezeichnete – und tatsächlich ausgezeichnete – Monographie von Scheer, Regina: Bittere Brunnen. Hertha Gordon-Walcher und der Traum von der Revolution, München 2023.

Vorstand der Liga für Menschenrechte[60] sowie der Internationalen Frauenliga für Frieden und Freiheit an. Nach ihrer Rückkehr aus der Emigration lehrte sie nach dem Zweiten Weltkrieg am Pädagogischen Institut der Universität Hamburg.

Der als Vorsitzender der linksliberalen »Demokratischen Vereinigung« erfolglose *Rudolf Breitscheid* (1874–1944) war 1912 zur Sozialdemokratie übergetreten; anders als viele der in der – proletarischen – Wolle gewaschenen Sozialdemokraten war er ein Vollblutpolitiker.

Nach der Gründung des Bundes Neues Vaterland gehörte er zu den Ersten, die dieser winzigen Vereinigung beitraten. Er, der hinter vorgehaltener Hand – halb anerkennend, halb neidvoll – »sozialdemokratischer Lord« genannt wurde, machte sich schnell einen Namen, nicht zuletzt, weil er ab Frühjahr 1915 als Herausgeber der »Sozialistischen Auslandspolitik« die sozialdemokratischen Kritiker der vom SPD-Vorstand betriebenen Burgfriedenspolitik um sich versammelte. 1917 war er führend an der Gründung der USPD beteiligt und wandelte sein Blatt in deren Theorieblatt um; 1918/19 war er auf dem Ticket der USPD in Preußen Innenminister. Im Paris des Jahres 1936 beteiligte sich Breitscheid am vom kommunistischen Verleger Willi Münzenberg (1889–1940) initiierten »Lutetia-Kreis«, dem »Ausschuss zur Vorbereitung einer deutschen Volksfront«. Da jedoch KPD-Vertreter wie der spätere SED-Parteichef Walter Ulbricht (1893–1973) den ersten Moskauer Schauprozess (19. bis 24. August 1936) vehement verteidigten, endete diese Episode schneller, als sie begonnen hatte. Rudolf Breitscheid und seine Frau Tony[61] wurden 1941 von der Vichy-Regierung an die Gestapo ausgeliefert; am 24. August 1944 fiel er in einem Sonderlager des Konzentrationslagers Buchenwald einem alliierten Luftangriff zum Opfer, während seine Frau schwer verletzt überlebte.

Beim Multitalent *Eduard Fuchs* (1870–1940) – sein Freund George Grosz (1893–1959) meinte, er sei »eines der ganz wenigen wirklichen Originale unserer Zeit«[62] gewesen – zog das Finanzamt Berlin-Zehlendorf nicht nur die Reichsfluchtsteuer, sondern – obwohl er gar keine jüdischen Vorfahren

---

[60] Vgl. u.a. Siemsen, Anna: Erziehungsfragen, in: Die Menschenrechte. Organ der Deutschen Liga für Menschenrechte, 4. Jg., Nr. 6, 1. Juni 1929, S. 1–4.

[61] Tony Breitscheid (1878–1968) war eine Frauenrechtlerin und sozialdemokratische Politikerin.

[62] Grosz, George: Ein kleines JA und ein großes NEIN. Sein Leben von ihm selbst erzählt, Frankfurt am Main 2009, S. 235.

besaß – vom verbliebenen Vermögen auch die Judenvermögensabgabe[63] ein. Der »Sittenfuchs«[64] – in der Jugend hatte er als Anarchist und später als Sozialdemokrat mehrmals Bekanntschaft mit deutschen Haftanstalten gemacht – war nach 1900 als Wiederentdecker des nach seinem Tode vergessenen Honoré Daumier (1808–1879) bekannt geworden. Eduard Fuchs finanzierte nicht nur gemeinsam mit Berlins Diva Tilla Durieux die in »Schutzhaft« sitzende Rosa Luxemburg. Der im Halbdunkeln bleibende Spartakusmann[65] war auch eines der aktivsten Mitglieder des Bundes, reiste für ihn durch Europa[66] und war ab 1929 bis zu seinem Tod Finanzier der unter der Führung von Heinrich Brandler (1881–1967) und August Thalheimer (1884–1948) stehenden antistalinistischen KPD-Opposition (KPD-O).

Bei Fuchs, der nach der Aufhebung des Sozialistengesetzes 1890 in Süddeutschland maßgeblich am Aufbau der sozialdemokratischen Presse beteiligt war, hatte im Dezember 1900 ein »Herr Müller« nachgefragt, ob Fuchs in München eine russischsprachige Zeitung – genannt »Iskra« (»Der Funke«) – produzieren könne. Da in München keine kyrillischen Lettern aufzutreiben waren, musste Fuchs nach Probstheida bei Leipzig, dem Zentrum der Exilrussen, ausweichen. Ab Nr. 2 der »Iskra« gab es auch in München entsprechende Buchstaben – samt russischsprachigem Setzer. Am 20. Dezember 1918 schickte Rosa Luxemburg Fuchs nach Moskau zu »Herrn Müller« – alias Lenin –, um ihm klarzumachen, dass er sich aus den deutschen Dingen heraushalten solle. Einen Tag zuvor war – mit viel Geld – Lenins Emissär Karl Radek zusammen mit Ernst Reuter in Berlin aufgelaufen.

Greta, die zweite Frau von Eduard Fuchs (1885–1953) zog im Paris des Januars 1940 zusammen mit einigen Freundinnen von Friedhof zu Friedhof einen Karren, bis man auf dem Friedhof Père Lachaise – dort sind die Kämpfer der Pariser Kommune und Honoré Daumier begraben – den gefrorenen Leichnam von Eduard Fuchs annahm und beerdigte.

---

[63] Die »Verordnung über eine Sühneleistung der Juden deutscher Staatsangehörigkeit« hatte Hermann Göring am 12. November 1938 unterzeichnet.

[64] Durch die drei Bände seiner »Illustrierten Sittengeschichte«, die jeweils durch einen nur an den Haustüren von Akademikern zum Vertrieb zugelassenen Bildband ergänzt wurden, war Fuchs zu dauerhaftem Wohlstand gelangt. In der Bibliothek des Reichstags waren zu Ende der 1920er-Jahre diese sechs Bände die am meisten ausgeliehenen Bücher.

[65] Ausführlich dazu Weitz, Ulrich: Der Mann im Schatten. Eduard Fuchs, Sitten-Fuchs – Sozialist – Konspirateur – Sammler – Mäzen, Berlin 2014.

[66] Zum Heer eingezogen wurde erst ab Jahrgang 1871, dem Geburtsjahr Karl Liebknechts.

Der Bruder von Greta Fuchs war *Max Alsberg* (1877–1933), der Star unter den deutschen Strafverteidigern. Die Geschwister stammten aus der Alsberg-Dynastie, deren im Westen Deutschlands angesiedeltes Kaufhausimperium nach 1933 »arisiert« worden war. Eigentlich vertrat Max Alsberg vor allem Konservative, u.a. 1920 den bis 1918 »amtenden« Stellvertreter des Reichskanzlers und rabiaten Antisemiten Karl Helfferich (1872–1920). 1931 machte sich Alsberg jedoch nicht nur bei den Nazis unbeliebt: Zusammen mit den linken Anwälten Kurt Rosenfeld, Alfred Apfel und Rudolf Olden – allesamt führende Akteure in der Liga für Menschenrechte, dem Nachfolger des Bundes Neues Vaterland – verteidigte er gegen den Vorwurf des Landesverrats den Herausgeber der »Weltbühne«, das Mitglied der Liga Carl von Ossietzky, sowie den Flugzeugkonstrukteur Walter Kreiser (1898–1958), den Sachverständigen der Liga für Luftfahrtfragen. So wie seine Schwester – 20 Jahre später in New York – konnte auch Max Alsberg das Leben im Exil nicht ertragen …

*Hellmut von Gerlach* (1866–1935) war als Konservativer gestartet, stand anfangs sogar der christlich-sozialen, antisemitischen Gruppe um den zeitweiligen Hof- und Domprediger beim preußischen Hof am Berliner Dom, Adolf Stoecker (1835–1909), nahe, änderte aber nach 1892 nachhaltig seine politische Einstellung. 1894 schrieb er Friedrich Engels (1820–1895) einen Brief und besuchte ihn in London. Ab 1898 – mit einer Unterbrechung, als er für eine Legislaturperiode Mitglied des Reichstags war – Chefredakteur der »*Welt am Montag*«, war er schon während des Weltkrieges einer der Aktivisten des Bundes – verschiedene Dokumente tragen seine Unterschrift. Seit 1912, in der Nachfolge von Rudolf Breitscheid, Vorsitzender der »Demokratischen Vereinigung«, wurde er nach dem Krieg – nicht nur regelrecht, sondern auch »regelgerecht« – zu einer Hassfigur der Rechten: Auf einer Versammlung am 20. Februar 1920, kurz vor dem antirepublikanischen Kapp-Putsch vom 13. März 1920, wurde er durch Angehörige eines Freikorps schwer verletzt; anwesende Frauen, darunter die Journalistin Milly Zirker (1888–1971), mit der er 1933 ins Exil gehen sollte,[67] retteten ihm das Leben. Als die deutsche Justiz 1931 Carl von Ossietzky einsperrte, übernahm Gerlach mit großer Selbstverständlichkeit – für die Haftzeit – neben seinem eignen Blatt auch die Leitung der »Weltbühne«.

---

[67] Ausführlich dazu Quetting, Michael: Vorkämpferin für Demokratie, Völkerverständigung und Frieden. Milly Zirker an der Seite Hellmut von Gerlachs, in: Koch, Christoph (Hrsg.): Vom Junker zum Bürger. Hellmut von Gerlach – Demokrat und Pazifist in Kaiserreich und Republik, München 2009, S. 19–48.

Der Organisator der Spartakusgruppe und engste Vertraute Rosa Luxemburgs, Leo Jogiches – im revolutionären Teil der russischen Sozialdemokratie war er zusammen mit Rosa Luxemburg der wichtigste Gegenspieler Lenins –,[68] hatte sich und seine Parteiarbeit mit Einkünften aus dem Familienvermögen, u.a. mit Mieteinnahmen aus Wilna (heute Vilnius) finanziert. Doch das lag nach Kriegsbeginn hinter der Front. Der Druckereibesitzer *Julius Gerson* (1868–etwa 1942), ein deutscher Sozialdemokrat, verschaffte Jogiches in der Köpenicker Str. 110 im Büro der Kreuzberger Steindruckerei Pittius, die ihm und seinem Bruder gehörte, eine Beschäftigung und eine Verdienstmöglichkeit. Auch unterstützte Gerson massiv die beiden führenden Spartakusleute Käte (1871–1953) und Hermann Duncker (1874–1960). Ihre Söhne Karl (1903–1940) und Wolfgang (1909–1942) wohnten zwischendurch bei den Brüdern Gerson[69] – deren Villen standen in Dahlem nebeneinander. Selbst als Gerson im Februar 1918 einige Tage in Untersuchungshaft genommen wurde, war ihm die Beihilfe beim Druck von Jogiches' illegaler Zeitschrift »Spartacus« und anderer Materialien nicht nachzuweisen. Der Emigrant Gerson wurde 1942 in Nizza zur Polizeipräfektur bestellt – dort verliert sich die Spur.

Der Sohn des Verfassers von »J'accuse!« (1915) war der Mathematiker *Kurt Grelling* (Jg. 1886); beide waren im Bund Neues Vaterland schon während des Weltkrieges Mitglied.[70] Nach Kurt Grelling und dem Begründer des »Internationalen Sozialistischen Kampfbundes«, Leonard Nelson (1882–1927), ist die Grelling-Nelson-Antinomie, die in der Unterhaltungslinguistik eine Rolle spielt, benannt. 1940 von Belgien nach Frankreich abgeschoben, befanden sich er und seine nicht-jüdische Frau unter den ca. 65.000 Menschen, die Deutsche und Franzosen Hand in Hand vom Sammellager Drancy bei Paris in Züge verluden, die in die Vernichtungslager fuhren. Die Grellings wurden in Auschwitz ermordet, wahrscheinlich am 12. September 1942; sein Stolperstein vor dem Haus Königsberger Straße 13 in Berlin-Lichterfelde ist 2008 verlegt worden.

Als ab 13. März 1919 Freikorps, ausgestattet mit Gustav Noskes Schießbefehl, systematisch Arbeiter mordend, durch den Friedrichshain und Lich-

---

[68] Vgl. Schütrumpf, Jörn: »Mit den Leninisten können wir nicht weiter zusammengehen…« oder: Wie Lenin Rosa Luxemburg »besiegte«. In: rosalux.de

[69] Vgl. Duncker, Käte und Hermann: Ein Tagebuch in Briefen (1894–1953), hrsg. von Deutschland, Heinz unter Mitarbeit von Deutschland, Ruth, Berlin 2016, S. 2624.

[70] Vgl. Lehmann-Russbüldt, Otto: Der 28. Juni 1818 und Grelling, Richard in: Die Menschenrechte, 4. Jg., Nr. 1, 16. Januar 1929, S. 2; ebenda, Nr. 4/5, 20. April 1929, S. 6f.

tenberg zogen,[71] hielt sich *Emil Julius Gumbel* (1891–1966) für den Bund Neues Vaterland bei einem Kongress in Bern auf. Dadurch entging er der gegen ihn verfügten standrechtlichen Erschießung. An den fortwährenden rechten Terror seit der Versammlung, auf der Hellmut von Gerlach am 20. Februar 1920 beinahe zu Tode getrampelt worden war, erinnerte Jahre später Carl von Ossietzky: »Das geht so seit mehr als zehn Jahren, seit jener denkwürdigen Versammlung in der Aula am Savignyplatz, wo eindringende Baltikumer[72] Hellmut von Gerlach mit ihren Kommiss-Stiefeln traten. Damals wichen Sie als Vorsitzender nicht von Ihrem Platz, Sie blieben ruhig stehen, die Glocke schwingend, noch als Ihnen das Blut von den Hieben der jungen Vaterlandsretter übers Gesicht rieselte.«[73]

Schon mit seiner ersten politischen Schrift – »Vier Jahre Lüge«, erschienen Anfang 1919 als »Flugschrift« Nr. 5 des Bundes Neues Vaterland – hatte sich Gumbel in die Herzen der deutschen Rechten gespielt. Dabei blieb es sein vergleichsweise harmlosestes Buch. Erst durch seine ab 1921 erschienenen Bücher über Fememorde der Rechten,[74] begonnen mit Rosa Luxemburg und Karl Liebknecht, wurde Gumbel neben Albert Einstein zu *dem* Gesicht des Bundes und, ab 1922, dem der Liga für Menschenrechte.

Die Fememörder kamen vielfach aus der »Schwarzen Reichswehr« – illegalen paramilitärischen Formationen, die ab 1919, unter Bruch des Versailler Friedensvertrags, von der offiziellen deutschen Reichswehr gefördert und zum Teil sogar unterhalten wurden. Die in Deutschland von der Entente betriebene Kontrollbehörde tolerierte die Schwarze Reichswehr als »im Notfall« einsetzbare Bürgerkriegstruppe.

Gumbel leuchtete in dieses schier undurchdringliche Geflecht aus Bürgerkriegsvorbereitung, geheimer Rüstung und Terrorismus immer wieder

---

[71] Die in der Literatur zu findende Zahl der Ermordeten schwankt zwischen 1.200 und 2.000; wahrscheinlich war sie, wie in jedem Bürgerkrieg, deutlich höher; ausführlich dazu Weipert, Axel: Die zweite Revolution. Rätebewegung in Berlin 1919/1920, Berlin 2015.

[72] Baltikumer: Die terroristischen Freikorps waren aus demobilisierten Reichwehrangehörigen zuerst im Baltikum entstanden; dort zählten sie anfangs ca. 40.000.

[73] Von Ossietzky, Carl: Professor Gumbel, in: Die Weltbühne, 27. Jg., Nr. 4, 27. Januar 1931, S. 150.

[74] Gumbel: Zwei Jahre Mord, Berlin 1921; ab der 5., wesentlich erweiterten Auflage unter dem Titel: Vier Jahre politischer Mord, Berlin-Fichtenau 1922; viele weitere Auflagen, ab 1927 mit einem Geleitwort Albert Einsteins; ders.: Verschwörer. Beiträge zur Geschichte und Soziologie der deutschen nationalistischen Geheimbünde seit 1918, Wien 1924; ders.: Verräter verfallen der Feme, Berlin 1929; ders.: »Lasst Köpfe rollen!« Faschistische Morde 1924–1931, Berlin 1931 (Reprint 1991).

hinein. Auch in den Veranstaltungen und Publikationen der Liga waren die Schwarze Reichswehr und später in ihrer Existenz geleugnete Reichswehreinheiten ständig ein Thema – was allerdings nichts daran änderte, dass die geheime Aufrüstung weiter verstärkt, nur wesentlich besser getarnt, betrieben wurde.

Im August 1932 wurde dem unablässig, nicht nur an der Heidelberger Universität, terrorisierten Gumbel durch den zuständigen Kultusminister, den die Zentrumspartei stellte – deren ursprünglich demokratisch-republikanische Ausrichtung hatte sich seit 1928 ins Unkenntliche gewandelt – die Lehrberechtigung entzogen. Der Mathematiker hatte auf einer internen Zusammenkunft gemeint, in Erinnerung an den Kohlrüben-Winter 1916/17 eigne sich eine Rübe als Symbol für den Weltkrieg besser als die leicht bekleidete Germania.

»Gumbel war beileibe nicht der Einzige, der […] seitens der präfaschistischen Studenten drangsaliert wurde. Zu nennen sind ferner u.a. der Münchner Staatsrechtler Hans Nawiasky [1880–1961], der Theologe Günther Dehn [1882–1970], der Philosoph Theodor Lessing [1872–1933], der Leipziger Nationalökonom Gerhard Kessler [1883–1963], der Breslauer Jurist Ernst Cohn [1904–1976], der Veterinärmediziner Kurt Obitz [1907–1945] sowie die Pädagogin Anna Siemsen.«[75]

Am 30. Januar 1933, als die deutsche Rechte den Nationalsozialisten die Regierungsgewalt auslieferte, lehrte Gumbel schon seit Monaten an der Sorbonne, 1940 zog er weiter nach New York, wo er die Regierung in Sachen Nationalsozialismus beriet und ab 1953 an der Columbia-University eine Professur innehatte. In der mathematischen Community ist Gumbel als Mitbegründer der Extremwerttheorie und durch sein Hauptwerk »Statistics of Extremes« (1958) unvergessen. Die mathematische »Gumbel-Verteilung« und die »Gumbel-Copula« erinnern an einen Mann, dem bei seinem Tod 1966 in beiden Deutschlands niemand einen Nachruf schrieb.

Thomas Mann (1875–1955) hasste ihn: Für den späteren Literatur-Nobelpreisträger war *Wilhelm Herzog* (1884–1960) »ein schmieriger Literaturschieber […], ein Geldmacher und Geschäftsmann im Geiste von der großstädtischen Scheißeleganz des Judenbengels, der nur in der Odeonbar

[75] Heither, Dietrich: Ich wusste, was ich tat. Emil Julius Gumbel und der rechte Terror in der Weimarer Republik, 2. Auflage, Köln 2016, S. 64.

zu Mittag aß, aber Ceconi's Rechnungen für die teilweise Ausbesserung seines Kloakengebisses nicht bezahlte«.[76]

Der Pazifist Herzog war Thomas Mann Ende 1914 wegen dessen Krieg bejahenden Äußerungen in der Schrift »Gedanken im Kriege«[77] (November 1914) schwer angegangen; 1915 trat Herzog dem Bund Neues Vaterland bei, im September des gleichen Jahres wurde seine Zeitschrift »Forum« »wegen Propagierung eines vaterlandslosen Ästhetentums und Europäertums«[78] verboten. Im November 1918 beauftragte Kurt Eisner seinen Freund Herzog mit der Leitung des »Presse- und Propagandabüros« des Arbeiter- und Soldatenrates.

Ganz anders als Thomas Mann stand sein älterer Bruder Heinrich Mann (1870–1950) zu Herzog, auch noch als er über die USPD 1920 zur KPD überging. Aus ihr wurde Herzog 1928 ausgeschlossen, offiziell weil er Willi Münzenberg einen »roten Hugenberg« genannt hatte. In Wirklichkeit ging es um Herzogs Festhalten an den radikaldemokratischen Positionen Rosa Luxemburgs, die in der KPD längst keine Heimstatt mehr hatten.[79]

Am 10. November 1918 sprach vor dem Reichstagsgebäude für den Bund Neues Vaterland der Sexualwissenschaftler *Magnus Hirschfeld* (1868–1935): »Aus dem Haus an der Sommerstraße, das dem Ingenieurverein gehört, fielen etwa um ¼ 1 mehrere Schüsse. Sie wurden nach dem Reichstaggebäude abgefeuert, vor dem um diese Zeit eine Versammlung des Bundes ›Neues Vaterland‹ unter freiem Himmel stattfand. [...] Herbeigerufenes Militär versuchte, in das Haus einzudringen, um sich der Täter zu bemächtigen. Mit Maschinengewehren, die auf dem Reichstaggebäude aufgestellt waren, wurde das Haus beschossen. Schließlich gelang es, eines der Schießer habhaft zu werden [...]«[80]

Das Flugblatt, mit dem der Bund Neues Vaterland zu dieser Kundgebung aufgerufen hatte, schloss mit: »Es lebe die demokratische sozialistische

---

[76] Zitiert in: Anz, Thomas: »Judenbengel«, »Judenmädchen«, »Entjudung der Justiz«. Zu einem neuen Antisemitismus-Streit um Thomas Mann. In: literaturkritik.de

[77] Vgl. Mann, Thomas: Gedanken im Kriege, in: Die Neue Rundschau, Bd. 25, 1914, S. 1471–1484.

[78] Wieland, Lothar: Wilhelm Herzog, in: Holl, Donat (Hrsg.): Die Friedensbewegung, S. 183.

[79] Ausführlich dazu Brie, Michael/Schütrumpf, Jörn: Rosa Luxemburg. Eine revolutionäre Marxistin an den Grenzen des Marxismus, Hamburg 2021.

[80] Sie wollen nicht Ruhe halten, in: Vorwärts. Berliner Volksblatt. Zentralorgan der sozialdemokratischen Partei Deutschlands, 35. Jg., Nr. 311, 11. November 1918.

Republik!«[81] Verfasst hatte es der deutsch-französische Schriftsteller, das Mitglied des Bundes Neues Vaterland, *René Schickelé* (1883–1940), am 8. November 1918, zu einem Zeitpunkt, als Friedrich Ebert (1871–1925), der Kopf der Mehrheits-Sozialdemokratie, noch von einer konstitutionellen Monarchie träumte. Unterzeichnet hatte für den Bund neben Helene Stöcker und Kurt von Tepper-Laski auch Magnus Hirschfeld – ebenfalls am 8. November 1918, also einen Tag vor der alle überraschenden Samstagvormittagsrevolution der Berliner Arbeiterschaft vom 9. November 1918, die die republikabstinente SPD-Führung unerwartet in eine revolutionär-republikanische Regierung mehr schleuderte als brachte.

Als Hirschfeld, ein bekennender Homosexueller, im Oktober 1920 in München einen Vortrag über eine Verjüngungstheorie[82] hielt, warfen »Antisemiten [...] in der Versammlung Stinkbomben und schlugen zuletzt Hirschfeld nieder. Hirschfeld wurde bewusstlos und schwer verletzt in die Klinik gebracht. Keiner der Gewalttäter ist verhaftet.«[83]

Willi Münzenberg und seine Partnerin Babette Gross (1899–1990) bewohnten in Hirschfelds 1919 gegründetem »Institut für Sexualwissenschaft« eine Zwei-Zimmer-Wohnung. Seit 1930 war Magnus Hirschfeld in Deutschland seines Lebens nicht mehr sicher; von einer Vortragsreise durch die USA kehrte er in sein Heimatland nicht mehr zurück.

Der in jüngster Zeit wieder häufiger aufgelegte *Arthur Holitscher* (1869–1941),[84] Lektor bei Paul Cassirer, stieß ebenfalls schon 1915 zum Bund Neues Vaterland und wurde eines seiner aktivsten Mitglieder; in der Liga für Menschenrechte arbeitete er lange Jahre im Vorstand mit – zusammen mit Emil Julius Gumbel, René Robert Kuczynski, Otto Lehmann-Russbüldt, Generalmajor a.D. Paul von Schoenaich und Kurt Tucholsky.

Zu Holitschers 60. Geburtstag schrieb der damals noch nicht ganz vierzigjährige Tucholsky: »Damals war ich nicht mehr ganz grün in Paris – ich

---

[81] Das Flugblatt gipfelte in: »Es lebe die demokratische sozialistische Republik!«; wiederveröffentlicht in: Lehmann-Russbüldt: Der Kampf der Deutschen Liga für Menschenrechte, S. 82.

[82] Ein Aufreger des Sommers 1920 war die Behauptung des Wiener Physiologen Eugen Steinach (1861–1944), er habe durch die Transplantation von jungen Hoden und Eierstöcken eine Verjüngung seiner Patienten bewirkt.

[83] Ein antisemitisches Heldenstück, in: Vorwärts. Berliner Volksblatt. Zentralorgan der sozialdemokratischen Partei Deutschlands, 37. Jg., Nr. 493, 5. Oktober 1920.

[84] Vgl. Holitscher, Arthur: Charles Baudelaire. Eine Biografie, Berlin 1904; Holitscher, Arthur: Reise durch das jüdische Palästina (Mit fünfzehn Bildern und einer Karte), Berlin 1922.

konnte schon das linke Seine-Ufer vom rechten unterscheiden [...] immerhin. Damals kam er nach Paris. Ich werde das nie vergessen. Weil ich nämlich neben ihm gehen durfte, während er sah – er sah, scheinbar absichtslos, er machte gar keines Wesens davon, dass er ununterbrochen aufnahm, beobachtete, registrierte, arbeitete – er sagte wenigstens kein Wort davon. Und dann las ich den ›Narrenbaedecker durch Paris und London‹[85] – und war tief beschämt. Ich hatte doch, in Paris, dasselbe gesehen wie er – und ich hatte gar nichts gesehen.«[86]

Holitscher, der in seinen jungen Jahren in Budapest dem jüdischen Großbürgertum aus dem Nest gefallen war, starb in Genf: in einem Quartier der Heilsarmee, verarmt und verlassen. Die Grabrede hielt der Verfasser des zur Weltliteratur zählenden Fragments »Der Mann ohne Eigenschaften«, Robert Musil (1880–1942).

Der Konzertpianist *Leo Kestenberg* (1882–1962) hatte ab 1907 an probefreien Sonntagen mit Tilla Durieux in den Vororten Berlins, u.a. in der Hasenheide in Rixdorf/Neukölln, kostenlos Arbeiter-Matineen veranstaltet und dabei Rosa Luxemburg kennengelernt. Während des Krieges arbeitete Kestenberg in Paul Cassirers Verlag – in dem Arthur Holitscher Lektor war – als Geschäftsführer und betreute Rosa Luxemburg, die für Cassirer Wladimir Korolenkos Erinnerungen aus dem Russischen übersetzte.[87] Die Unterstützungsgelder für die in »Schutzhaft« sitzende Spartakus-Führerin flossen von Eduard Fuchs und Tilla Durieux[88] über Leo Kestenberg zu Rosa Luxemburgs Vertrauter Mathilde Jacob (1873–1943). Nach 1933 baute Kestenberg in Palästina das Musikschulwesen auf; von der 1953 gegründeten »International Society for Music Education« wurde er zum ersten Ehrenpräsidenten gewählt.

Sein Buch »Der Kampf der Deutschen Liga für Menschenrechte, vormals Bund Neues Vaterland, für den Weltfrieden 1914–1927« widmete 1927 Otto Lehmann-Russbüldt *Robert René Kuczynski* (1876–1947),[89] einem

---

[85] Vgl. Holitscher, Arthur: Der Narrenbaedeker. Aufzeichnungen aus Paris und London. Mit fünfzehn Holzschnitten von Frans Masereel, Berlin 1925; zuletzt 2012 wieder aufgelegt.

[86] Tucholsky, Kurt: Der Mann mit den Augen, in: Die Menschenrechte, 4. Jg., Nr. 9/10, 1. Oktober 1929.

[87] Vgl. Korolenko, Wladimir: Die Geschichte meines Zeitgenossen. Aus dem Russischen übersetzt und eingeleitet von Rosa Luxemburg, Berlin 1919.

[88] Tilla Durieux, die bis 1952 – lange Jahre illegal – im Exil bei und in Zagreb leben sollte, beteiligte sich 1944 an der »Roten Hilfe« für Josip Broz Titos Partisanen.

[89] Vgl. Lehmann-Russbüldt: Der Kampf der Deutschen Liga für Menschenrechte, S. 3.

nie ermüdenden Aktivisten des Bundes. Kuczynski gilt als einer der Väter der modernen Bevölkerungsstatistik. Nachdem er zusammen mit Helene Stöcker und Ludwig Quidde die Kampagne zur Fürstenteignung initiiert hatte, stellte er 1926 gemeinsam mit Ernst Thälmann (KPD, 1886–1944) und Otto Wels (SPD, 1873–1939) beim Reichsinnenminister den Antrag zum Volksentscheid für entschädigungslose Enteignung der Fürsten. Von insgesamt 40 Millionen Wahlberechtigten trugen sich für diesen Volksentscheid in die Listen über 12,5 Millionen ein; das waren zwei Millionen mehr, als KPD und SPD bei den Reichstagswahlen zuvor an Wählern gewonnen hatten. Am eigentlichen Volksentscheid am 20. Juni 1926 beteiligen sich sogar 15,5 Millionen Wahlberechtigte. Da jedoch die Reichsregierung das Gesetz für verfassungsändernd erklärt hatte, reichte nicht die einfache Mehrheit der Stimmen – es hätten mehr als 50% der Wahlberechtigten zustimmen müssen. Dieses gemeinsame Handeln der beiden großen Arbeiterparteien zusammen mit dem republikanischen Bürgertum zeigte, dass die oft als »Republik ohne Republikaner« apostrophierte erste deutsche Demokratie nicht zwangsläufig hätte untergehen müssen.

Auf der Gründungsversammlung der »Österreichischen Liga für Menschenrechte« am 10. Mai 1926 gab Kuczynski wieder, worüber in der Frage der Gewalt in der deutschen Liga Konsens herrschte: »Die Deutsche Liga für Menschenrechte ist eine Kampforganisation. Sie kämpft für Gerechtigkeit und Frieden, sie kämpft gegen jede Gewaltherrschaft. Für die Liga ist der Krieg nur eines von vielen Unrechten. Der Kampf gegen die Klassenjustiz, der Kampf gegen militaristische Untaten, wie sie die gewaltsame Beseitigung der sächsischen verfassungsmäßigen Regierung 1923 war, ist ihr mindestens ebenso wichtig wie der Kampf gegen den Krieg, und sie würde einen Kriegshetzer, der in seinen Menschenrechten gekränkt würde, ebenso beispringen wie einem Pazifisten.«[90]

Kuczynski war nie Mitglied einer Partei, wählte aber seit 1920 immer KPD, mit der Bemerkung, sie sei die am wenigsten unerträgliche Partei.[91]

Der Shakespeare-Übersetzer und bekennende Anarchist Kropotkinscher Prägung *Gustav Landauer* (1870–1919) bildete im Bund Neues Vaterland den Linksaußen. Mit dem russischen Adligen Peter Kropotkin (1842–1921), dem »anarchistischen Fürsten«, der einen gewalt- und herrschaftsfreien, auf gegenseitiger Hilfe beruhenden Sozialismus propagierte,

---

[90] Ebenda, S. 124.

[91] Vgl. wikipedia.org

verband Landauer ab 1899 – sie hatten sich in London kennengelernt – eine enge Freundschaft. Nach dem Sturz des bayerischen Königshauses im November 1918 lud der neue bayerische Ministerpräsident, der Unabhängige Sozialdemokrat Kurt Eisner, den Anarchisten nach München zum Mittun ein: »Was ich von Ihnen möchte, ist, dass Sie durch rednerische Betätigung an der Umbildung der Seelen mitarbeiten.«[92]

Als Beauftragter für Volksaufklärung der am 7. April 1919 ausgerufenen Münchner Räterepublik schaffte Landauer als Erstes an bayerischen Schulen die Prügelstrafe ab. Doch nachdem Funktionäre der KPD die Anarchisten verdrängt und selbst die Macht übernommen hatten, trat Landauer am 16. April 1919 von allen politischen Ämtern zurück; im Haus des im 21. Februar 1919 auf offener Straße ermordeten Kurt Eisner fiel er am 1. Mai 1919 Freikorps in die Hände: »Das Obduktionsprotokoll der exhumierten Leiche Landauers stellte als Todesursache Schüsse in die linke Augenhöhle, die Stirn rechts und in die linke Brust fest.«[93]

Der im Jahre 1915 wegen erwiesener Kriegsgegnerschaft vom SPD-Vorstand geschasste politische Redakteur des »Vorwärts« *Ernst Meyer* (1887–1930)[94] – als Tuberkulosekranker konnte er nicht wie andere Linke zum Sterben an die Front geschickt werden[95] – gehörte zu jenen, denen Emma Krappek 1915 die Reise zur Zimmerwalder Konferenz finanziert hatte. Als Mitbegründer des Spartakusbundes und der KPD zählte Meyer – mit kurzen Unterbrechungen – stets zu den einflussreichsten Kräften. 1921/22 war er KPD-Vorsitzender, 1926/27 der eigentliche Parteiführer, wurde aber ab 1928 – nicht zuletzt wegen seines sich schnell verschlechternden Gesundheitszustandes – von Ernst Thälmann und anderen Stalin-Anhängern zur Seite geschoben. Während seiner letzten Monate, die er in einem Sanatorium

---

[92] wikipedia.org

[93] Ebenda.

[94] Vgl. Wilde, Florian: Revolution als Realpolitik. Ernst Meyer (1887–1930) – Biographie eines KPD-Vorsitzenden, mit einem Vorwort von Hermann Weber, Konstanz u.a. 2018.

[95] Der prominenteste Fall war der Kopf der Stuttgarter Linken Friedrich Westmeyer (1873–1917), der an der Westfront in einem Kriegslazarett starb. Die Frauen hingegen mussten die Militaristen wegsperren: neben Rosa Luxemburg und 1915, zeitweise, Clara Zetkin sowie den schon erwähnten Lili Jannasch, Elsbeth Bruck und Sarah Sonja Rabinowitz waren auf der Linken die bekanntesten Frauen Berta (auch Bertha) Thalheimer (1883–1959), Rosi Wolfstein, später Frölich und Hertha Gordon, später Walcher (1894–1990).

in Hermannswerder bei Potsdam verbrachte, besuchte ihn von seinen Mit-Kommunisten niemand.

Ernst Meyer starb eine Woche vor dem ersten KPD-Vorsitzenden *Paul Levi* (1883–1930). Meyer hatte 1921 im Auftrag des Emissärs der Kommunistischen Internationale, Karl Radek, die Fronde zum Sturz Levis angeführt, ohne zu begreifen, worum es wirklich ging: Levis »Verbrechen« bestand darin, dass er jeglichen Versuch einer Vorherrschaft der Bolschewiki gegenüber der KPD bekämpft hatte.

Der Friedensnobelpreisträger von 1935 *Carl von Ossietzky* (1889–1938) ist neben Albert Einstein und Kurt Tucholsky das Mitglied des Bundes Neues Vaterland, deren Namen bis heute in der Welt bekannt sind. Nach der Verurteilung des Herausgebers der »Weltbühne« wegen angeblichen Verrats militärischer Geheimnisse 1931 versuchte Kurt von Schleicher (1882–1934), der letzte Reichskanzler vor Adolf Hitler (1889–1945), Ossietzky zu einem Exil in der Schweiz zu bewegen. Dessen Kommentar beschränkte sich auf einen Satz: »Jetzt sollen die Herren, die mir die Gefängnissuppe eingebrockt haben, sie auch selber auslöffeln.«

Die von Ossietzky nach dem Tode Siegfried Jacobsohns (1881–1926) herausgegebene »Weltbühne« war der Liga für Menschenrechte eng verbunden, aber in der deutschen Politik – selbst in ihrer Hochphase mit 15.000 gedruckten Exemplaren – ebenso wie die Liga nur eine randständige Erscheinung. Trotzdem gelang es beiden immer wieder, in der Öffentlichkeit durchzudringen. Der, ähnlich wie Erich Mühsam, in nationalsozialistischen Konzentrationslagern bestialisch gefolterte Stilist der »Weltbühne« verbrachte seine letzten zwei Jahre unter Polizeiaufsicht in einem Berliner Krankenhaus. Carl von Ossietzkys Grab auf dem Friedhof Pankow IV am Herthaplatz in Berlin-Niederschönhausen ist – ebenso wie Paul Levis Grab in Stahnsdorf – Ehrengrab der Stadt Berlin.

# Die Lichnowsky-Affäre

Am 26. Juli 1914 schickte *Karl Max Fürst von Lichnowsky* (1860–1928) sein 161. Telegramm an Reichskanzler Theobald von Bethmann Hollweg (1856–1921). Lichnowsky war seit 1912 deutscher Botschafter in London und versuchte – gegen den Willen des Kaisers sowie der österreichisch-ungarischen und deutschen Kriegswilligen –, einen Weltenbrand zu verhindern:

»Habe soeben Sir A. Nicolson[96] und Sir W. Tyrrell[97] gesprochen. Nach hier vorliegenden Nachrichten steht allgemeine Einberufung russischer Reservisten nicht bevor, sondern nur partielle Mobilisierung fern unseren Grenzen. Beide Herren erblicken im Vorschlage Sir E. Greys,[98] hier Konferenz zu vier abzuhalten, einzige Möglichkeit, allgemeinen Krieg zu vermeiden, und hoffen, dass es hierbei gelingen werde, Österreich volle Genugtuung zu verschaffen, da Serbien eher geneigt sein würde, dem Druck der Mächte zu weichen und sich in deren vereinten Willen zu fügen als den Drohungen Österreichs. Unbedingte Voraussetzung sei aber für Gelingen der Konferenz und für Erhaltung [des] Friedens, dass alle militärischen Bewegungen unterblieben. Sei erst serbische Grenze überschritten, so wäre alles verloren, denn keine russische Regierung würde dies dulden können und zum Angriff gegen Österreich zu schreiten gezwungen sein, falls sie nicht ihrer Stellung bei den Balkanstaaten für immer verlustig gehen wollte. Sir W. Tyrrell, der Sir E. Grey noch gestern Abend gesehen hat und von dessen Ansichten genau unterrichtet ist, wies mich wiederholt und mit Nachdruck auf die ungeheure Wichtigkeit hin, dass bis zur Erledigung der Konferenzfrage serbisches Gebiet nicht berührt werde, da sonst alle Bemühungen vergeblich und der Weltkrieg unabwendbar sei. Die in Berlin erhoffte Lokalisierung des Konflikts sei vollkommen unmöglich und müsse aus der praktischen Politik ausscheiden. Gelänge uns beiden, Sr. M. dem Kaiser bzw. dessen Regierung und Vertretern im Verein mit Sir E. Grey, den europäischen Frieden zu retten, so seien die deutsch-englischen Beziehungen für immerwährende Zeiten auf eine sichere Grundlage gestellt. Gelänge dies nicht, so stehe alles in Frage.

---

[96] Arthur Nicolson, 1. Baron Carnock, (1849–1928) war Unterstaatssekretär für Auswärtige Angelegenheiten.

[97] William George Tyrrell, 1. Baron Tyrrell (1866–1947) war der Privatsekretär des britischen Außenministers.

[98] Edward Grey, 1. Viscount Grey of Fallodon (1862–1933) war seit 1905 britischer Außenminister.

Ich möchte dringend davor warnen, an die Möglichkeit der Lokalisierung auch fernerhin zu glauben, und die gehorsamste Bitte aussprechen, unsere Haltung einzig und allein von der Notwendigkeit leiten zu lassen, dem deutschen Volke einen Kampf zu ersparen, bei dem es nichts zu gewinnen und alles zu verlieren hat.«[99]

Aber auch diese letzte Warnung Lichnowskys verhallte im Nichts. In der deutschen Öffentlichkeit verbreitete die staatlich gelenkte Propaganda – die im Weltkrieg eine schnelle Professionalisierung erfuhr, an die wenige Jahre später Joseph Goebbels (1897–1945) anzuknüpfen verstand – statt der Tatsachen über die deutsche Kriegstreiberei erfolgreich die Legende, Deutschland sei 1914 überfallen worden und kämpfe in einem Verteidigungskrieg.

Im August 1916 bilanzierte Lichnowsky auf seinem Gut Kuchelna[100] für das Auswärtige Amt sein Scheitern.[101] Einer seiner Vertrauten war während des Krieges der schon erwähnte Bankier Richard Witting geworden. Witting gab Lichnowskys Papier Hans-Georg von Beerfelde, Hauptmann im Generalstab, zu lesen, der es kopieren und an bekannte Persönlichkeiten verschicken ließ, ohne dass Lichnowsky zuvor gefragt worden wäre. In der Kopenhagener Zeitung »Politiken« brachte Beerfelde das Papier in die Weltöffentlichkeit. Die illegal in Deutschland verbreitete Broschüre[102] hatten laut Hellmut von Gerlach der Bund Neues Vaterland und die Spartakusgruppe gemeinsam hergestellt;[103] gedruckt wurde nachts bei Gerson in der Köpenicker Straße 110.

Auch Leo Jogiches, der Kopf der Spartakusgruppe – er wurde am 10. März 1919 in der Untersuchungshaft von einem Polizisten ermordet – ließ diese Schrift verteilen, u.a. in den Kasernen der Reichswehr. Karl Retzlaw (1896–1979)[104] berichtet: »Beim Hineinschmuggeln unserer Schriften

---

[99] Die Deutschen Dokumente zum Kriegsausbruch 1914, hrsg. von der Deutschen Verlagsgesellschaft für Politik und Geschichte, Berlin 1921; hier zitiert nach lib.byu.edu

[100] Heute: Chuchelná (Tschechien).

[101] Nach dem Krieg in überarbeiteter Fassung als Flugschrift des Bundes Neues Vaterland erschienen: Lichnowsky, Fürst von: Meine Londoner Mission. 1912–1914, und Eingabe an das Preußische Herrenhaus, Berlin 1919.

[102] Lichnowsky, Fürst von: Die Schuld der deutschen Regierung am Kriege. Meine Londoner Mission. 1912–1914, mit einem Nachwort der Herausgeber, Görlitz o. J.

[103] Vgl. von Gerlach, Hellmut: Die große Zeit der Lüge, Charlottenburg 1926, S. 102; zit. in Luban: Julius Gerson und Eduard Fuchs, S. 289.

[104] Karl Retzlaw, eigentlich Karl Gröhl (1896–1979) war einer der engsten Vertrauten von Leo Jogiches, ab 1919 baute er als Illegaler den Nachrichtendienst der KPD auf, im November 1933 trennte er sich von der Kommunistischen Internationale.

mussten wir es so machen, wie es die Soldaten machten, die ihren Urlaub überschritten hatten: über die Mauer klettern. Das war meine Arbeit. Ich war der beste Turner unserer Gruppe. Wir gingen zu dritt oder zu viert, es waren auch stets ein oder zwei Mädchen dabei, damit Soldaten oder Passanten nicht misstrauisch wurden, wenn sie uns so spät antrafen. Nachdem ich die Schriften an den verschiedenen Orten, in den Korridoren und an den Stalltüren niedergelegt hatte, war das Zurückklettern stets schwieriger, aber es standen vielfach Geräte an der Mauer. Alle diese Unternehmungen glückten uns.«[105]

Weniger spektakulär, aber nicht weniger gefährlich ging es im verbotenen Bund Neues Vaterland zu; einige seiner Mitglieder waren bei der Verbreitung der Denkschrift Lichnowskys ebenfalls sehr aktiv.[106]

Fürst Lichnowsky, nie Mitglied, aber bekennender Sympathisant des verbotenen Bundes Neues Vaterland, wurde wegen seiner Denkschrift am 12. Juli 1918 aus dem Preußischen Herrenhaus ausgeschlossen. Damit entging er dem Schicksal, in der Novemberrevolution aus diesem feudalen Relikt verjagt zu werden. Der Bund Neues Vaterland bzw. ab 1922 die Liga für Menschenrechte nutzte bis 1933 das Gebäude dieses Herrenhauses bevorzugt für Veranstaltungen; heute dient es dem Bundesrat.

***

*Hans-Georg von Beerfelde* (1877–1960), bis 1917 Frontoffizier, hatte spätestens im Generalstab begonnen, Beweise für die deutsche Kriegsschuld zusammenzutragen. Er wurde Mitglied im Bund Neues Vaterland und kam mit der USPD in Kontakt. Während des Berliner Munitionsarbeiterstreiks im Januar 1918 versuchte Beerfelde, den Abbruch des Streikes zu verhindern und so die in der deutschen Rüstungswirtschaft eine zentrale Rolle spielende Berliner Kriegsindustrie lahmzulegen; im März 1918 wurde er enttarnt und verhaftet. In der Haft verfasste Beerfelde eine Denkschrift, die im Juli 1918 herausgeschmuggelt und an alle Reichstagsabgeordneten gesandt wurde.[107] Am 9. November 1918 befreiten revolutionäre Matrosen

---

[105] Retzlaw, Karl: Spartakus – Aufstieg und Niedergang. Erinnerungen eines Parteiarbeiters, Frankfurt a. M. 1971, S. 69; zur Verteilung der Lichnowsky-Denkschrift vgl. S. 70.

[106] Vgl. Lehmann-Russbüldt: Der Kampf der Deutschen Liga für Menschenrechte, S. 79.

[107] Diese Denkschrift erschien nach dem 9. November 1918 als Nr. 1 der »Flugschriften des Bundes Deutsches Vaterland«; vgl. Michel, wach auf! Ein Mahnruf an das deutsche Volk. Von Beerfelde, Berlin 1918.

Beerfelde und stellten ihn als 2. Vorsitzenden an die Spitze des Vollzugsrates der Arbeiter- und Soldatenräte. Wegen der jegliche Vertiefung der Revolution verhindernden Politik der tonangebenden Mehrheitssozialdemokratie zog sich Beerfelde jedoch nach einer Woche aus dem Vollzugsrat zurück und engagierte sich von nun an vor allem im Bund Deutsches Vaterland.

*Hans Paasche* (1881–1920) – sein Vater war als strammer Nationalliberaler Vizepräsident des Deutschen Reichstags, seine Mutter verfasste streng konservative Schriften – wurde am 9. November 1918 ebenfalls von revolutionären Matrosen aus der Haft befreit; sie fuhren ihn direkt in den Reichstag, wo er in den Vollzugsrat der Arbeiter- und Soldatenräte gewählt wurde.

Als Marineoffizier war Paasche 1905 in Daressalam – der heutigen Hauptstadt Tansanias, damals Bestandteil der Kolonie »Deutsch-Ostafrika« – stationiert gewesen; vor seinem Einsatz hatte er Kisuaheli erlernt. Als im August des gleichen Jahres gegen die deutschen Kolonialisten der »Maji-Maji-Aufstand« ausbrach, wurde Paasche Befehlshaber eines Detachements, das daran beteiligt war, die Aufständischen niederzuwerfen. Hier setzte sein Umdenken ein; Paasche wurde Schriftsteller und – Pazifist. 1914 reaktiviert, verstieß ihn das Militär Anfang 1916 endgültig: Paasche hatte sich geweigert, als Marinerichter einen Matrosen wegen »aufreizender Redensarten« zu verurteilen. Er selbst kam wegen seines pazifistischen Schrifttums im Herbst 1917 in Haft.

Bei der Beerdigung von Karl Liebknecht und der anderen Opfer der Januar-Unruhen am 25. Januar 1919 saß Hans Paasche auf dem ersten Wagen des Trauerzuges.

Am 21. Mai 1920 reiste zu Paasches Ermordung auf seinem Gut »Waldfrieden« extra eine Reichswehreinheit an. Der nur mit einer Badehose bekleidete Schwiegersohn von Richard Witting wurde in Anwesenheit seiner Kinder mit einem gezielten Schuss ins Herz ermordet. Der zuständige Staatsanwalt erklärte das Geschehene zu einem »Zusammentreffen nicht voraussehbarer unglücklicher Umstände«.[108]

Von der Ankündigung der Siegerstaaten des Ersten Weltkrieges vom 16. Februar 1919, einen Völkerbund bilden zu wollen, war *Harry Graf Kessler* (1868–1937) – ein in Frankreich und Großbritannien aufgewachsener Kunstsammler, Mäzen, Schriftsteller, Publizist, Pazifist und Diplomat, 1918 erster deutscher Botschafter in Warschau – mehr als irritiert:

---

[108] Gumbel, Emil Julius: Vier Jahre Politischer Mord, Berlin-Fichtenau 1922, S. 64 f.

»Der erste Eindruck ist der eines dürr-juristischen Paragraphenbündels alten Geistes, das schlecht verhüllte imperialistische Knechtungs- und Raubabsichten einer Anzahl siegreicher Staaten dürftig umhüllt; ein Notariatsvertrag, wie man ihn armen Verwandten auferlegt.«[109]

Zehn Tage später gab Kessler seinen Gegenentwurf in den Druck. Seinen »Richtlinien für einen wahren Völkerbund«[110] entnahm der Bund seine außenpolitische Philosophie. Für Kessler bestand die Lösung »in der Schaffung dreier autonomer, d.h. von einzelstaatlicher Einmischung freier Organe: erstens einem Weltparlament, zweitens einem wirtschaftlichen ›Zentralorgan‹, das aus einer Selbstverwaltung von Verbrauchern und Beschäftigten hervorgehe und Produktion und Bedarf sowie einzelne Produktionszweige untereinander und mit der Finanz koordiniere, und drittens einem geistigen Weltorgan, das ›die größten geistigen, ethischen, religiösen Körperschaften diesem Zentralorgan des Völkerbundes‹ angliedere. Das wirtschaftliche Zentralorgan ist in seiner Sicht das wichtigste.«[111]

Kessler wurde am 4. Dezember 1937 in Paris auf dem Friedhof Père Lachaise, wo 1940 auch Eduard Fuchs beerdigt werden sollte, bestattet.

---

[109] Kessler, Harry Graf: 16. Februar 1919, in: Das Tagebuch 1880–1937, Bd. 7: 1919–1923, Stuttgart 2004 ff.

[110] Zuerst veröffentlicht in Kesslers privater »Cranach-Presse«, anschließend immer wieder nachgedruckt, u. a. Wiesbaden 1920.

[111] Dicke, Klaus: Harry Graf Kessler und sein Verfassungsentwurf für den Völkerbund (Forum Politicum Jenense, 13), Jena 2020, S. 8f. In: www.db-thueringen.de

## Von der Revolution in die Emigration

Einfluss und Bedeutung hatte der Bund Neues Vaterland zwischen Oktober 1918 – als der Erste Generalquartiermeister, Erich Ludendorff, seine Unfähigkeit als Politiker und Militär nicht mehr länger hatte verheimlichen können – und dem Inkrafttreten des Deutschland auf Jahrzehnte hin demütigenden Versailler Vertrages vom 28. Juni 1919.[112] Danach wurde Georges Clemenceau, der französische Ministerpräsident, der den Versailler Diktatfrieden und die folgenden Reparationsauflagen durchsetzte, zu Ludendorffs bestem Mann. Ludendorff hatte Deutschland – als Militärdiktator von Gnaden Wilhelms II. – in die größte Katastrophe seit Preußens Schlacht gegen Napoleons Truppen bei Jena und Auerstedt am 14. Oktober 1806 geführt, um sich dann als »Ernst Lindström« nach Schweden davonzumachen. Sein Kaiser zog für die Fahnenflucht die Niederlande vor.

Vor allem Kurt Eisner, Hans-Georg von Beerfelde und Fürst Lichnowsky hatten ab November 1918 immer wieder Deutschlands Schuld am Weltkrieg betont[113] – was in den ersten Monaten des eher zufällig entstandenen neuen Staatswesens, nicht mehr Monarchie, aber auch noch nicht Republik, vielen Deutschen durchaus glaubhaft erschien: Die Flugschriften des Bundes verkauften sich wie geschnitten Brot.

Hans-Georg von Beerfelde versuchte sich in den ersten Wochen nach der Flucht des Kaisers auch in der Tagespolitik. Laut Bericht über den Prozess gegen diejenigen, die während der Januar-Unruhen 1919[114] das »Vorwärts«-Gebäude besetzt hatten, sagte er als Zeuge über den Beginn der Ausein-

---

[112] 1944/45 stellten die USA ihre Politik darauf ab, diesen Fehler nicht zu wiederholen. Sie räumten Frankreich zwar eine eigene – kleine – Zone in Deutschlands Südwesten und einen eigenen – kleinen – Sektor in Berlin ein, hielten aber bei der Potsdamer Konferenz zur Beendigung des Zweiten Weltkriegs in Europa Frankreich raus – nach der Maßregel: kein zweites Versailles.

[113] Noch Jahrzehnte später wurde in der Bundesrepublik diese Verantwortung geleugnet. Für das Eingeständnis bedurfte es eines Fritz Fischer (1908–1999 – ders.: Griff nach der Weltmacht. Die Kriegszielpolitik des kaiserlichen Deutschland 1914/1918, Düsseldorf 1961) sowie der in ihren Ausläufern bis 1985 andauenden Fischer-Kontroverse. Der – wichtige Dokumente unterschlagende – Christopher Clark (Die Schlafwandler. Wie Europa in den Ersten Weltkrieg zog, München 1912) hatte zwar zwischenzeitlich bei Medien und an der Ladentheke Erfolg; seine Thesen fanden aber in den wissenschaftlichen Diskursen angesichts des Grades ihrer Seriosität keinen Eingang.

[114] Ausführlich dazu Schütrumpf, Jörn (Hrsg.): »Spartakusaufstand«. Der unterschlagene Bericht des Untersuchungsausschusses der verfassunggebenden Preußischen Landesversammlung über die Januar-Unruhen 1919 in Berlin, Berlin 2018.

andersetzungen aus:[115] »Er hat am 6. Januar versucht, bei Ebert und Scheidemann seinen Einfluss geltend zu machen, eine Verständigung zwischen beiden Parteien zu erzielen, ist aber mit dem ihn aufs Tiefste empörenden Eindruck hinweggegangen, dass die Regierung keine Einigung wollte.«[116]

Geradezu galoppierend desavouierte der Rachefeldzug von Frankreichs Ministerpräsident Georges Clemenceau in Deutschland nicht nur Revolution, Republik, Frieden und sozialistische Idee als angebliche Verursacher der ab 1919 immer mehr Deutsche betreffenden Verelendung – er brachte auch den Bund Neues Vaterland in eine existentielle Krise. Denn dank Clemenceau erhielt Ludendorff nicht nur wieder Zulauf, sondern zeugte, zusammen mit anderen Vätern, trotz ergrauender Schläfen, ein Kind, die Dolchstoßlegende: Deutschland sei im Felde unbesiegt und habe nur wegen des Treibens der »Novemberverbrecher« die Auseinandersetzung verloren. Während beim antirepublikanischen Kapp-Putsch im März 1920 Ludendorff – wenngleich glücklos – die Fäden zog, musste im letzten Quartal des gleichen Jahres der Bund Neues Vaterland sogar seine »Mitteilungen« einstellen: mangels Nachfrage.[117]

Keineswegs nur die von Paul Levi und Clara Zetkin geführte KPD – zwischen März und Anfang Dezember 1919 waren im Zuge des Belagerungszustandes die Partei und ihre Presse verboten – wurde von der sozialdemokratischen Regierung systematisch unterdrückt und brutal verfolgt. Auch prominente Mitglieder des Bundes Neues Vaterland, wie der fortwährend bedrohte Hans-Georg von Beerfelde, sahen sich Schikanen, Hausdurchsuchungen ohne Durchsuchungsbefehl und willkürlichen Verhaftungen ausgesetzt.[118]

Was umso weniger überraschend ist, als sich der Bund für Sozialisierungsvorschläge einsetzte, »die auf eine volle Sozialisierung (Nationalisierung) der großen Monopolbetriebe an Eisen, Kohle und der lebensnotwendigen

---

[115] Siegfried Weinberg (1880–1932), einer der Anwälte der ermordeten Rosa Luxemburg, hatte ihn einbestellt.

[116] Die Besetzung des »Vorwärts«, in: Freiheit. Berliner Organ der Unabhängigen Sozialdemokratie, Jg. 2, Nr. 100, 25. Februar 1919.

[117] Vgl. Lehmann-Russbüldt: Der Kampf der Deutschen Liga für Menschenrechte, S. 98.

[118] Vgl. Die Verhaftungswut, in: Freiheit. Berliner Organ der Unabhängigen Sozialdemokratie, Jg. 2, Nr. 61, 4. Februar 1919; Versammlungen, in: ebenda, Nr. 73, 10. Februar 1919.

Rohstoffe hinauslaufen – bei Wahrung der individuellen Betätigung und Geltung schöpferischer Kräfte«.[119]

Das Zentralorgan der Unabhängigen Sozialdemokratie, die »Freiheit«, resümierte nach wenigen Monaten mehrheits-sozialdemokratischer Regierung: »Es ist weit gekommen, wenn sich Demokraten gegen die Unterdrückung der Meinungsfreiheit wenden müssen, die von ›Sozialisten‹ ausgeht oder für die sie mindestens verantwortlich sind. Aber man beachte, dass die Leidenden dieser Politik die Gegner der Regierung sind, für die eine Meinungsfreiheit heute weniger besteht als unter der Herrschaft der wilhelminischen Regierung.«[120]

Auch die Buchproduktion des Bundes Neues Vaterland brach angesichts des mangelnden Interesses ein. Erst 1921 erschien wieder eine erfolgreiche Publikation: Emil Julius Gumbels »Zwei Jahre Mord«. Mit diesem Buch wandte sich der Bund Neues Vaterland vom Weltkrieg ab und kam in der Nachkriegszeit an. Gumbels immer wieder aufgelegte Schrift wurde zum erfolgreichsten Buch des Bundes.

Statt des Weltkriegs – der natürlich nicht zuletzt durch die Auflagen der Alliierten für viele Deutsche im Alltag spürbar blieb – wurde für den Bund ein neues Thema relevant: der nächste Krieg. Hatte der Bund Neues Vaterland 1914, am Anfang seiner Tätigkeit – wenngleich nur wenig von der Regierung gebeten – versucht, zwischen den Kriegsparteien zu vermitteln, begann er spätestens 1921, selbst Außenpolitik zu treiben.

Der Bund und ab 1922 die Liga wandten sich an die Regierungen in Warschau, Sofia und Bukarest, um einzelne Personen aus den Folterkammern und Zuchthäuern herauszubekommen. »Bulgariens Blutstrom« widmete die Liga 1929 am Kurfürstendamm sogar eine einwöchige Ausstellung, die so stark besucht war, dass sie um zehn Tage verlängert werden musste. Der wichtigste Punkt war aber das Verhältnis zu den beiden großen Nachbarn Frankreich und Polen. Verschiedene Vertreter des Bundes fuhren mehrmals nach Paris und warben bei französischen Politikern, darunter Mitglieder der französischen Liga für Menschenrechte, für eine Politik der Verständigung. Es gelang ihnen das Unwahrscheinliche: Vertrauen aufzubauen.

---

[119] Lehmann-Russbüldt: Der Kampf der Deutschen Liga für Menschenrechte, S. 98; vgl. auch Horten, Alfons: Sozialisierung von Kohle und Stahl, Verlag Neues Vaterland, Berlin 1921.

[120] Die Versammlungsverbote gegen Beerfelde, in: Freiheit. Berliner Organ der Unabhängigen Sozialdemokratie, Jg. 2, Nr. 252, 26. Mai 1919.

In Paris benannte sich im Januar 1922 der Bund Neues Vaterland in »Deutsche Liga für Menschenrechte« um. Franzosen und Deutsche bildeten im Mai zusammen die »Internationale Liga für Menschenrechte«. Damit war beim Versuch, eine »Brücke über den Abgrund« zu schlagen – so *Victor Basch* (1863–1944), einer der Gründer der Französischen Liga für Menschenrechte, am 12. Juni 1922 vor dem Deutschen Reichstag –, ein erstes praktisches Ergebnis erzielt worden. In Potsdam, dem Hort der preußischen Reaktion, versuchte die verbliebene Hofkamarilla im gleichen Monat – ohne Erfolg –, den Auftritt von Victor Basch zu verhindern. Der Literaturprofessor beteiligte sich ab 1940 am Kampf des »Comité d'action socialiste« gegen die deutschen Besatzer. Am 10. Januar 1944 ermordete der – selbst für Nazi-Maßstäbe besonders brutale – Gestapochef von Lyon, Klaus Barbie (1913–1991), mit mehreren Schüssen den über Achtzigjährigen.

Als Außenminister Gustav Stresemann (1878–1929) – im Weltkrieg ein Franzosenfresser; Calais wollte er zum »deutschen Gibraltar« machen[121] – 1925 mit den Locarno-Verträgen und mit der an sie gebundenen Aufnahme Deutschlands in den Völkerbund (10. September 1926) eine Entspannung im Verhältnis zu Frankreich gelang, war das keineswegs ausschließlich sein Verdienst. Nicht zuletzt Mitglieder des Bundes Neues Vaterland bzw. der Liga für Menschenrechte hatten dafür – als Teil eines zumeist unbekannten Deutschlands – den Boden bereitet.[122] Obwohl die Liga Graf Kesslers Konzept für einen demokratisch verfassten Völkerbund propagierte, entfaltete sie – trotz aller grundsätzlicher Kritik am Genfer Völkerbund – umfangreiche Aktivitäten für einen Beitritt Deutschlands: Auch wenn ein solcher Schritt letztlich ungenügend sei, mache er die Aufrechterhaltung des Weltfriedens ein Stück wahrscheinlicher.

Mit Polen hingegen strebten die bürgerlichen Parteien keinerlei Annäherung an;[123] die deutsch-polnische Grenzfrage wurde in den Locarno-Verträgen gänzlich ausgespart. Ein Krieg mit Polen war – nicht nur für die deutschen Militärs – lediglich eine Frage der Zeit. Die entgegengesetzte Meinung

---

[121] Um die flandrische Küste zu annektieren, verfasste Gustav Stresemann ein eigenes Werk; vgl. ders.: Michel horch, der Seewind pfeift...! Berlin 1916; vgl. auch Barkeley, Richard: Die deutsche Friedensbewegung 1870–1933, Hamburg 1948, S. 35.

[122] Das »heimlich[e] Deutschlan[d], das [...] die stimmungsmäßigen Vorbereitungen getroffen hat für den Weg nach Locarno...« Zirker, Milly: Chronik des Bundes Neues Vaterland, S. 362.

[123] Vgl. Grossmann, Kurt: Für die deutsch-polnische Verständigung, in: Die Menschenrechte, 4. Jg., Nr. 6, 1. Juni 1929, S. 10f.

wurde im Bund Neues Vaterland vertreten. Dort widmete sich vor allem Hellmut von Gerlach der Verständigung mit dem 1918 wieder entstandenen selbständigen Polen. Schon am 27. März 1919 plädierte er in Berlin in einer überfüllten Versammlung für ein Entgegenkommen der deutschen Seite gegenüber polnischen Wünschen.

Am 25. Oktober 1925 trafen sich in Danzig die »Polnische Friedensgesellschaft« und die Deutsche Liga für Menschenrechte zu einer Konferenz und verabschiedeten ein gemeinsames Arbeitsprogramm.[124] Auch wurde am Rande des 26. Weltfriedenskongresses, der Ende Juli 1928 in Warschau stattfand, verabredet, in den Grenzgebieten, in denen auf beiden Seiten Polen und Deutsche lebten, eine gemeinsame Versammlungstournee durchzuführen. Die Veranstaltungen unter dem Titel »Droht Krieg zwischen Deutschland und Polen?« fanden in der letzten Aprildekade in Königsberg (Ostpreußen), Schneidemühl[125] und Łódź statt.[126]

Trotz dieser und vieler weiterer Bemühungen, nicht zuletzt durch grenzüberschreitend arbeitende katholische Organisationen, gelang es, anders als im Falle Frankreichs, der deutschen Friedensbewegung nicht gegenüber Polen einer anderen deutschen Außenpolitik Wege zu ebnen. Erst 1970 wurde dies durch das ehemalige Mitglied der SAPD, Bundeskanzler Willy Brandt, erreicht.

Vom Weg ins italienische Rapallo, wo am Ostersonntag 1922 Walther Rathenau und Georgi Tschitscherin (1872–1936), die Außenminister der beiden Geächteten in der internationalen Politik, Deutschland und Sowjetrussland,[127] mit einem völkerrechtlichen Vertrag bei den Siegern des Weltkrieges für erhebliche Verstimmung sorgten, hatte der Bund Neues Vaterland manchen Stein fortgeräumt. Auf eine Anregung Albert Einsteins hin hatte der Bund schon im Dezember 1919 einen internationalen Protest gegen die Hungerblockade der Entente gegen Sowjetrussland organisiert. Am 10. Januar 1920 erwirkte der Bund im Auswärtigen Amt die Zustimmung zu einer Besprechung von Vertretern der deutschen Wirtschaft mit dem in Berlin inhaftierten Karl Radek, der als Vertreter Sowjetrusslands akzeptiert

---

[124] Vgl. Lehmann-Russbüldt: Der Kampf der Deutschen Liga für Menschenrechte, S. 113.

[125] Heute: Piła (Polen).

[126] Vgl. Geschäftsbericht für die Zeit vom 1. Januar 1928 bis zum 31. Dezember 1928, in: Die Menschenrechte, 4. Jg., Nr. 1, 16. Januar 1929, S. 2; ebenda, Nr. 4/5, 20. April 1929, S. 5.

[127] Im Dezember 1922 in UdSSR umbenannt.

wurde. Hieraus entsprangen erstmals seit der Ausweisung der sowjetrussischen Botschaft zu Anfang November 1918 wieder Kontakte. Später reisten Vertreter der Liga immer wieder gen Osten und förderten die »Gesellschaft der Freunde des neuen Russland[s]«.

Auch das Thema, das in der ersten Publikation des Verlages Neues Vaterland – noch vor der Gründung des Bundes – verhandelt wurde: die Vereinigten Staaten von Europa,[128] geriet nicht aus dem Blick. Auf Vorschlag der deutschen Liga veranstaltete die Internationale Liga für Menschenrechte am 26. und 27. Juni 1926 in Brüssel eine entsprechende Konferenz, auf der Probleme diskutiert wurden, die damals im Allgemeinen als unlösbar galten, innerhalb der heutigen Europäischen Union aber längst überwunden sind: Zoll-, Grenz-, Währungsfragen etc.

Den Weg in den Abgrund, der für viele Mitglieder der Liga für Menschenrechte ins Exil, für manche auch ins KZ führte, konnten all diese Aktivitäten freilich nicht verhindern. Um die Mitglieder zu schützen, vernichtete nach dem Reichstagsbrand (28. Februar 1933) der Generalsekretär der Liga, *Kurt Grossmann* (1897–1972), alle Unterlagen, deren er habhaft werden konnte.

Im Exil arbeitete Grossmann in Flüchtlingshilfeorganisationen; viele Emigranten verdankten ihm organisatorische und materielle Unterstützung. Während sein eigener Nachlass in den Hoover Institution Archives der Stanford University liegt, befinden sich die überkommenen Unterlagen der Liga für Menschenrechte heute im Leo Baeck Institute in New York. Grossmann hat sie überall in der Welt bei seinen Mit-Exilanten eingesammelt.

---

[128] Vgl. S. 17, FN 17.

# Namen und Themen

Anders als beim Bund Neues Vaterland – dessen Namen den eigentlichen Zweck der Vereinigung verschleiern sollte – war der Name der Liga für Menschenrechte selbsterklärend und zog Intellektuelle an, die es nicht so mit dem deutschen Vaterlande hatten. Auch die programmatischen Punkte ließen wenig Platz für Missverständnisse:

»1. Mitarbeit an der Völkerversöhnung [...]; Abschaffung der bewaffneten Gewalt als Mittel politischer Auseinandersetzung der Völker und Parteien.

2. Kampf für die Abschaffung jeder Gewalt- und Klassenherrschaft, Kampf für Menschenrechte und soziale Gerechtigkeit durch Einflussnahme auf Presse, Parteien und Regierungen.

3. Mitarbeit an der Verwirklichung des Sozialismus [...] im Sinne der Londoner Gesellschaft der Fabier (Fabian Society) [...]

4. Kultur der Persönlichkeit durch Pflege aller geistigen und sittlichen Entwicklungsmöglichkeiten des Einzelnen unter gleichzeitiger Betonung des Gemeinschaftsinteresses.«

*Letztlich war das Ziel* »eine geistige Revolution, damit die Errungenschaften der politischen Umwälzung festgehalten und immer weiter ausgebaut werden können«.[129]

1927 legte sich die Liga sogar einen – mit klangvollen Namen angefüllten – »politischen Beirat« zu. Ihm gehörten neben Toni Sender[130] und Helene Stöcker u.a. Alfred Apfel und Hermann Brill (1895–1959) an. Auf Brills Initiative hin – bis 1933 war er Mitglied des thüringischen Staatsgerichtshofes – fand nach der Befreiung des KZ Buchenwald am 16. April 1945 ein Treffen statt, auf dem das »Buchenwalder Manifest für Frieden, Freiheit, Sozialismus« verabschiedet wurde. Seit Juni 1945 in Thüringen Regierungspräsident, floh Brill nach seiner Absetzung durch die sowjetische Besatzungsmacht in die Westzonen Deutschlands. Ferner waren Mitglieder des politischen Beirats Oscar Cohn, Albert Einstein, Felix Fechenbach, Rudolf Goldscheid sowie der spätere Berater der mexikanischen

---

129 Lehmann-Russbüldt: Der Kampf der Deutschen Liga für Menschenrechte, S. 92 f.

130 Alle Personen, bei denen die Lebensdaten weggelassen sind, wurden bzw. werden in diesem Text an anderer Stelle behandelt.

Regierung Alfons Goldschmidt (1879–1940). Der unter dem Pseudonym »Morus« schreibende Leiter der Wirtschaftsredaktion der »Vossischen Zeitung«, Richard Lewinsohn (1894–1968), und der Sekretär des Hauptverbandes der Deutschen Krankenkassen Karl Litke (1893–1962) – ab 1945/46 war er eine zeitlang in der SED nicht ohne Einfluss – sowie der Generalsekretär der Deutschen Friedensgesellschaft Gerhard Seger (1896–1967) gehörten ebenfalls dazu. Nicht vergessen sein sollen der Arbeitsrechtler und Rechtsberater des Deutschen Metallarbeiterverbandes Hugo Sinzheimer (1875–1945), der Dramatiker Ernst Toller (1893–1939, 1919 einer der Protagonisten der Münchner Räterepublik) und der unangepasste Historiker Veit Valentin (1885–1947). Der in der Liga sehr engagierte Valentin hatte 1917 unter massivem politischen Druck auf seine Lehrberechtigung und damit auf die Möglichkeit, auf eine ordentliche Professur berufen zu werden, verzichtet. Last but not least: der Schriftsteller Arnold Zweig (1887–1968) sowie Erich Zeigner (1886–1949) – der Sozialdemokrat hatte am 10. Oktober 1923 als sächsischer Ministerpräsident in seine Regierung zwei Mitglieder der KPD aufgenommen und war deshalb am 29. Oktober 1923 durch Reichspräsident Friedrich Ebert (SPD) unter Anwendung der Reichsexekution als Ministerpräsident abgesetzt worden.

Neben den außenpolitischen Aktivitäten war unter der Leitung des Journalisten Grossmann seit 1926 die ehrenamtlich arbeitende »Rechtsstelle«[131] der Liga ausgebaut worden; in ihr wurden jedes Jahr hunderte Anträge an die Justiz erarbeitet, die auf Begnadigungen, Strafmilderungen und die Wiederherstellung bürgerlicher Ehrenrechte zielten – 1926: 765; 1927: 3.917; 1928: 2.899; 1929: 4.220. »Seit Beginn der Tätigkeit unserer Rechtsstelle ersparten wir unseren Volksgenossen insgesamt 300 Jahre Einsperrung.«[132]

Ein weiteres Ergebnis der Arbeit der Rechtsstelle war die Denkschrift »Acht Jahre politische Justiz«,[133] die im Sommer 1927 vorgelegt wurde und die in der Justiz zumindest in der Besetzung der Strafkammern eine gravierende Veränderung bewirkte.[134]

---

[131] Vgl. Deutsche Liga für Menschenrechte: Übersicht Nr. 1 über die Tätigkeit und die Erfolge der Rechtsstelle der »Deutschen Liga für Menschenrechte« e. V. In: web.archive.org

[132] Vgl. ebenda.

[133] Vgl. Acht Jahre politische Justiz. Das Zuchthaus – die politische Waffe. Eine Denkschrift der Deutschen Liga für Menschenrechte, Berlin 1927.

[134] Vgl. Ein Erfolg der Liga, in: Die Menschenrechte, 4. Jg., Nr. 9/10, 1. Oktober 1929, S. 23.

An einige Mitglieder, die nach der Umbenennung der Liga beitraten, sei im Folgenden etwas ausführlicher erinnert:

*Kurt Tucholsky* (1890–1935), seit 1927 zusammen mit Carl von Ossietzky Herausgeber der »Weltbühne«,[135] lebte zwar seit 1924 in Paris, war aber trotzdem – zumindest zeitweise – Mitglied im Vorstand der Liga und war sich selbst für redaktionelle Arbeiten nicht zu schade.[136] Bei passenden Gelegenheiten wies er immer wieder auf die Arbeit der Liga hin, die sich während ihrer gesamten Existenz ständig gegen Militarismus und Geheimrüstungen wandte: »Die Deutsche Liga für Menschenrechte hat eine Denkschrift herausgebracht: ›Deutschlands geheime Rüstungen?‹, die die allergrößte Aufmerksamkeit verdient. [...] Die Denkschrift [...] zeigt einen Reichswehretat, der dem Reichstag mit gradezu erschreckendem Mut vorgelegt worden ist. Und dazu ist zu sagen: Weder in Frankreich noch in England ginge ein solcher Etat durch, der so undurchsichtig, so sorgfältig-unsorgfältig, so dunkel und unaufrichtig ausgearbeitet ist wie dieser deutsche.«[137]

Über ein anderes Buch der Liga schrieb Tucholsky: »Der Mangel an Rechtsgefühl in Deutschland ist fast vollkommen. Lest: ›Acht Jahre politischer Justiz‹!«[138]

Im Juli 1932 stand der ohnehin in der Haftanstalt Berlin-Tegel gefangengehaltene »Verantwortliche im Sinne des Presserechtes« Carl von Ossietzky abermals vor Gericht: wegen Tucholskys Satz: »Soldaten sind Mörder.«[139] Tucholsky konnte als im Ausland Lebender nicht angeklagt werden; trotzdem erwog er – obwohl gewarnt, dass Nationalsozialisten ihn ermorden wollten – nach Deutschland zu reisen; vernünftigerweise entschied er sich letztlich dagegen. Diesen Entschluss hat er sich allerdings nie verzeihen können: »Aber im Falle Oss[ietzky] bin ich einmal nicht gekommen,

---

135 Die offizielle Formulierung lautete: »Unter Mitarbeit von Kurt Tucholsky geleitet von Carl von Ossietzky«.

136 In der Broschüre »Kanonen oder Brot. Eine Kritik des Reichswehretats«, bearbeitet von Konrad Widerhold (d.i. Walter Kreiser) und Otto Lehmann-Russbüldt, verantwortete Tucholsky die Endredaktion; vgl. Die Menschenrechte, 4. Jg., Nr. 4/5, 20. April 1929, S. 20.

137 Wrobel, Ignaz (d.i. Tucholsky, Kurt): Die Denkschrift, in: Die Weltbühne, 21. Jg., Nr. 28, 14. Juli 1925, S. 68.

138 Wrobel, Ignaz: Acht Jahre politischer Justiz, in: ebenda, 23. Jg., Nr. 40, 4. Oktober 1927, S. 539.

139 »Da gab es vier Jahre lang ganze Quadratmeilen Landes, auf denen war der Mord obligatorisch, während er eine halbe Stunde davon entfernt ebenso streng verboten war. Sagte ich: Mord? Natürlich Mord. Soldaten sind Mörder.« Wrobel, Ignaz: Der bewachte Kriegsschauplatz, in: ebenda, 27. Jg., Nr. 31, 4. August 1931, S. 191.

ich habe damals versagt, es war ein Gemisch aus Faulheit, Feigheit, Ekel, Verachtung – und ich hätte doch kommen sollen. Dass es gar nichts geholfen hätte, dass wir beide sicherlich verurteilt worden wären, dass ich vielleicht diesen Tieren in die Klauen gefallen wäre, das weiß ich alles – aber es bleibt eine Spur Schuldbewusstsein.«[140]

Generalmajor *Freiherr Paul von Schoenaich* (1866–1954), bis zur Novemberrevolution 1918 ein Militär – wenn nicht gar ein Militarist, wie ihn der (preußische) Gott haben wollte –, schrieb nach seinem pazifistischen Coming-out: »Ich stehe auf dem Standpunkte, dass derjenige, der in Zeiten großer Umwälzungen seine früheren Ansichten nicht nachprüft, töricht ist, und derjenige, der bei Nachprüfung erkennt, dass er sich früher geirrt hat, das aber nicht einzugestehen wagt, feige.«

1929 folgte das Vorstandsmitglied der Liga für Menschenrechte – Schoenaich wurde oft als »Friedensgeneral« apostrophiert – im Vorsitz der Deutschen Friedensgesellschaft auf Ludwig Quidde und schob die Vereinigung deutlich nach links; für die SPD-Führung allerdings zu weit nach links. Im Sommer 1931 erklärte sie die Mitgliedschaft in der Deutschen Friedensgesellschaft für unvereinbar mit einer Mitgliedschaft in der SPD. Ein solchen Unvereinbarkeitsbeschluss hat die SPD-Führung erst wieder im November 1961 gefasst: als sie den Sozialistischen Deutschen Studentenbund (SDS) auf die Index-Liste setzte und sich so ihren Einfluss auf die bislang erfolgreichste Modernisierungsbewegung der Bundesrepublik ohne Not beschnitt.

In der nach dem Zweiten Weltkrieg wieder gegründeten Friedensgesellschaft abermals Vorsitzender, sah sich der 85-jährige Schoenaich 1951 wegen seines unversöhnlichen Widerstands gegen die Remilitarisierung der Bundesrepublik von den eigenen Leuten gestürzt …

Auf Vorschlag Phillip Scheidemanns wurde am 5. November 1918 – unter einem von der deutschen Regierung inszenierten Vorwand – die sowjetrussische Botschaft ausgewiesen. Bei seiner Abreise am 6. November 1918 übergab der Sowjetbotschafter Adolph Joffe (1883–1927) an seinen bisherigen deutschen Rechtsbeistand *Oskar Cohn* (1869–1934) – er betrieb seit 1899 zusammen mit Theodor und Karl Liebknecht eine Anwaltskanzlei und war Mitglied des Reichstags (USPD) – zur Förderung der deutschen Revolution ein halbe Million Mark. Zwar behauptete Jacob Walcher (1887–

---

[140] Kurt Tucholsky an Hedwig Müller, 19. Dezember 1935, in: ders.: Briefe. Auswahl 1913–1935. Berlin 1983, S. 325 ff.

1970), in der frühen KPD eines der führenden Mitglieder, am 16. August 1919 auf einer illegalen Reichskonferenz der KPD: »Das Geld kam nicht in die Hände der KPD und befindet sich in den Händen der Ebertschen Regierung, die es im Einverständnis mit der Entente beschlagnahmte, bis jetzt auch die Einsprüche Sowjet-Russlands erfolglos.«[141]

Doch das war eine Schutzbehauptung, um Begehrlichkeiten zurückzuweisen. Glaubwürdiger ist Ottokar Luban, der auf Wilhelm Piecks Bericht über den Verlauf der Novemberrevolution verweist, wo es heißt, dass während der Januar-Unruhen 1919 die führenden revolutionären Obleute Berlins aus dem von Joffe über Cohn an die Spartakusführung geflossenen Geld die Entlohnung und Verköstigung der revolutionären Soldaten und Arbeiter bestreiten wollten.[142]

In der Liga für Menschenrechte zählte Cohn zeitweise zum geschäftsführenden Vorstand und verließ nach dem Reichstagsbrand 1933 sofort das Land. Auf das Visum für Palästina wartend, starb er in Genf während einer Tagung des Jüdischen Weltkongresses; beerdigt wurden seine sterblichen Überreste am See Genezareth.

Über *Kurt Hiller* (1885–1972) gibt es eine »Hilleriana: Studien zum Leben und Werk«[143] sowie gelegentlich Konferenzen zum ebenso Streitbaren wie ständig Streitenden; neu aufgelegt wird er allerdings – bisher – nicht und gelesen nur von Spezialisten. Da harrt noch jemand eines größeren Publikums. Der Kurt-Hiller-Park in Berlin-Schöneberg erhielt im Jahre 2000 seinen Namen und erinnert an einen Vorkämpfer der homosexuellen Bürgerrechtsbewegung.[144] Hiller hatte u.a. ab 1908 in dem 1897 von Magnus Hirschfeld gegründeten »Wissenschaftlich-humanitären Komitee« führend mitgearbeitet, einem Verbund, der Gesetze, die Homosexuelle kriminali-

---

[141] Reichskonferenz der KPD, 16. August 1919, in: Levi, Paul: Ohne einen Tropfen Lakaienblut. Schriften, Reden, Briefe, Band I/2: Spartakus, hrsg. von Jörn Schütrumpf, Berlin 2018, S. 1189.

[142] Vgl. Luban, Ottokar: Russische Bolschewiki und deutsche Linkssozialisten am Vorabend der deutschen Novemberrevolution. Beziehungen und Einflussnahme, in: Jahrbuch für Historische Kommunismusforschung, Berlin 2009, S. 297; Pieck, Wilhelm: Erinnerungsmanuskript, in: SAPMO, NY 4036, Nr. 384, Bl. 121.

[143] Vgl. Beutin, Wolfgang: Hilleriana. Studien zum Leben und Werk Kurt Hillers (1885–1972) (Beutin-Texte: Belletristische und Literaturwissenschaftliche Arbeiten von Wolfgang Beutin), o.O. 2010.

[144] Die Initiative ging vom Lesben- und Schwulenverband Berlin-Brandenburg aus, der von der SPD-Ortsgruppe Berlin-Schöneberg, den Lesben und Schwulen in der SPD und den schwulen Jungsozialisten unterstützt wurde.

sierten, bekämpfte. Als bekennender Homosexueller, Jude und Sozialist machte sich Hiller durch seine analytischen Artikel bei den Nationalsozialisten noch zusätzlich beliebt: »Dass im Nachkriegsdeutschland das Nationale als Stimmung und als ein in die politische Rationalität intensiv hineinstrahlendes Gefühl sich stark verbreitete und auch unter den Armen bewusster und lebendiger wurde denn je, ist fraglos dem rachehaften Inhalt des Versailler Friedens zuzuschreiben [...].

Es fehlt der alten und in vielem veralteten sozialistischen Bewegung an Überzeugungskraft, Werbekraft, Anziehungskraft; die Spaltung, die offensichtlich unheilbare Spaltung, verringert noch die Attraktion. Der primitivere Typ des Nationalsozialisten rechnet: ›Dreizehn Jahre sind sie oben, und nichts ist erreicht, alles ist noch schlimmer geworden.‹ Wir wissen, in welchem Punkte diese Rechnung falsch ist. Aber in einigen Fällen stimmt sie; und man muss begreifen, dass nach soviel Nieten Millionen ›es mal andersherum versuchen‹ wollen. Der kolossale nationalsozialistische Erfolg ist, unter anderem, ein Produkt kolossaler und berechtigter Enttäuschung.«[145]

Bevor Hiller 1934 ins Ausland fliehen konnte, wurde er dreimal verhaftet und im Columbia-Haus sowie im Konzentrationslager Oranienburg – in dem Erich Mühsam am 10. Juli 1934 ermordet wurde – schwer misshandelt.

*Alfred Apfel* (1882–1941), Strafverteidiger in vielen politischen Prozessen, war 1931 auch einer der Verteidiger von Carl von Ossietzky. Im August 1933 stand er nicht nur auf der ersten Ausbürgerungsliste, er hatte auch in der Nacht des Reichstagsbrandes zu den ersten gehört, die in ein »wildes Konzentrationslager« verschleppt worden waren.

Schon in jungen Jahren hatte Apfel in der deutschen Öffentlichkeit eine Rolle gespielt: Von 1909 bis 1922 war er Präsident des bis zu 40.000 Mitglieder zählenden »Verbandes jüdischer Jugendvereine Deutschlands« und zeitweilig auch Hauptvorstandsmitglied des großen »Centralvereins deutscher Staatsbürger jüdischen Glaubens« gewesen, bis 1930 außerdem Vorsitzender der einflussreichen »Berliner Zionistischen Vereinigung«. 1928 stand er zusammen mit dem 1937 in der UdSSR ermordeten Felix Halle (Jg. 1884) an der Spitze der Bewegung, die eine Amnestie für den Robin Hood der KPD, Max Hoelz (1899–1933), bewirkte.[146] Am 14. Februar

---

145 Hiller, Kurt: Über die Ursachen des nationalsozialistischen Erfolges, in: Die Weltbühne, 28. Jg., Nr. 34, 23. August 1932, S. 274.

146 Vgl. Halle, Felix/Apfel, Alfred: Eingabe für den zu lebenslänglichem Zuchthaus verurteilten Max Hoelz an den deutschen Reichstag und den preußischen Landtag, Berlin 1928.

1941 suchte Alfred Apfel in Marseille Varian Fry auf, der als US-Amerikaner über das »Emergency Rescue Committee« Verbindungen geschaffen hatte, die ca. zweitausend Menschen die Flucht vor der Gestapo nach Übersee ermöglichten. Bei diesem Besuch erlitt der 58-Jährige einen Herzinfarkt, den er nicht überlebte. Der Ausgang der Varian Fry-Straße auf die Potsdamer Straße in Berlins Innenstadt ist keine 150 Meter vom Tilla Durieux-Park entfernt. Von und über Alfred Apfel gibt es in jüngster Zeit immerhin wenigstens einige Publikationen.[147]

Nach der Ausweisung Trotzkis aus Stalins Sowjetunion hielt die Liga für Menschenrechte am 15. April 1929 im ehemaligen Herrenhaus eine Versammlung ab. Neben Paul Levi unterzog *Otto Nuschke* (1883–1957) die Zustände im Arbeiterparadies einer scharfen Kritik.[148]

Das war nicht das einzige und letzte Mal, dass sich die Liga zum aufziehenden Stalinismus äußerte. Schon beim »Schachty-Prozess« (18. Mai bis 7. Juli 1928) hatte sie sich an die sowjetische Botschaft gewandt: »Ohne zum Schachty-Prozess Stellung zu nehmen und noch viel mehr, ohne etwa Sabotage gegen den Staat der Arbeiter und Bauern zu üben, bittet die Deutsche Liga für Menschenrechte, etwaige Todesurteile nicht zu vollstrecken. Grund der Bitte ist allein die Überzeugung der Liga für Menschenrechte, dass Hinrichtung kein Strafmittel fortschrittlicher und aufgeklärter Justiz sein kann.«[149]

Ganz ohne gerichtliches Verfahren wurden im Mai 1929 von der GPU, der politischen Polizei in der UdSSR, drei Ingenieure hingemordet; unterdessen war die Sprache, in der die Liga beim russischen Botschafter nachfragte, nicht mehr ganz so devot wie noch im Jahr zuvor.[150]

---

[147] Vgl. Hinter den Kulissen der deutschen Justiz: Erinnerungen eines deutschen Rechtsanwalts 1882–1933, aus der französischen und englischen Übersetzung rückübertragen von Jan und Ursula Gehlsen, Berlin 2013; Apfel, Alfred: »Mein liebes Tierchen ... in inniger Liebe, Dein Alfred.« Briefe & Karten an seine Tochter Hannah Busoni, bearbeitet und hrsg. von Heinrich Schwing, 2., erw. Auflage, Berlin 2014; Apfel, Alfred: Sein Schriftwerk. Autobiografien, Publikationen, bearbeitet und hrsg. von Heinrich Schwing, Berlin 2014.

[148] Über die Arbeit der »Liga für Menschenrechte« (Fragment), aus: Friedrich-Ebert-Stiftung, Archiv der sozialen Demokratie, Nachlass Paul Levi, 1/PLAA000055.

[149] Vgl. Geschäftsbericht für die Zeit vom 1. Januar 1928 bis zum 31. Dezember 1928, S. 4.

[150] Vgl. Eingabe der Liga an den russischen Botschafter, in: Die Menschenrechte, 4. Jg., Nr. 7/8, 25. Juli 1929, S. 31.

Nachdem die Sowjetische Militäradministration in Deutschland (SMAD) 1948 den frei gewählten CDU-Vorsitzenden in der Sowjetischen Besatzungszone in Deutschland (SBZ), Jakob Kaiser (1888–1961), wegen fortgesetzter Unbotmäßigkeit abgesetzt und in die Flucht gen Westen geschlagen hatte, fand sie für diesen Posten von Format niemanden anderes als ausgerechnet den Ex-DDP-Politiker und Stalin-Kritiker Otto Nuschke. Der SMAD blieb nichts anderes übrig, als den bekennenden Trotzki-Verteidiger von 1929 in den Gremien der CDU der SBZ als Vorsitzenden durchzusetzen und 1949 als stellvertretenden Ministerpräsidenten der DDR einzusetzen. 1950 bewahrte Nuschke mit seinem Zugeständnis, auf demokratische Wahlen zu verzichten, die CDU vor einem Verbot; drei Jahre später retteten die Auseinandersetzungen, die mit dem Datum des 17. Juni 1953 verknüpft sind, nicht nur die CDU vor einem erneut geplanten Verbot, sondern auch Nuschke selbst den Kopf. Nach dem 17. Juni wurde die CDU – und damit Nuschke – dringender denn je gebraucht: um glaubhaft zu machen, dass der seit Sommer 1952 offen unternommene Versuch, die DDR in eine totalitäre Diktatur à la UdSSR zu verwandeln, dauerhaft aufgegeben sei. 15 Jahre später nannte man das eine »Politik der kleinen Schritte« (Egon Bahr, Willy Brandt), die allerdings nicht auf Nuschke, sondern auf Bismarck zurückging, der selbst schon eine »Politik der Geduld, der kleinen Schritte und des Abwartens« betrieben hatte.

*Berthold Jacob* (1898–1944), den der Erste Weltkrieg in einen entschiedenen Pazifisten verwandelt hatte, »[...] war ein wahrer Sherlock Holmes der Journalistik und arbeitete ständig an Tabellen und Karten, deren Vervollkommnung ihm alle Geheimnisse seiner Feinde entschleierte. Mit dem Zirkel rechnete er die Schlupfwinkel des fememörderischen Verschwörertums aus und markierte mit Fähnchen auf seinen Karten die Standorte der Schwarzen Reichswehr. Die Ranglisten der deutschen Armee waren seine Kopfkissenlektüre, und die Familienanzeigen aus den Garnisonsstädten waren seine schönsten Informationsquellen.«[151]

Wegen eines Artikels in der Wochenschrift »Das Tagebuch«, in dem Berthold Jacob den Reichsanwalt Paul Jorns (1871–1942) beschuldigt hatte, 1919 die Morde an Karl Liebknecht und Rosa Luxemburg vertuscht zu haben,[152] hatte der verantwortliche Redakteur, Joseph Bornstein (1899–1952),

---

[151] Kiaulehn, Walther zit. in: Madrasch-Groschopp, Ursula: Die Weltbühne. Porträt einer Zeitschrift, Berlin 1983, S. 198.

[152] Vgl. Kollege Jorns, in: Das Tagebuch, 9. Jg., H. 9, 24. März 1928.

sich Paul Levi als Anwalt genommen. Dieser gewann den Prozess: »Die schreckliche Tat, die damals begangen worden ist, ist keinem gut bekommen. Der Hauptmann v. Pflugk-Harttung oder der Bruder – ich weiß nicht, welcher – zerrissen von einer Handgranate, die er anderen zugedacht hatte. Der Leutnant Liepmann[153] in jungen Jahren ein siecher Krüppel. Der Jäger Runge,[154] ein elender Mann, gemieden und verstoßen von seinen Arbeitskollegen. Andere flüchtig, wer weiß wohin, alle gezwungen, ihr Antlitz vor den Menschen zu verbergen. Nur einer stieg hoch, der Kriegsgerichtsrat Jorns, und ich glaube, er hat in den zehn Jahren vergessen, woher seine Robe die rote Farbe trägt.

Meine Herren, hier glaube ich, hier treten diese Mauern und tritt diese Decke zurück. Hier ist ein Tag des Gerichts gekommen! Die toten Buchstaben, benutzt zu dem Zwecke, Schuldige zu schützen, und die vermoderten Knochen der Opfer: Sie stehen auf und klagen an den Ankläger von damals. (Beifall im Zuhörerraum.)«[155]

Am nächsten Tag schrieb Albert Einstein dem Verteidiger: »Das Größte ist Ihnen zuteilgeworden: Sie haben sogar das schnodderige ›Berliner Tageblatt‹ begeistert.«[156]

Berthold Jacob, der bereits 1932 nach Frankreich emigriert war, wurde 1935 von der Gestapo in die Schweiz gelockt und dort entführt, allerdings nach internationalen Protesten wieder freigelassen. Kurz bevor er 1941 in Lissabon ein in Richtung USA gehendes Schiff betreten konnte, entführte ihn die Gestapo abermals. Berthold Jacob starb im Berliner Jüdischen Krankenhaus an TBC und Fleckfieber, den Folgen seiner Haft. Sein Vater war schon im Jahr zuvor in Auschwitz ermordet worden.

*Max Hodann* (1894–1946) erreichte mit seinen Büchern ein breites Publikum. Der Leiter des Gesundheitsamtes Berlin-Reinickendorf war ein bekannter, maßgeblich von Magnus Hirschfeld beeinflusster Sexualpäda-

---

153 Rudolf Liepmann (Jg. 1894) ermordete Karl Liebknecht, wurde wegen seiner jüdischen Herkunft von den Nationalsozialisten aber trotzdem in die Emigration gezwungen, wo er 1940 in Shanghai starb.

154 Otto Runge hatte – auf Befehl – mit dem Kolben seines Gewehrs erst Karl Liebknecht, dann Rosa Luxemburg auf den Schädel geschlagen.

155 Der Jorns-Prozeß. Rede des Verteidigers Dr. Paul Levi, Berlin – nebst Einleitung, Berlin 1929, S. 54; wiederveröffentlicht in: Levi, Paul: Ohne einen Tropfen Lakaienblut. Schriften, Reden, Briefe, Band II/3: Sozialdemokratie, hrsg. von Jörn Schütrumpf, Berlin 2022, S. 2030.

156 Albert Einstein an Paul Levi, 8. August 1929, in: ebenda, S. 2063.

goge. Nicht nur »Bub und Mädel. Gespräche unter Kameraden über die Geschlechterfrage« (1924) wurde immer wieder aufgelegt.

In der Liga für Menschenrechte trat Hodann – 1926 aus der SPD ausgeschlossen, weil er gegen den Beschluss verstoßen hatte, dass eine SPD-Mitgliedschaft mit einem Wirken im »Internationalen Jugendbund« unvereinbar sei – im Oktober 1929 in Erscheinung: als eines der vier Mitglieder des von der Liga eingesetzten Untersuchungsausschusses, der die Vorgänge am 1. Mai 1929 – dem »Blutmai« – klären sollte. Mindestens 30 Menschen waren ermordet worden und Hunderte verletzt auf dem Pflaster liegen geblieben. Die Polizeiführung unter einem SPD-Innenminister und einem SPD-Polizeipräsidenten hatte nicht zuletzt »junge Mannschaften von außerhalb eingesetzt [...] Diese Tatsache und die absolut unpolizeimäßige, militärische Erziehung der Beamten [...] dürften die Kernpunkte sein, an denen die Untersuchung über die allgemeinen Missstände in der Polizei, ganz abgesehen von einzelnen Gesetzwidrigkeiten, einzusetzen hat.«[157]

Der Ausschuss sammelte Material, das in der Geschäftsstelle der Liga für Menschenrechte am Monbijouplatz jedermann einsehen konnte. Von den Zeugen stimmten 39 zu, dass ihre Namen und Adressen im Abschlussbericht veröffentlicht wurden. Polizisten konnten allerdings nicht befragt werden: Der Polizeipräsident hatte allen Beamten untersagt, irgendeine Auskunft zu erteilen.

1935 wurde Hodann als »Verkünder sexueller Irrlehren [...], die auf eine Demoralisierung des deutschen Volkes und besonders der Jugend hinzielten«,[158] ausgebürgert. Obwohl schwer an Asthma erkrankt, nahm er 1937/38 als Militärarzt der Internationalen Brigaden am Spanischen Bürgerkrieg teil. In seinen letzten Jahren in Schweden lernte er Peter Weiss (1916–1982) kennen, der in seinem Roman »Die Ästhetik des Widerstands« (3 Bände, 1975–1981) Hodann ein Denkmal setzte.

Tony Sender (oft auch Toni, eigentlich Sidonie, 1888–1964) gehörte dem politischen Beirat der Liga für Menschenrechte an. Bis Kriegsbeginn hatte sie in Paris gearbeitet. Sie war eine der sechs deutschen Sozialdemokratinnen, die im März 1915 Clara Zetkins Einladung zur »Internationalen Sozialistischen Frauenkonferenz« gegen den Krieg in Bern gefolgt waren. In Süddeutschland trieb Tony Sender Antikriegsagitation; in der

---

[157] Die Ergebnisse der Maiuntersuchung, in: Die Menschenrechte, 4. Jg., Nr. 9/10, 1. Oktober 1929, S. 8.

[158] Grau, Günter: Max Hodann (1894–1946), in: Sigusch, Volkmar/Grau, Günter (Hrsg.): Personenlexikon der Sexualforschung. Campus, Frankfurt a.M. u.a. 2009, S. 298.

Novemberrevolution stand sie in Frankfurt am Main an vorderster Front; während des Kapp-Putsches brachten Arbeiter sie aus der Stadt heraus – die putschenden Militärs wollten die ein Meter fünfzig große Frau füsilieren. Für die Reichstagswahl 1920 kürte die zerstrittene Führergarde der Reichs-USPD Tony Sender – als Kompromisskandidatin – zu ihrer Spitzenkandidatin. In der SPD-Reichstagsfraktion bildete sie mit ihrem zeitweiligen Lebenspartner, dem Vorsitzenden des Verbandes der Metallarbeiter, Robert Dißmann (1878–1926), sowie mit Anna Siemsen, Paul Levi, Heinrich Ströbel, Max Seydewitz (1892–1987) und dem langjährigen Anwalt von Rosa Luxemburg, Kurt Rosenfeld,[159] ab 1922 den harten Kern der SPD-Linken, machte 1931 jedoch als einzige der noch Lebenden den Schritt in die »Sozialistische Arbeiterpartei Deutschlands« nicht mit. Im Exil plädierte sie – bis die Moskauer Schauprozesse sie eines anderen belehrten und ins Lager des Antikommunismus trieben – für die Volksfrontidee. 1943 erhielt sie die USA-Staatsbürgerschaft, arbeitete für die UNRRA und später u.a. für die UN-Menschenrechtskommission. Für ein außergewöhnliches Engagement im Kampf um die Gleichberechtigung von Frauen und Männern verleiht die Stadt Frankfurt am Main seit 1992 alle zwei Jahre den mit 10.000 Euro dotierten Tony-Sender-Preis; die Toni-Sender-Akademie in Wiesbaden ist die Parteischule der SPD Hessen-Süd. Am 31. Oktober 2022 wurde in der Wittelsbacherstraße 34, gelegen in Berlin-Wilmersdorf, eine Gedenktafel des Berliner Senats für Tony Sender enthüllt.

*Heinrich Ströbel* (1869–1944), einst Verbündeter von Rosa Luxemburg, 1914 bis 1916 Chefredakteur des »Vorwärts« – vom SPD-Vorstand jedoch ein Jahr nach Ernst Meyer ebenfalls der Kriegsgegnerschaft überführt –, hatte nach der Unterdrückung des Bundes Neues Vaterland im Februar 1916 zusammen mit Hellmut von Gerlach vorgeschlagen, eine Ausweichverbindung zu bilden. Am 30. Juli 1916 wurde in Frankfurt am Main die »Zentralstelle Völkerrecht« (ZV) – als informeller Verbund – ins Leben gerufen. Aber auch das half nicht viel; am 25. Januar 1917 wurde ihm »jedwede öffentlichkeitswirksame Werbetätigkeit« verboten. Ströbel war in der Revolution 1918/19 für die USPD kurze Zeit in Preußen Ministerpräsident, 1919/20 schrieb er anderthalb Jahre lang für die »Weltbühne«, die ein inoffizielles

[159] Neben Kurt Rosenfeld waren als Anwälte für Rosa Luxemburg Paul Levi sowie Siegfried Weinberg tätig; vgl. Hillebrand, Reinhard: Dr. Siegfried Weinberg (1880–1932) – Anwalt und Sozialdemokrat zwischen Reform und Revolution, in: Recht und Politik, 55. Jg. (2019), H. 2, S. 175–180.

Sprachrohr des Bundes Neues Vaterland war, die Leitartikel. Für die SPD saß er ab 1924 im Reichstag, 1931 war er kurzzeitig gemeinsam mit Kurt Rosenfeld und Max Seydewitz Co-Vorsitzender der Sozialistischen Arbeiterpartei Deutschlands. Heinrich Ströbel starb im Schweizer Exil.

Der ehemalige Sekretär des 1919 ermordeten bayerischen Ministerpräsident Kurt Eisner *Felix Fechenbach* (1894–1933) wurde von seiner ersten Ehefrau – die sich für die Scheidung rächen wollte und ihn deshalb der absurdesten staatsschädlichen Verbrechen bezichtigte – von einem bayrischen Staatsanwalt in besondere Obhut genommen und von einem kompatiblen Richter 1922 wegen Landesverrats zu elf Jahren Zuchthaus verurteilt. Neben Heinrich Wandt und Walter Bullerjahn war Fechenbach eines der wenigen Justizopfer, bei denen der Kampf gegen die Justiz zum Erfolg führte. Nach öffentlichen Protesten musste er, der mit Albert Einstein und Kurt Tucholsky befreundet war, 1924 freigelassen werden, wurde aber nicht vom Landesverrat-Urteil freigesprochen. Felix Fechenbach wurde am 7. August 1933 – nach Misshandlungen – auf dem Transport in das KZ Dachau »auf der Flucht erschossen«. Fechenbachs zweiter Ehefrau Irma Epstein (1895–1973) und ihren drei gemeinsamen Kindern konnte Albert Einstein zur Flucht in die USA verhelfen. Fechenbachs Brüder und deren Familien wurden während des Holocaust ermordet. Der Unterbezirk Lippe der SPD hat eine Felix-Fechenbach-Stiftung mit Sitz in Detmold eingerichtet, die alle zwei Jahre einen Felix-Fechenbach-Preis verleiht.

Der mindestens mit einer Doppelbegabung ausgestattete *Rudolf Olden* (1885–1940) – er war sowohl als Journalist wie als Rechtsanwalt erfolgreich – beendete den Ersten Weltkrieg nicht nur als Oberleutnant, sondern auch als Pazifist. Zu seinem Freundeskreis zählten sowohl der aus Prag stammende Egon Erwin Kisch (1885–1948), der »rasende Reporter«, einer der bedeutendsten Zeitungsleute in der Geschichte des Journalismus, als auch der Wiener »Weltbühnen«-Autor Alfred Polgar (1873–1955) – beider Bücher wurden 1933 in Berlin auf dem heutigen August-Bebel-Platz verbrannt.

Seit 1931 im Vorstand der Liga für Menschenrechte, verteidigte Olden 1932 Carl von Ossietzky, der wegen »Beleidigung der Reichswehr« aufgrund Kurt Tucholskys Bemerkung »Soldaten sind Mörder« in der »Weltbühne« vom 4. August 1931 angeklagt worden war. Olden gewann den Prozess. Am 18. September 1940 wurde vom deutschen U-Boot U 48 der britische Passagierdampfer »City of Benares« im Atlantik versenkt. Es starben 248 Menschen, darunter Rudolf Olden und seine Frau.

Der Benjamin unter den Liga-Aktivisten, *Alfred Falk* (1896–1951), hatte seine politische Arbeit im heute vergessenen Jugendbund Schwarz-Rot-Gold[160] begonnen und im Oktober 1924 dem Vorstand der Liga vorgeschlagen, die »Republikanische Beschwerdestelle« des Jugendbundes durch eine eigenständige, von der Liga unterstützte Organisation zu ergänzen.[161] Allein bis Mai 1927 war die Beschwerdestelle in 2.000 Fällen aktiv geworden:

1. Beseitigung monarchistischer Symbole;
2. Strafanträge gegen Republikschmäher;
3. Aktionen gegen kriegshetzerische Schulbücher und kriegshetzerischen Unterricht;
4. Beseitigung bzw. Disziplinaranträge gegen republikfeindliche Beamte;
5. Aktionen gegen monarchistische Tendenzen amtlicher Kreisblätter;
6. Überwachung von Verfassungsfeiern.[162]

Kurt Tucholsky schrieb 1928: »Die Republikanische Beschwerdestelle muss doch wohl sehr gute Arbeit leisten, sonst wäre die Rechtspresse nicht so aus dem Häuschen, wenn sie von ihr spricht. Da sitzt einer, der weiß mit den Bestimmungen Bescheid, und was er macht, hat Hand und Fuß, und recht bekommt der Kerl auch noch –! Der eine ist Alfred Falk, ein Republikaner, wie man sich viele wünscht.«[163]

Falk zählte in Deutschland bald zu den »bestgehassten Leuten«.[164] 1933 vernichtete er die Unterlagen der Beschwerdestelle. Einiges fiel trotzdem der SA in die Hände, wurde angesichts der Masse an Akten, die im März 1933 überall in Deutschland beschlagnahmt wurden, jedoch nicht ausge-

---

160 Über den Jugendbund Schwarz-Rot-Gold konnte – außer dass er schon 1924 existierte – nichts in Erfahrung gebracht werden. Er ist nicht identisch mit dem Jungbanner Schwarz-Rot-Gold, der Jugendorganisation der überparteilichen Republikschutzorganisation Reichsbanner Schwarz-Rot-Gold, denn die wurde erst 1926 gegründet.

161 Vgl. Jung, Otmar: Verfassungsschutz privat. Die Republikanische Beschwerdestelle e. V. (1924–1933), in: Vierteljahreshefte für Zeitgeschichte, 35. Jg., H. 1, Januar 1987, S. 65–93.

162 Lehmann-Russbüldt: Der Kampf der Deutschen Liga für Menschenrechte, S. 120.

163 Wrobel, Ignaz: Die Republikanische Beschwerdestelle, in: Die Weltbühne, 24. Jg., Nr. 38, 18. September 1928, S. 459.

164 Warum Republikanische Beschwerdestelle?, in: General-Anzeiger für Dortmund, 312, 12. November 1930, unter: wikipedia.org

wertet. Durch einen Behördenfehler kamen im Dezember 1933 die restlichen Unterlagen zur Vernichtung ins Gefängnis Berlin-Tegel.[165]

Zusammen mit Berthold Jacob gründete er 1933 die Straßburger Exil-Sektion der Deutschen Liga für Menschenrechte und beteiligte sich führend an der Nobelpreiskampagne für Carl von Ossietzky – ehe er sich Ende 1935 aus jeglicher Politik zurückzog.

Ursprünglich standen auf dem Plan des Präsidenten der DDR, Wilhelm Pieck (1873–1960), für die Tafeln, die auf dem Friedhof Berlin-Friedrichsfelde im Zentrum der Gedenkstätte der Sozialisten angebracht werden sollten, auch die Namen von Leo Jogiches, *Kurt Rosenfeld* (1877–1943) und Wolfgang Fernbach (Jg. 1889), des Parlamentärs, den Reichswehroffiziere am 11. Januar 1919 in der Garde-Dragoner-Kaserne, gelegen in Berlin-Kreuzberg, auf bestialische Weise hatten zerfleischen lassen; Pieck hatte mit allen dreien zusammengearbeitet. Am 23. Dezember 1950 notierte er nach einem Besuch in Friedrichsfelde für seinen Sekretär: »Hinten waren 3 Sandsteinplatten je mit Namen – Jogiches, Fernbach und Rosenfeld – sollen entfernt werden.«[166]

Für Stalins Besatzungskommunisten war schon Rosa Luxemburg schwer erträglich, aber unvermeidbar.[167] Doch noch dazu Lenins Gegenspieler: Rosa Luxemburgs zeitweiser Lebens- und lebenslanger politischer Weggefährte Leo Jogiches? Beide hatten ab 1892 bis zu ihrem Lebensende zusammen Politik gemacht, wobei er im Hintergrund blieb, während sie im Bühnenlicht stand. Und damit nicht genug: auch noch Rosa Luxemburgs Anwalt, ein erklärter Gegner des Stalinismus, Kurt Rosenfeld? Das war zu viel. Wolfgang Fernbach[168] kam lediglich unter die Räder, weil er zwischen Jogiches und Rosenfeld stehen sollte. In den folgenden Jahren wurde er in der DDR völlig vergessen. Sogar im Standardwerk der SED-Geschichtsschreibung sucht man den Namen des füsilierten Spartakusmannes vergebens.[169] In der »Klarschrift der handschriftlichen Notizen von Wilhelm

---

[165] Vgl. Jung: Verfassungsschutz privat, S. 93.

[166] Vgl. Bundesarchiv Berlin, NY/4036/611, Bl. 120.

[167] Nicht zuletzt deshalb beorderten sie ihren Zögling, den Ideologiechef der SED, an den Schreibtisch, um umgehend gegen Rosa Luxemburg eine Schrift zu verfassen, die in großen Auflagen verbreitet wurde; vgl. Oelsner, Fred: Rosa Luxemburg. Eine kritische biographische Skizze, Berlin 1951.

[168] Vgl. Fernbach, Eugen und David (Hrsg.): Assimilation – Zionismus – Spartakus. Chronik der Berliner Familie Fernbach (1879–1934), Berlin 2019.

[169] Vgl. Geschichte der deutschen Arbeiterbewegung. Biographisches Lexikon, Berlin 1970.

Pieck«, die am 22. Februar 1967 im Institut für Marxismus-Leninismus angefertigt wurde, entzifferten die »Spezialisten« statt Fernbach: »Feuerbach«.[170]

Kurt Rosenfeld hatte vor dem Ersten Weltkrieg an der Parteischule der SPD in Berlin gemeinsam mit Rosa Luxemburg gelehrt. 1918/19 für die USPD kurze Zeit in Preußen Justizminister, holte er in den Jahren vor 1933 den einstigen Sekretär Clara Zetkins, Heinrich Wandt (1890–1965), und den Träger des Eisernen Kreuzes Walter Bullerjahn aus dem Zuchthaus. Der, in der Tat zwielichtige, zwischen Rechts und Links changierende Wandt war 1923 aus dem zeitweilig britisch besetzten Düsseldorf – dort hatten deutsche Behörden keine Hoheitsrechte – in einer abenteuerlichen Nacht- und Nebelaktion nach Potsdam entführt und vom Reichsgericht in Leipzig verurteilt worden. Das als »deutscher Dreyfus-Prozess« in die Geschichte eingegangene Verfahren war geheim, den Anwesenden, also auch Wandts Verteidiger Rosenfeld, wurde Schweigepflicht auferlegt.[171]

Deshalb spielte er über die Bande: mit Paul Levi, ab 1922 eines der aktivsten Mitglieder der Liga für Menschenrechte und zeitweise Mitglied ihres Vorstands. Levi war ebenso wie Rosenfeld Anwalt und Mitglied des Reichstags, hatte aber nicht am Prozess teilgenommen, konnte also nicht belangt werden. Am 10. März 1925 machte er im Reichstag den Skandal öffentlich: »Ich meine den Fall Wandt. Man kann gegen die moralische Qualifikation von Wandt alle Einwendungen erheben. Aber auch an einem Lumpen kann ein Mord und ein Justizmord begangen werden. Mag man über Wandt denken, wie man will – das, was hier geschehen ist, kann ich nicht anders denn als einen Justizmord bezeichnen.«[172]

Nicht weniger skandalös war der Fall Walter Bullerjahn: »Am 8. Januar 1925 beschlagnahmte die Interalliierte Militärkontrollkommission in den Räumen der Berlin-Karlsruher Industriewerke, wo sie in einem Versteck lagerten, ca. 60.000 Stahlrohlinge, die auch zur Herstellung von Gewehrläufen geeignet waren. Bullerjahn, Oberlagerverwalter bei den Berlin-

---

170 Vgl. Bundesarchiv Berlin, NY/4036/611, Bl. 119.

171 Vgl. Der – aussichtslose – Versuch eines Opfers, zu den Tätern aufzuschließen. Oder: Wie »Etappe Gent« entstand, in: Wandt, Heinrich: Erotik und Spionage in der Etappe Gent. Deutsche Besatzungsherrschaft in Belgien während des Ersten Weltkrieges, hrsg. von Jörn Schütrumpf, Berlin 2014, S. 319–362.

172 Levi, Paul: Verletzung des Rechtsgefühls. Rede im Reichstag am 10. März 1925, in: ders.: Ohne einen Tropfen Lakaienblut, Bd. II/3, S. 1580.

Karlsruher Industriewerken, geriet in den Verdacht, der Denunziant des geheimen Lagers gewesen zu sein.«[173]

Bullerjahn wurde durch einen im Prozess ungenannten Zeugen belastet und vom Reichsgericht ohne jeglichen Beweis zu 15 Jahren Zuchthaus verurteilt.[174]

Bullerjahns Anwalt, Levi, hat das Ende des Revisionsprozesses nicht mehr erlebt, er starb im Februar 1930 bei einem Unfall. Deshalb übernahm Rosenfeld den Fall. Am 13. Dezember 1932 schrieb er an Levis Schwester: »Unter den zahlreichen Glückwünschen, die ich zum Freispruch Bullerjahns erhielt, war und ist mir der Ihrige der allerwichtigste. Habe ich doch während der ganzen Verhandlungen unendlich oft an Ihren Bruder gedacht, ihn vermisst und herbeigewünscht. Wie im politischen Leben so auch in diesem Prozess vermisse ich Ihren Bruder schmerzlich. Ihr Schreiben war mir wie eine Nachricht von ihm.«[175]

Und die Liga ließ ein Flugblatt drucken: »Die Deutsche Liga für Menschenrechte rettet Bullerjahn! […] Dieser Freispruch ist ein Sieg der Deutschen Liga für Menschenrechte.«[176]

Es wurde der letzte Sieg der Deutschen Liga für Menschenrechte. Kurt Rosenfeld, der 1931 gemeinsam mit Heinrich Ströbel und Max Seydewitz den Vorsitz der Sozialistischen Arbeiterpartei Deutschlands übernommen hatte, starb – so wie viele andere auch – im Exil. Die Meldung im SED-Zentralorgan »Neues Deutschland« vom 21. Juni 1950 über den Tod von Alice Rosenfeld (1878–1950) – sie lebte nach dem Exil im Ostberliner Stadtbezirk Treptow – war im Osten Deutschlands für lange Zeit die letzte, in der Kurt Rosenfelds Name noch einmal erwähnt wurde …

---

173 Ders.: Zwei Fünfzehnjährige, in: ebenda, S. 1873.

174 Vgl. Der Fall Bullerjahn. Nach Hörensagen zu 15 Jahren Zuchthaus verurteilt, in: Vorwärts. Berliner Volksblatt. Zentralorgan der Sozialdemokratischen Partei Deutschlands, 45. Jg., Nr. 590, 14. Dezember 1928, Abendausgabe; wiederveröffentlicht in Levi: Ohne einen Tropfen Lakaienblut, Bd. II/3, S. 1878.

175 Kurt Rosenfeld an Jenny Herz, 13. Dezember 1932, in: ebenda, S. 2309.

176 Mitteilungsblatt der Rheinischen Arbeitsgemeinschaft der Deutschen Liga für Menschenrechte. In: web.archive.org^.

# Dokumente

## Flugschriften des Bundes Neues Vaterland

### Übersicht

**Nr. 1** von Beerfelde, Hauptmann a. D., Michel wach auf!
Eine notwendige Richtigstellung des deutschen Weißbuches

**Nr. 2** Prof. Dr. W. Schücking, Dr. Helene Stöcker, Dr. Elisabeth Rotten
Durch zum Rechtsfrieden. Ein Appell an das Weltgewissen

**Nr. 3** O. Lehmann-Russbüldt: Warum erfolgte der Zusammenbruch an der Westfront? Mit einer dem General Ludendorff einstmals übermittelten Denkschrift eines deutschen Landsturmmannes.

**Nr. 4** Karl Kautsky, Die Wurzeln in der Politik Wilsons

**Nr. 5** Dr. E. J. Gumbel, Vier Jahre Lüge

**Nr. 6** Hans Paasche, Kapitänleutnant a. D.,
Meine Mitschuld am Weltkrieg

**Nr. 7/8** Fürst Lichnowsky
Meine Londoner Mission 1912 – 1914
Und Eingabe an das preussische Herrenhaus (2 M.)

**Nr. 9** Dr. Walther Borgius
Der Völkerbund. Seine Kultur- und Wirtschaftsaufgaben

**Nr. 10** Dr. Magnus Hirschfeld: Verstaatlichung des Gesundheitswesens

**Nr. 11** Heinrich Ströbel, Durch die Wahrheit

**Nr. 12** Kurt Eisner, Schuld und Sühne.
Mit einer Einleitung von Heinrich Ströbel

**Nr. 13** Wilhelm Bölcke, Hauptmann
Deutschlands neue Wehrmacht

**Nr. 14** Helmuth von Gerlach, Der Zusammenbruch der Deutschen Polenpolitik

**Nr. 15** Eugen Ortner, Die Intellektuellen und der Sozialismus

Preis jeder Nummer 1 Mark
Zu beziehen durch alle Buchhandlungen und durch:
Verlag Neues Vaterland, E. Berger & Co., Berlin W 62, Kurfürstenstr. 125

## Was will der Bund »Neues Vaterland«?

*Was aber Europa betrifft, so ist die Fackel des Geistes noch nie erloschen. Noch immer waren die Läufer unterwegs, die die Fackel mit dem heiligen Feuer, von Hand zu Hand, ins Dunkel tragen.*
René Schickele in den »Weißen Blättern«

Die Äußerungen sowohl der leitenden Kreise Deutschlands als auch des deutschen Kaisers bei Beginn des Krieges behaupten energisch, dass Deutschland in den europäischen Krieg eingetreten sei, nicht um Eroberungen zu machen, sondern um das Werk von 1813 und 1870 zu behaupten und auf die Dauer zu sichern. Kaiser Wilhelm gab oft genug seiner Meinung dahin Ausdruck, dass die Schaffung einer Weltherrschaft sich immer wieder auf die Dauer als unmöglich herausgestellt habe. Am klarsten und eindringlichsten vertrat er diesen Gedanken in seiner bekannten Rede anlässlich der Einweihung des Bremer Kaiser-Friedrich-Denkmals. Er sagte dort: »Ich habe mir gelobt, auf Grund meiner Erfahrungen aus der Geschichte, niemals nach einer öden Weltherrschaft zu streben. Denn was ist aus den großen Weltreichen geworden? Alexander der Große, Napoleon I., alle die großen Kriegshelden, im Blute haben sie geschwommen und unterjochte Völker zurückgelassen, die beim ersten Augenblick wieder aufgestanden sind und die Reiche zum Zerfall gebracht haben. Das Weltreich, das ich mir geträumt habe, soll darin bestehen, dass vor allem das neuerschaffene Deutsche Reich von allen Seiten das absoluteste Vertrauen als eines ruhigen, friedlichen Nachbarn genießen soll, und dass, wenn man dereinst vielleicht von einem deutschen Weltreich oder einer Hohenzollernweltherrschaft in der Geschichte reden sollte, sie nicht auf Eroberung gegründet sein soll durch das Schwert, sondern durch gegenseitiges Vertrauen der nach gleichen Zielen strebenden Nationen, kurz ausgedrückt, wie ein großer Dichter sagt: ›Nach außenhin begrenzt, im Innern unbegrenzt.‹«

Die darin festgelegten Ziele deutscher Politik bedürfen, um wirksam zu werden, der dauernden Unterstützung der öffentlichen Meinung in Deutschland. Der Bund »Neues Vaterland« will in diesem Sinne arbeiten. Er geht dabei von der Grundanschauung aus, dass trotz des jetzigen Krieges die europäischen Völker eine kulturelle Arbeitsgemeinschaft bilden und auch in Zukunft bilden müssen, wenn nicht die europäische Kultur eine gleich verheerende Krise durchmachen soll, wie sie Deutschland während und nach dem 30-jährigen Kriege erlebt hat.

Der Krieg ist nach den bekannten Worten des Generals von Clausewitz die Fortführung der Politik eines Staates mit anderen Mitteln. Und er muss und darf nur den Lebensinteressen der Staaten und Völker dienen. Alle rein gefühlsmäßigen Stimmen, wie sie in der Verwirrung des Krieges in der Öffentlichkeit so leicht entstehen, müssen schweigen gegenüber der Notwendigkeit, dass die Kriegsführung einem klar erkannten Ziele dienen muss. Die Politik ist aber die Kunst des Möglichen. Deutschland muss daher diesen Krieg führen mit der bestimmten Absicht, alles zu tun, was den nachkommenden Geschlechtern die friedliche Arbeit auf allen Gebieten der Kultur ermöglicht und was zugleich die Konfliktstoffe zwischen den europäischen Staaten auf ein Mindestmaß beschränkt.

Daher muss der Gedanke, fremde Länder erobern zu wollen, abgewiesen werden, weil man heute die Einverleibung eines ganzen Volkes oder die Verstümmelung eines alten Nationalstaates, der der Träger großer kultureller Kräfte ist, nur dann unternehmen kann, wenn man die feste Absicht hat, binnen kurzem für diese Eroberung einen neuen Weltkrieg zu riskieren. Sogar ein Mann von der Denkungsart des Generals der Kavallerie, Friedrich von Bernhardi, dessen Werke Deutschland im Ausland in kaum gutzumachender Weise geschädigt haben, äußert sich in seiner Schrift »Unsere Zukunft«, S. 40, über eine deutsche Eroberungspolitik grundsätzlich dahin: »An eine Eroberungspolitik ist selbstverständlich nicht zu denken; eine solche würde dem Geist der Zeit und unserm wahren Vorteil widersprechen, denn wir könnten in Europa nur Landstriche erwerben, deren vergewaltigte Bevölkerung uns immer feindlich gesinnt bleiben würde.« Die Selbständigkeit und Unabhängigkeit der europäischen Völker, des deutschen sowohl wie der andern, ist die Vorbedingung, ohne die es keinen Frieden und keine friedliche Arbeit gibt. Darüber hinaus muss aber versucht werden, die kulturellen, wirtschaftlichen und politischen Beziehungen der europäischen Völker enger zu gestalten, was sich am ehesten durch die zollpolitische Annäherung der europäischen Staaten erreichen lässt.

Gerade der plötzliche Ausbruch des Krieges hat gezeigt, wie wenig die Vertretung der ausländischen Interessen der europäischen Nationen den Anforderungen genügt, die alle Völker und ganz besonders das deutsche Volk an sie zu stellen hat. In Deutschland hat ohne Zweifel die Tüchtigkeit der diplomatischen Vertretung durch die beschränkte Auswahl aus einer engen Kaste, die den modernen weltwirtschaftlichen Bedürfnissen fernersteht, gelitten. In den Verhandlungen zwischen den europäischen Diplomaten zeigt sich die verhängnisvolle Wirkung der künstlichen Geheimhaltung aller getroffenen Abmachungen. Es war durchaus möglich, und die Diplomaten haben es uns stets versichert, dass an Stelle der katastrophalen Lösung ein allmählicher Ausgleich der Interessengegensätze erfolgt wäre, der ohne Zweifel den Interessen aller Völker mehr genutzt hätte, als die jetzige Verheerung von Kulturwerken. Die Geheimdiplomatie hat eine solche Lösung zum Mindesten außerordentlich erschwert und es muss daher, wie in allen anderen Gebieten des modernen Staatslebens, auch auf diesem Gebiet die öffentliche Kontrolle einsetzen. Es muss verhindert werden, dass einzelne Staatsmänner hinter dem Rücken ihrer Parlamente, wie es selbst in England durch Grey geschehen, bindende Verträge – wenn auch in unverbindlicher Form – abschließen, die Europa in die Gefahr der Selbstvernichtung stürzen.

Der Gedanke der zusammenfassenden Organisation Europas, der es ermöglichen soll, jedes einzelne Volk zur höchsten Blüte der Leistungsfähigkeit zu bringen, muss alle Teile unseres Staatslebens durchbringen. Die äußere Politik ist nichts anderes als das Spiegelbild des Inneren, wie die innere das Spiegelbild der äußeren. Der Organisation der Völker muss die Organisation des Volkes selbst entsprechen. Die Erfahrungen, die man in den letzten Monaten gemacht hat, haben deutlich gezeigt, dass die glänzende militärische Organisation Deutschlands Hand in Hand gehen muss mit einer ebenso durchdachten Organisation der innerdeutschen Verhältnisse.

Gerade die nicht immer erfreulichen Mängel der deutschen sozial- und wirtschaftspolitischen Organisation reden eine zu ernste Sprache, als dass man die Bedeutung dieser Dinge für die Widerstandskraft Deutschlands in Zukunft je unterschätzen könnte. Jedes Stück sozialer Organisation, das in Zukunft geschaffen wird, sei es durch gesetzliche Maßnahmen des Reiches und der Bundesstaaten, sei es durch die friedliche Arbeit der beteiligten Verbände, der Gewerkschaften, Konsumgenossenschaften usw., bedeutet eine Stärkung der äußeren und inneren Kraft unseres Volkes.

Der Weg zu energischer Arbeit in diesem Sinne ist frei geworden, seitdem uns der Krieg von den Schranken befreit hat, die einen großen Teil des deutschen Volkes hinderten, an der Ausgestaltung unserer sozialen Organisation mitzuarbeiten. In der Sitzung des Reichstags vom 2. Dezember hat der Kanzler die Wege zu einem neuen Deutschland geebnet, als er die ausdrückliche Erklärung abgab:

Wenn ein ruhmvoller, wenn ein glücklicher Friede erkämpft sein wird, dann wollen wir diesen Geist hochhalten, als das heiligste Vermächtnis aus dieser furchtbar ernsten und großen Zeit. (Bravo!) Wie vor einer Zaubergewalt sind die Schranken niedergesunken, die eine öde und dumpfe Zeitlang die Glieder des Volkes trennten, die Schranken, die wir miteinander aufgerichtet hatten, im Missverstand, in Missgunst und in Misstrauen. Es ist wie eine Befreiung und wie eine Beglückung, dass einmal dieser ganze Wust und Unrat weggefegt worden ist (Lebhaftes Bravo!), dass nur noch der Mann gilt, einer dem andern gleich, einer dem andern die Hand reichend für ein einiges, für ein heiliges Ziel. Ich brauche noch einmal die Worte, die beim Ausbruch des Krieges der Kaiser gebraucht hat: Ich kenne keine Parteien mehr, ich kenne nur noch Deutsche! Meine Herren, wenn der Krieg vorüber ist, werden die Parteien wiederkehren, denn ohne Parteien, ohne politischen Kampf gibt es kein politisches Leben, auch für das freieste und einigste Volk! (Sehr richtig!) Aber, meine Herren, kämpfen wollen wir dafür – und ich für meinen Teil verspreche es Ihnen zu tun – dass in diesen Kämpfen es nur mehr Deutsche geben darf. (Lebhaftes Bravo.)

Von dem Boden dieser Erklärung ausgehend, will der Bund »Neues Vaterland« eine Freischar deutscher Männer und Frauen bilden, die bereit sind, mit ihrer ganzen Kraft an der Lösung dieser Aufgaben zu arbeiten, in dem Bewusstsein, dass die Zeit nach dem Kriege Schwereres von uns fordern wird, als die Kampfeszeit des Krieges.

Bund »Neues Vaterland«
Geschäftsstelle Berlin W 50, Tauentzienstr. 9 Garth. III

## Satzungen

§ 1. Zweck des Bundes

Der Bund ist eine Arbeitsgemeinschaft deutscher Männer und Frauen, die sich unbeschadet ihrer sonstigen politischen und religiösen Stellungnahme zusammenschließen, um an den Aufgaben, die dem deutschen Volk aus dem europäischen Kriege erwachsen, mitzuarbeiten.

Daher beabsichtigt der Bund:

1. Die direkte und indirekte Förderung aller Bestrebungen, die geeignet sind, die Politik und Diplomatie der europäischen Staaten mit dem Gedanken des friedlichen Wettbewerbs und des überstaatlichen Zusammenschlusses zu erfüllen, um eine politische und wirtschaftliche Verständigung zwischen den Kulturvölkern herbeizuführen. Dieses ist nur möglich, wenn mit dem seitherigen System gebrochen wird, wonach

einige Wenige über Wohl und Wehe von hundert Millionen Menschen zu entscheiden haben.

2. Insoweit sich bei der Arbeit für dieses Ziel ein Zusammenhang zwischen innerer und äußerer Politik der Staaten ergibt, darauf hinzuwirken, beide in volle Übereinstimmung zu bringen – zum Besten des deutschen Volkes und der gesamten Kulturwelt.

§ 2. Der Bund wird vertreten durch den Vorsitzenden. Dem Vorsitzenden können Stellvertreter zur Seite gegeben werden, die ebenfalls den Bund gesetzlich vertreten sollen. Die etwaigen Stellvertreter des Vorsitzenden gehen auch aus Wahlen des Bundes hervor. Zur Bearbeitung besonderer Aufgaben des Bundes werden Sonderausschüsse gebildet. Die Beschlüsse des Bundes und der Ausschüsse hat eine damit beauftragte Geschäftsstelle auszuführen.

§ 3. Der Bund hat a) ordentliche Mitglieder, b) wissenschaftliche Mitglieder, c) außerordentliche Mitglieder.

Die ordentlichen Mitglieder zahlen einen Mitgliedsbeitrag von mindestens 50 Mk. jährlich. Die wissenschaftlichen und außerordentlichen Mitglieder zahlen keine Beiträge. Die außerordentlichen Mitglieder haben kein Stimmrecht.

Die Aufnahme der ordentlichen und wissenschaftlichen Mitglieder in den Bund erfolgt unter der Voraussetzung der bewussten Verpflichtung auf die Zwecke des Bundes, die durch die kameradschaftliche Zusammenarbeit aller Mitglieder erstrebt werden sollen.

Die §§ 4–8 enthalten die üblichen Bestimmungen für Vereine.

*Zur Beachtung*

Der § 3 der Satzungen des Bundes »Neues Vaterland« besagt ausdrücklich, dass der Bund eine wirkliche Arbeitsgemeinschaft darstellen soll, d. h. die Mitgliedschaft wird nicht dadurch erworben, dass jemand den vorgesehenen Mitgliedsbeitrag bezahlt, es wird vielmehr von jedem ordentlichen Mitglied andauernde und nachdrückliche Mitarbeit für die Ziele des Bundes erwartet. Unter dieser Voraussetzung erfolgt die Aufnahme, bei der auch entsprechend den Satzungen von der Zahlung des Beitrages abgesehen werden kann.

Die Mitglieder und Freunde des Bundes werden ständig durch Rundschreiben über die Tätigkeit des Bundes in Kenntnis gesetzt.

Seit der Begründung des Bundes im November 1914 ist der Bund mit einer Reihe von Gelehrten und Schriftstellern in Verbindung getreten, die im

Sinne seiner Bestrebungen sich ganz oder teilweise übereingehend geäußert haben. So u. a.: Luso Brentano, Franz von Liszt, Otfried Rippold, Lammasch-Salzburg, von Scala-Innsbruck, Hans Delbrück-Berlin, Albert Osterrieth-Berlin, Walther Schücking-Marburg*), Hans Wehberg-Düsseldorf, Ferdinand Tönnies-Kiel, Lic. Siegmund-Schultze*), Richard Calwer-Berlin, Herbert Eulenberg*), Alexander Freiherr von Gleichen-Rußwurm*), Ernst Schultze-Großborstel, Heinrich Roeßler-Frankfurt a. M.*), Hellmuth von Gerlach*), Botschafter a. D. Graf Anton von Monts, Gesandter a. D. Wirkl. Geh. Rat Graf von Leyden, Geheimrat Arnhold-Dresden*), Ernst Sieper-München*), Leopold von Wiese-Cöln, Carl Lamprecht-Leipzig, Max Dessoir, Albert Einstein-Berlin*), Paul Deussen-Kiel, Carl Brockhausen-Wien, Wilhelm Herzog, Walther Federn (»Der österreichische Volkswirt«), Rudolf Goldscheid-Wien*), Romain Rolland-Genf, Björnson z. Zt. Berlin, Prof. Opet-Kiel*), Baron von Schneider-München*), Prof. Quidde-München*), Direktor Archenhold-Treptow*), Konsul a. D. Dr. Schlieben, Geheimrat Adolf Schmidt-Potsdam (Prof. der Astronomie) u. a.
*U. a. sind die mit *) bezeichneten Männer Mitglieder des Bundes.*

*Schwester-Organisationen des Bundes »Neues Vaterland« in Europa.*
The Union of Democratic Control, Kings Chambers, Portugal Street, London W. C. | Prof. Dr. R. Broda, Lausanne (Schweiz), 60, Av. De Rumine: Bund für Organisierung menschlichen Fortschritts. | M. le Dr Nico van Suchtelen, Sekretär des Komitees der »Vereinigten Staaten Europas«, Blaricum, Holland. | Nederlandsche Anti-Oorlog Raad, Theresiastr. 51, Haag, Holland. | omité des »Amigos de la Unidad Moral de Europa«, M. En. Duran, Ateneo Barcelonés, Barcelona. | »The Cobden Club«, Broadway Court, Broadway, Westminster, London S. W. | Komitee zum Studium der Grundlagen eines dauerhaften Friedensvertrages, Bern.

**Flugschriften des Bundes »Neues Vaterland«:**

Nr. 1. Was will der Bund »Neues Vaterland«? 10 Pf.
Nr. 2. Was täte Bismarck? Von ***. Mit Vorwort vom Kais. Gesandten Grafen von Leyden. 10 Pf.
Nr. 3. Kurt von Tepper-Laski, Rennsport und Engländerei. Ein Briefwechsel 10 Pf.
Nr. 4. Kurt Eisner, Treibende Kräfte 10 Pf.
Nr. 5. Walther Schücking, Die deutschen Professoren und der Krieg 10 Pf.

Nr. 6. Lujo Brentano, England und der Krieg 10 Pf.
Die Schöpfung der Vereinigten Staaten von Europa. Eine Phantasie von 1910 und eine Betrachtung von 1914. Von *** 50 Pf.
Rudolf Goldscheid, Deutschlands größte Gefahr 50 Pf.

Der Vorsitzende des Bundes ist Rittmeister a. D. Kurt von Tepper-Laski, der stellvertretende Vorsitzende ist Ingenieur Graf Georg von Arco.
Alle Briefsendungen bitte nur an die Geschäftsstelle des Bundes ohne Namensnennung zu richten: Bund »Neues Vaterland«, Berlin W. 50, Tauentzienstr. 9 (Sprechstunden 9–1 Uhr).

*Quelle: Was will der Bund »Neues Vaterland«? (Flugschriften des Bundes »Neues Vaterland«, Nr. 1), 2., vermehrte Auflage, Berlin 1915.*

## Erinnerungen an Kurt von Tepper-Laski
## Zu seinem 80. Geburtstag: 8. August 1930

Von Otto Lehmann-Rußbüldt

Um die Jahrhundertwende entstand in Berlin der Giordano Bruno-Bund. Der große Sohn der Renaissance, der vor drei Jahrhunderten in Rom verbrannt worden war, wurde das Symbol für eine Vereinigung, die dann später im »Deutschen Monistenbund« ihre Fortsetzung fand. Eines Tages meldete sich als Mitglied des Giordano Bruno-Bundes Kurt von Tepper-Laski. Damals kannte jeder in Berlin diesen Namen, auch der, der sein Geld nicht auf Rennplätzen verlor. Tepper-Laski galt als der »ungekrönte König von Karlshorst«, als »der Meister des deutschen Hindernissports«.
Er nahm an unseren Arbeiten regen Anteil. Als es auch in diesem Verein einmal Krach gab, wandte er dadurch die Situation, daß er die Anhörung des Angegriffenen durchsetzte.

Allmählich fanden wir uns in der Einsicht, daß die Reaktion auf drei Säulen ruht: 1. Militär und Polizei, 2. Verwaltung und Justiz, 3. Kirche und Schule. Der allgemeine Fortschritt der Wissenschaften, so schlossen wir, hat die Kirche innerlich am meisten angegriffen. Es gilt, ihr auch die ökonomische Basis zu entziehen. Bei den deutschen rechtlichen Bestimmungen war das durch Massen-Kirchenaustritt möglich. Wir gründeten unabhängig vom Monistenbund ein Komitee »Konfessionslos« von acht Personen, als dessen »Prorektoren« die damaligen Häupter der freigeistigen Bewegung figurierten: Ernst Haeckel, Wilhelm Ostwald, Bruno Wille, Gustav Tschirn.

Der Erfolg war dadurch gegeben, daß wir keine Proselyten machten. Wir legten denen den Kirchenaustritt nahe, die innerlich mit dem Dogma zerfallen waren. In Berlin gab es an einem Tage einmal zwölf Versammlungen, in denen über 4 200 Personen den Kirchenaustritt vollzogen. Bald darauf wurden an einem Sonntagmittag während des Glockengeläuts siebzehn überfüllte Versammlungen zustande gebracht. Auch im Reich traten Hunderttausende aus. Im preußischen Abgeordnetenhaus gab man nur 38 000 zu. Die »Christliche Welt« des Professors Rade (Marburg)schrieb, daß »seit Tagen der Reformation nicht solche Stürme über die Kirche dahingebraust seien«. Hofprediger Dryander gab öffentlich zu, daß die Kirche vor einer ernsten Lage stände. Denn nicht nur die sowieso schon aufgegebene Sozialdemokratie war dabei, sondern auch zweihundert Staatsbeamte, darunter sogar Exzellenzen, traten zum Teil öffentlich mit ihrem Namen aus. Die Polizei schmuggelte den Kriminalbeamten Diener als einen Bankbeamten von Hellfeld in eine Sitzung des Komitees. Drei Tage darauf quittierten wir in den Zeitungen über dessen Spitzelbeitrag von 2 Mark für die Sammlung von 17 Mark, um einer Schuhmacherfamilie von fünf Köpfen den Austritt zu ermöglichen.

Kurt von Tepper-Laski machte nicht nur alles mit, sondern war immer vorneweg wie mit seinen Pferden. Während der Kaiser sich in Karlshorst um seine Pferde riß, unterschrieb Tepper Aufrufe zum Kirchenaustritt zusammen mit Adolf Hoffmann und Karl Liebknecht. Er, der Schweigsame, Verschlossene, scheinbar Poesielose, zitierte mir mit Behagen von Heine:

Wer sich von seinem Gotte reißt
wird endlich auch abtrünnig werden
von seinen irdischen Behörden.

Kamen wir bei solchen Gesprächen auf das Politische und gab ich als erklärender Anhänger Krapotkins trotzdem meiner Resignation Ausdruck, angesichts der deutschen Mentalität mit der Erreichung englischer Verfassungsverhältnisse zufrieden, wenn auch nicht froh zu sein, so sagte er kurz: »Ach was, die Hohenzollern müssen weg.«

Das war kurz vor dem Kriege. Die Zabernaffäre hatte alles aufgerührt. Wir trafen für den Herbst große Vorbereitungen, um dem Schiff der Staatskirche ein weiteres Leck einzustoßen.

Da kam der Weltkrieg dazwischen.

Kurt von Tepper-Laski hatte vordem mehr als ich die Gefahr der militaristischen Reaktion erkannt, obgleich er andererseits meiner Erwartung eines Kriegsausbruchs immer entgegenhielt: »Es wäre ja zu wahnsinnig.«

Von ihm ging 1913 die Initiative aus zu einem weiteren Komitee für deutsch-französische Verständigung in dem ebenfalls neben Sozialdemokraten sogenannte Bürgerliche sitzen sollte. Ein Aufruf erging 1913 mit den Unterschriften von Hermann Sudermann, Dr. Graf Arco u. a. Aber die blecherne Militärmusik der großen Wehrvorlage übertönte das alles. Tepper-Laski forderte mich zu einem Artikel gegen diese auf. Ich entgegnete, daß nur seine Stimme dagegen einen Eindruck machen würde. »Er schriebe doch nicht gern.« »Machen wir also ein Interview.« Das Interview gegen die Wehrvorlage erschien im »Monistischen Jahrhundert«. Am 15. April 1913 zitierte es der »Vorwärts« als die Stimme eines »Weißen Raben« aus der Hofwelt. Ich entsinne mich, wie Tepper-Laski bei der Durchsicht noch ausdrücklich etwas über die Rüstungsindustrie gesagt haben wollte, was wir dann in den Ausdruck von der Bedeutung der »goldenen Adern der Rüstungsindustrie« zusammendrängten. In diesem Interview stand nichts anderes als das, was damals alle der allerdings wenigen Leute dachten, die sich über den Charakter des Zukunftskrieges überhaupt Gedanken machten, und wie es sich dann buchstäblich bewahrheitete. Das Besondere lag darin, daß wenigstens einer aus der pseudoolympischen goldenen Wolke des Wilhelminismus es so deutlich aussprach, wie nur wenige Sozialdemokraten.

Seine Geltung und seine Beziehungen beeinflußte diese Haltung nicht. Es hätte ihn auch kalt gelassen. Seine von ihm immer betonte Liebe zum französischen Volk, das er – junger Leutnant im Felde 1870 – als friedliebendes Bauernvolk hatte kennengelernt, entsprach seiner inneren Wesenheit. Er war ein Demokrat, aber einer, dem kein Hochgefühl die Brust schwellt, wenn ein »prominenter Minister« mit ihm spricht, und der keine kalten Beine bekommt, wenn ein Monarch oder ein General über ihn die Stirn runzelt. Als ich ihm zuerst begegnete – etwa 1903 Unter den Linden – und einige Reiter daher trabten, sagte er karg: »Da kommt wohl wieder irgend so ein Kaiser«. Als ich mich erst einmal darauf besinnen mußte, wer und wie und wo jemand so respektlos sprach, setzte er hinzu: »Hinter jenem Fenster habe ich als Kind gespielt. Aber niemals habe ich aufgesehen, wenn man mir sagte, daß der König vorbeigeritten käme.«

Als in den Maitagen 1914 der Kronprinz durch sein Telegramm an Frobenius zu dessen Kriegsalarmbroschüre die Wirkung seines Zaberntelegramms an den Obersten Reuter »Immer feste druff« bis zur Siedehitze gesteigert hatte, befanden sich Bruno Wille, Tepper-Laski und ich auf einem Spaziergang bei Friedrichshagen im Walde. Wir sprachen vom Ernst der Stunde. Tepper-Laski, der auf schmalem Wege vorausging, drehte sich um: »Mir hat er auch ein Telegramm geschickt. Wegen meines Buches.« Das bezog sich auf ein Handbuch über »Rennreiten«. Darauf wir beide, Wille und ich, auf ihn beweglich einredeten, er möge doch diesem jungen Mann einmal vorstellen, welche Gefahren durch sein Auftreten heraufbeschworen würden. Erst nach einer Weile drehte sich Tepper-Laski wieder um, sagte kurz: »Ich habe ihm aber erwidert, wie es richtig ist.« Ging weiter. Erst Monate später – im Kriege – stellte sich der Sinn seiner Worte heraus. Der Gedanke, man könne vermuten, er lege auf Telegramme von Fürsten irgendeinen besonderen Wert, veranlaßte ihn zu jener Formulierung. Sachlich hatte er irgendeinen Wunsch höflich abgelehnt.

Dieselbe Wortkargheit war Ursache, daß ich erst lange nach dem Kriege erfuhr, wie er es als junger Leutnant in Hannover abgelehnt hatte, die Wache vor einem Prinzenbaby im Steckkissen ins Gewehr treten zu lassen. Er ließ sich lieber versetzen. Auch auf dem Rennplatz ging es um, daß er vieles nur durch Gesten erledigte. Auch dort war er der Erneuerer. »Ohne Sporn und ohne Peitsche« hat er seine Geltung als »Meister des deutschen Hindernissports« erlangt.

Als solcher hatte er mehrere Jahre vor dem Kriege auf französischen Rennplätzen erste Preise hereingeholt. Der Präsident des französischen Rennklubs feierte ihn öffentlich als den, der für die Verständigung der Völker mehr getan habe als die Diplomaten. Aber so schweigsam wie Tepper-Laski über sich selbst und solche Erfolge war, so taub stand auch das damalige Bürgertum allen diesen Versuchen gegenüber. Unseren Aufruf für deutsch-französische Verständigung »um die Wehrstaaten zu Wohlfahrtsstaaten« emporzuführen, unterzeichnet von zwölf bekanntesten Männern, lehnten nicht nur alle großen Weltblätter der Demokratie zur Veröffentlichung ab, sondern auch der Hauptredner der sozialdemokratischen Partei, dem er am Tage der Schlußdebatte zur Wehrvorlage persönlich übereicht worden war, ließ ihn unbeachtet.

Niemals kann ich die Nachmittagsstunde des 4. August 1914 vergessen, in der ich in einem stillen Klubraum dem damals 64jährigen gegenübersaß. Es war nach der einstimmigen Annahme der Kriegskredite im Reichstag und nach dem Bekanntwerden der englischen Kriegserklärung. Während draußen alle in einem Rausch rasten, dem erst nach vier Jahren ein ebenso ungeheurer allgemeiner Katzenjammer folgte, saß er vor mir, der Ritter des Eisernen Kreuzes, der sprichwörtlich Schweigsame und redete unaufhörlich. Er, der meine Disputierlust und meine »Graphomanie« manchmal ironisiert hatte, sprach eine Stunde. Er zeigte rückhaltlos die Gefühle eines Zerbrochenen. Worüber zerbrochen? »Um all das Elend, das ich heraufkommen sehe. Ob man nicht am besten angesichts dessen ein Gift nähme.«

Ich war erschüttert durch seine Erschütterung, aber nicht durch das, was damals die Menschen das »größte Ereignis« nannten. Denn solche Superlative gelten immer nur bis zu dem nächsten »allergrößten« Ereignis. Ein Ereignis wird es aber erst sein, wenn sich die Menschen die gedankenlose Schwätzerei wenigstens für eine Stunde des Tages abgewöhnen würden, wie es die englischen Quäker üben.

Dies ist das richtige Wort für einen Mann wie Kurt von Tepper-Laski. Er ist in seiner Gesinnung ein Mensch im Geiste der Quäker gegenüber Tieren und Menschen, wenn er auch wie Giodano Bruno ein »Oberster der Ketzer« war.

Aus der Zeit der Gründung des Bundes »Neues Vaterland« ließen sich alle diese charakteristischen Züge wiederholen: seine mimosenhafte Scheu vor allem, was nach Oeffentlichkeit aussieht, seine Tatkraft in kritischen Augenblicken. Er sah die Notwendigkeit einer kampfentschlossenen Organisation gegen den rasenden Kriegswahnsinn ein, aber es widerstrebte ihm ehrlich aufs heftigste, den Vorsitz zu übernehmen. Als im April 1915 in Holland eine Begegnung mit Engländern stattfand und die Delegation des Bundes »Neues Deutschland« berechtigte Hoffnungen daran knüpfte, daß das Auswärtige Amt sich die Mitteilungen des holländischen Vertrauensmannes wenigstens anhören würde, sabotierte die Militärkamarilla diese Anstiftung zum Frieden. Sowie das sichtbar wurde, schrieb Tepper-Laski einen Brief an die Adresse des Reichskanzlers, worin er diese Sabotage anprangerte. Der Brief erschien dann am 20. Juni 1915, vermittelt durch Karl Liebknecht in der »Berliner Tagwacht« unter der Ueberschrift: »Ein historisches Dokument«.

Für Karl Liebknecht hegte er eine große Sympathie und dieser für ihn.

Diese von der Betätigung »berufener« Demokratie so ungewohnt abweichende Methode, den Militärgöttern entgegenzutreten, entfesselte deren Wut. Der Bund »Neues Vaterland« wurde gänzlich lahmgelegt. Herbst 1915 wurde Tepper-Laski als »Landesverräter« zur Vernehmung verhaftet, wenn auch sofort freigegeben.

Während er über sein Verbrechen der »Friedensanstiftung« zu Bedingungen, die uns heute wie ein Traum anmuten, Rede und Antwort stehen mußte, entwickelte sich gerade die Blüte des deutschen Schleichhandels mit Kriegsmaterial an den Feind. Die Rüstungsindustrie, auf deren Charakter sich Tepper-Laskis Erkenntnisinstinkt schon 1913 gerichtet hatte, verschob deutsches Kriegsmaterial in ganzen Güterzügen und Schiffsladungen an die kriegsführenden Länder der Gegenseite.

Noch einmal hörte ich im Sommer 1918 von ihm das Wort: »Die Hohenzollern müssen weg«. Das geschah in einem Café des Berliner Westens. Ich saß dort als Pflasterkasten in der Kluft des Frontschweins. Er stieß die Worte ziemlich lauf hervor. Ich glühte innerlich vor Freude, sah mich doch aber um, ob kein «Vorgesetzter« es gehört hätte.

Nach dem Kriege zwangen ihn sein Gesundheitszustand und seine persönlichen Verhältnisse zu jener Zurückgezogenheit, die seinem ganzen Wesen willkommen war.

Aber noch immer ist er der Optimist, der wieder besonders auf die Massen des werktätigen Volkes alle Hoffnung setzt, daß sie dem Kriege jenes Ende bereiten, das man ihnen bereiten will.

Hoffen wir, daß er noch den Ausbruch der Zeit erlebt, zu deren Schöpfung er in seinem Schluß- und Dankeswort an den Niederländischen Anti-Oorlog-Raad, 10. April 1915, im Haag aufforderte.

»Sorgen wir dafür, daß das Schicksal der gesitteten Welt in Zukunft nicht mehr von dem guten Willen und den Fähigkeiten einiger Staatsoberhäupter, Diplomaten, und feiler, politischer Hetzer abhängt.«

*Quelle: Die Menschenrechte, 1930, Nr. 5/6, S. 2–6.*

## Kurt Eisner

Von Heinrich Ströbel

Der Fluch, der seit vier Jahren auf dem deutschen Volke lastete, ist noch immer nicht gewichen. Der Fluch der Lüge und des aus der Lüge geborenen Verbrechens. Die Lüge eines machtberauschten Nationalismus und größenwahnsinnigen Militarismus stürzte das deutsche Volk in den ruchlosesten und grauenhaftesten aller Kriege. Sie verblendete vier Jahre lang das deutsche Volk, einst das Volk der Denker und Dichter geheißen, vollständig über die wahren Ursachen des Krieges, über das Empfinden und die Ansichten der zivilisierten Welt, über die eigene Macht und über die Stärke der Gegner. Sie vergeudete vier Jahre lang sinnlos und schmachvoll die deutsche Volkskraft und arbeitete in dämonischer Selbstzerstörungswut an dem unausbleiblichen Zusammenbruch. Aber als endlich dieser Zusammenbruch kam, als Dynastie und Militarismus, durch vierjährige Lüge und Korruption bis ins innerste Mark von Fäulnis angefressen, ohnmächtig zusammenkrachten, da rangen sich nicht neue lebensstarke, sittlich kernhafte Kräfte an die Oberfläche. Nicht die Wahrheit triumphierte, sondern die Lüge schlüpfte listig ins Gewand der Revolution und blieb obenauf! Die alten Verbündeten und Hehler der Lüge und der Korruption übernahmen die Regierung der deutschen Republik. Und verblendet und gewissenlos wie je, glaubten sie im alten Stile Politik machen zu können. Ohne reuiges Schuldbekenntnis, ohne Sühnung der ungeheuren Verbrechen des alten Systems glaubten sie zum guten Frieden zu kommen, wähnten sie als Gleichberechtigte in den Völkerbund aufgenommen zu werden. Ohne ehrliches Bekenntnis zum neuen, sozialistischen Geiste der in den tiefsten Tiefen aufgewühlten Zeit glaubten sie, das Chaos meistern zu können. Und als die gärenden Kräfte des Volkes und alle guten Geister der Nation sich gegen dies System der grenzenlosen Unfähigkeit und Verblendung auflehnten, da griff man wiederum zu dem alten Mittel der Lüge und der Verleumdung, demselben Mittel, das während der vier Jahre das deutsche Volk ins Unglück gebracht hatte. Und die Wirkung war auch diesmal die gleiche: die Herrschaft der Lüge und der Korruption erlebte ihren zweiten Zusammenbruch!

Kurt Eisner fiel als das Opfer dieses Systems der alten ruchlosen nationalistischen Lüge – aber dies Opfer riss zugleich das schuldbeladene System an den Rand des Abgrunds. Nicht nur Bayern steht in hellen Flammen, sondern auch ganz Mitteldeutschland. Und jeden Augenblick können sich wieder die Massen im übrigen Deutschland erheben, in Berlin, Hamburg und den andern Brennpunkten des politischen Lebens. Die Wetterwolken hängen schwer über dem ganzen Land, und in Weimar dämmert Weltuntergangsstimmung!

Es ist ein eigenes Verhängnis, dass sich gerade an den Namen des Mannes das heraufziehende Unheil für die Mehrheitssozialisten knüpft, der sie in großherzigster Selbstüberwindung vor dem Verderben zu bewahren suchte. Und dass jetzt Kurt Eisner das drohende Rachegespenst für die Staatsordnung geworden ist, die er wirksamer zu schützen wusste als die Garde des Herrn Noske! Denn Kurt Eisner war nicht nur der hochherzigste Patriot, sondern auch ehrlicher Anhänger er Demokratie, abgesagter Gegner jedes gewalttätigen Minderheitsregiments, auch eines proletarischen. Es ist deshalb auch ein Stück geschichtlicher Nemesis, dass das System der Lüge dadurch, dass es in toller Verblendung gegen den lautersten Bekenner der historischen Wahrheit und des sozialen Rechts einen wüsten Verleumdungsfeldzug inszenierte und ihn damit als Attentatsobjekt eines reaktionären Desperados zeichnete, selbst alle Furien der Vergeltung gegen sich entfesselte.

*

Wenn Einer berufen gewesen wäre, den höchsten Posten in der deutschen Republik einzunehmen, auf den jetzt eine ironische Zufallslaune und politische Hilflosigkeit einen weder im Guten noch im Bösen hervorstechenden Dutzendmenschen gesetzt hat, so wäre es Kurt Eisner gewesen. Nicht nur deshalb, weil Eisner seit Jahren das alte Regime mit glühender Leidenschaft bekämpft und es in kühner revolutionärer Tat mit zu Fall gebracht hatte, während Ebert bis zum letzten Augenblick nichts als ein solide Stütze des wider seinen Willen gestürzten Regimes von gestern gewesen war. Auch nicht nur deshalb, weil Eisner die empörte Auflehnung seines sittlichen Ichs mit vielen Monaten Kerkerhaft hatten büßen müssen, während Ebert als alter getreuer Verbündeter Ludendorffs schon unter dem alten Regime behäbig die Staffeln zum Reichskanzleramt emporgestiegen war. Sondern auch darum, weil Eisner als Gesamtpersönlichkeit die schönste Verkörperung des deutschen Genus war, weil er alle Vorzüge des Talentes und des Charakters in sich vereinigte. In einem Zeitalter des stupiden Materialismus und der eitlen Erfolgsjägerei hatte er sich die reine Geistigkeit idealen Strebens bewahrt, die auf äußere Ehrungen und Einfluss lächelnd verzichtete. Mit welcher Verachtung in Stimme und Gebärde erzählte er mir vor Jahresfrist von dem plumpen Missverständnis eines ehemaligen Freundes, der seinen heißen Drang, den irren Lauf dieser aus den Fugen gegangenen Zeit heilsam zügeln zu helfen, mit der Zusicherung beschwichtigen zu können geglaubt hatte, ihm im offiziösen Pressedienst zu einem einflussreichen Posten zu verhelfen. Als ob Kurt Eisner ein Friedrich Stampfer oder Ulrich Rauscher gewesen wäre! Wie fern ihm jeder kleinliche Ehrgeiz lag, bewies er in jenen ersten Tagen der siegreichen Revolution, wo er Karl Liebknecht zum Präsidenten der Republik vorschlug. Und niemand hat es aufrichtiger bedauert als Eisner, das Liebknechts Weg sich immer mehr von dem seinen trennte, dass er sich von der klaren Marschroute der Demokratie entfernte. Noch einmal, mehrere Wochen später, als der Spartakismus sich schon in schroffen Gegensatz zu der Taktik der Haase und Kautsky gestellt hatte, die auch Eisner für die im Prinzip richtige hielt, machte Eisner in langer, leidenschaftlicher Verhandlung den Versuch, Liebknecht zum Anschluss an eine scharfumrissene sozialistisch-demokratische Politik, zum Eintritt in eine Regierung der geeinten sozialistischen Linken zu bewegen. Der Versuch scheiterte, aber niemand hat es schmerzlicher empfunden als Eisner, dass Liebknecht nicht die führende Rolle übernehmen wollte und konnte, für die er ihn bestimmt geglaubt hatte.

*

Solange Eisner nichts zu sein schien als ein glänzender Stilist, ein geistreicher Schriftsteller, war er des Beifalls derer sicher, die ihn später verlästerten, ihn einen Phantasten und Narren schalten. Solange das funkelnde Spiel seiner Phantasie und seines Witzes zur Unterhaltung diente, kargte man nicht mit Lob und Anerkennung. Man sprach von seinen »berühmten« Leitartikeln, schwärmte von seinen von Geist und Laune sprühenden Feuilletons. Hätte Eisner keinen edleren Ehrgeiz gekannt, als unter dem Journalisten- und Literatenvölkchen als Stilkünstler und Schöngeist zu glänzen, so hätte er sich die Gunst aller Flauen und Bequemen dauernd erhalten. Aber Eisner war kein spielerisches Talent, kein Formalist, den der schöne Ausdruck den Inhalt vergessen ließ, sondern ein Feuergeist voll schöpferischer Sehnsüchte. In anderen, seelisch und gesellschaftlich minder zerklüfteten und aufgewühlten Zeiten wäre er vielleicht Philosoph oder Dichter geworden. Auch dann freilich kein in die Form verliebter Artist, sondern ein Gestalten- und Systemschöpfer im Stile jener Geister, für die er die höchste Ehrfurcht empfand, eines Kant oder eines Beethoven. Wie Eisner das Wesen der Kunst erfasste, verrät sein Hymnus auf Beethoven in seiner Schrift »Vor der Revolution«: »Erst wer das gemeine Leben ganz verloren, so scheint es, ist berufen, das höhere, reinere, das wahre Leben zu erschaffen, das in der großen Kunst sich abbildet. Und einem solchen Märtyrer künstlerischen Schaffens wird auch jener geheime Weltblick zu eigen, der ihn befähigt, in den Eingebungen seines Genies die Visionen der Menschheit, des Erdenschicksals zu gestalten. Das ist das eigentliche Wunder der Ewigkeitskunst ... In Beethovens Kunst rinnt das Blut der Menschheit. Die Weltgeschichte ringt und brennt in seiner Musik. Alle menschliche Kreatur erscheint als ausgestoßen aus dem verschwenderisch sich darbietenden Erdenglück der Natur, als betrogen um ihre Seligkeit. Aber der Künstler, als barmherzige Gottheit, überwindet für die Menschheit den zerstörenden Gegensatz und führt sie auf die lichten, freien Höhen der Zukunft.«

Lag es daran, dass das Zeitalter allzu sehr von Menschheitskämpfen zerrissen war, oder daran, dass bei der Mischung der seelischen Kräfte Eisners der reine Künstler und Denker hinter dem Propheten und sozialen Menschheitsvorkämpfer zurückgetreten war – gleichviel, er wurde Publizist, Politiker, Sozialist. Aber wer in den höchsten Leistungen der Kunst die Visionen der Menschheit gestaltet sieht, der verachtet auch in der Politik den Snobismus, die ideenlose Routine, die armselige Anpassungspolitik, die sich in bequemem Selbstbetrug für kluge Realpolitik hält. Wie alle kühnen Bahnbrecher des Menschheitsfortschrittes war er Optimist, weil er die vorwärtspeitschende Ungeduld und den leidenschaftlichen Idealismus seines eignen Wesens auch breiten Schichten derer zutraute, an deren Erlösung zu arbeiten ihm höchstes Erdenglück bedeutete. Dieser Optimismus war es, der ihn seinerzeit die Wahlen des Jahres 1903 als »Weltenwende« begrüßen ließ, der ihm 1913 den Vorschlag eingab, bei den Landtagswahlen mit dem Liberalismus schon für die Urwahlen ein Bündnis einzugehen, um endlich den lähmend auf Preußen lastenden Alp der Reaktion abzuschütteln. Und wenn Eisner hier auch in den Mitteln irrte, so müssen wir doch jetzt seinem Wollen Gerechtigkeit widerfahren lassen. Ja, wir müssen gestehen, dass Eisner in seiner leidenschaftlichen Auflehnung gegen die nüchtern klappernde Routine und die grob materielle Erfolgsanbeterei einer kapitalistisch und militaristisch korrumpierten und mechanisierten Zeit einen tieferen Blick in die verhängnisvollen Gebrechen unseres Zeitalters bewiesen hat als wir selbst, die wir Einzelheiten schärfer zu sehen glaubten und wohl auch schärfer sahen.

*

Wahrhaft prophetischen Scharfblick aber bewies Eisner in seiner Beurteilung der deutschen Weltpolitik. Seine Schrift »Der Sultan des Weltkrieges« belichtet blendend die Irrgänge und Improvisationen der deutschen Marokkopolitk, die er als die Ausbrüche einer überhitzten nationalistischen Großmannssucht, als ein unbegreiflich frivoles Spiel mit dem Feuer des Weltkriegs geißelt. Leider brachten damals die Parteien, einschließlich der Sozialdemokratie, der auswärtigen Politik noch so wenig Verständnis entgegen, dass der Warnungsruf Eisners fast unbeachtet verhallte. Man schüttelte über die seltsamen Einfälle der Krone und den unberechenbaren Zickzackkurs der deutschen Diplomatie wohl bedenklich den Kopf, raffte sich wohl im Moment unverkennbarer Gefahr auch einmal zu einer Gegenkundgebung auf; aber man traute in gutgläubiger Verblendung unsren Machthabern doch nicht die tollhäuslerische Absicht zu, die Fünkchen eines unbeträchtlichen Konflikts mit vollem Bedacht zum ungeheuerlichen Weltenbrand anblasen zu wollen. Jeder Laie wusste ja, dass bei der Konstellation der Mächte und den beispiellosen Kriegsrüstungen jeder Krieg zwischen zwei Großmächten sich zum Weltkrieg auswachsen musste, und jeder halbwegs intelligente Laie konnte sich auch ausmalen, welch namenlose Schrecken ein solcher Krieg über Europa bringen würde. Man hielt es deshalb einfach für unmöglich, dass in dem Gehirn zivilisierter Menschen ein so alles menschliche Maß übersteigendes Verbrechen ausgeheckt werden könnte. Hätten das deutsche Publikum und die deutschen Politiker die systematische Kriegshetze unserer Alldeutschen aufmerksamer verfolgt und die unverkennbaren Zeichen der Zeit zu deuten verstanden, sie hätten das furchtbare Verhängnis vorausgesehen, wie Kurt Eisner, und hätten es vielleicht damals noch abzuwenden vermocht.

Als deshalb das Ungeheuerliche Ereignis wurde, als wegen der wahnsinnigen Theorie des deutschen Militarismus, dass der tierische Kampf ums Dasein, der Kampf um den Nahrungsspielraum auch für das Völkerleben ehernes und unerbittliches Naturgesetz sei, die Ermordung des serbischen Thronfolgers zum gierig ergriffenen Vorwand genommen wurde, um den Kampf um die Weltherrschaft zum Austrag zu bringen und Europa in einem Ozean von Blut und Greueln zu ersäufen, da war Eisner – nach anfänglichem kurzen Irren – der ersten einer, die die grauenhaften Zusammenhänge dieses abgründigsten aller Verbrechen erkannten und das deutsche Volk dazu aufriefen, durch Lösung von den Schuldigen die Ehre und die Zukunft der Nation zu retten.

Dass Eisner auch nur wochenlang der sofort schamlos und raffiniert einsetzenden Kriegslüge erlag – der Direktor des Ullsteinverlags hatte ja damals für seinen Redaktionsstab die perverse Losung ausgegeben: »Ein Schuft, wer jetzt nicht lügt« – lag an seinem Glauben an die Menschheit. Seine Menschengüte, sein Verstand und seine von Lichtem, Schöpferischem erfüllte Phantasie konnten es einfach nicht fassen, dass Menschenhirne so rettungslos der Dämonie eines brutalen, geistlosen, finstern Zerstörungswahnes verfallen sein könnten. Zu gern klammerte er sich deshalb an die von der bayrischen Regierung schon seit Jahr und Tag verbreitete Legende, dass Russland längst auf der lauer gelegen und heimlich alle Kriegsvorbereitungen getroffen habe, dass es zum Zuschlagen unerbittlich entschlossen gewesen, Deutschland also das Schwert in die widerstrebende Faust gezwungen worden sei. So glaubte Eisner in den ersten Tagen an den Verteidigungskrieg, der, nach der Erklärung selbst eines Jean Jaurès, auch den internationalen Sozialisten die Vaterlandsverteidigung zur Pflicht mache, so billigte er damals die Bewilligung der Kriegskredite. Aber sein unbestechlicher Wahrheitsdrang trieb ihn zum kritischen Studium des deutschen Weißbuches und der diplomatischen Aktenstücke der Gegner, zur Nachprüfung und Abwägung des Für und Wider. Und da konnte ihm nicht verborgen bleiben, dass die Erzählung von dem

Verteidigungskrieg eine freche Fälschung war, dass es sich nicht einmal um einen Präventivkrieg handelte, sondern dass die Kriegserklärung aus dem Geiste Bernhardis, Keims, Lieberts, aus dem Geiste der alldeutschen Raubtiermoral heraus geschehen war, die ja den Krieg seit Jahren als eine germanische Tugend, als eine biologische Notwendigkeit, als ein nationales Verjüngungsbad verherrlicht und herbeigesehnt hatte!

Auch das gereicht Eisner zur Ehre, dass er seine neue, bessere Erkenntnis nicht »weltklug« verschwieg, sondern sich alsbald aufrichtig zu ihr bekannte. Auch andere haben ja »umgelernt« und sich ihrer Wandlung gar noch als einer Tugend gerühmt. Nun, zwischen dem Umlernen Eisners und dem der deutschen Kriegssozialisten bestand nur ein zarter Unterschied. Die Bekehrung der roten Internationalisten zur Kriegspolitik Falkenhayns und Hindenburgs, Bethmanns und Hertlings brachte das Lob der ganzen deutschen Presse, freundschaftliche Händedrücke im Parlament und in der Öffentlichkeit, brachte die dankbare Anerkennung von Zivil- und Militärbehörden, brachte Ehrungen, Reklamationen und gesicherte Einkünfte. Das Bekenntnis Eisners dagegen zur Wahrheit und Gerechtigkeit brachte nur Verfolgung und Anfeindung, brachte Ächtung und materielle Schädigung, brachte Kerker und zuletzt die Mordkugel eines verhetzten Toren.

*

Sobald Eisner die furchtbare Schuld der deutschen Regierung erkannt hatte, empfing er auch tiefstes Verständnis für die maßlose Erbitterung, die dieser Krieg in allen zivilisierten Ländern des Erdballs gegen Deutschland erregen musste. Ihm ward die erschreckende Klarheit, dass dies unfassbare Verbrechen gegen die Menschheit die ganze Menschheit zum Bunde gegen den Bund der Friedensbrecher einen musste. Unsagbar kindisch erschienen ihm die Siegesillusionen der deutschen Generale, die Welteroberungsträume der irregeleiteten Soldaten und des betrogenen Philistertums, dem sich auch so mancher Sozialdemokrat gesellte. Eisner fühlte es, dass an der Empörung der ganzen Welt alle Überlegenheit der bis ins kleinste durchgebildeten deutschen Kriegsmaschinerie zuschanden werden musste. Ungeheuer langwierig, ungeheuer blutig musste dieser krieg werden und schließlich mit dem Zusammenbruch Deutschlands enden, vielleicht mit dem Zusammenbruch der ganzen europäischen Kultur. Und diesen Zusammenbruch verhinderte man nicht dadurch, dass sich die deutsche Sozialdemokratie mit den Schuldigen solidarisierte, sich aus falsch erfasster, irregeleiteter Vaterlandsliebe für die Verbrechen ihrer Herrscherkaste opferte – im Gegenteil, man machte ihn durch solches Märtyrertum der Massen (nicht der Führer, die ja nur politische Kriegsgewinnler waren) nur unentrinnbarer. Denn das schmähliche Versagen auch der deutschen Sozialdemokratie, die sich zum Mitschuldigen des deutschen Imperialismus erniedrigte, musste Deutschland vollends um jede Sympathie bringen. Es musste nun auch die sozialistischen Parteien der Ententeländer in eine feste Koalition mit dem Bürgertum treiben, damit die letzten Bande der proletarischen Internationale zerreißen und den Krieg zur unversöhnlichsten Kraftprobe, zum Kampf bis zum bitteren Ende steigern. Bei dem schließlichen Zusammenbruch Deutschlands, den so die kurzsichtige und verbrecherische Taktik der deutschen Sozialdemokratie mitverschuldete, würde dann das missleitete deutsche Proletariat die Zeche zu zahlen haben.

Demgegenüber sah Eisner die Pflicht des ehr- und kraftbewussten deutschen Sozialismus klar vorgezeichnet. Die Partei musste der Wahrheit die Ehre geben, sich dem Wüten des deutschen Militarismus entgegenstemmen und die schuldige Regierung niederringen. Die Niederlage blieb dann auf die Schuldigen beschränkt, und das von der Lüge und der Gewalt befreite Volk durfte hoffen, von den andern Völkern als entsühnt in den Bund der freien und den Krieg verfehmenden Nationen aufgenommen zu werden.

Eisner und seine Gesinnungsgenossen drangen mit ihrem Appell an die Pflicht, die Ehre und die Vernunft der Partei nicht durch. Die sozialistische Mehrheit verbündete sich auf Gedeih und Verderb dem deutschen Militarismus. Sie entschuldigte und beschönigte alle Taten der Generale, alle Reden und Handlungen der Kanzler. Sie unterschlug dem Volke alle Wahrheiten und fütterte es mit allen amtlichen Lügen, bis aller Lug und Trug die Tatsache des rettungslosen Debakels nicht länger zu verdecken vermochte. Bis die Front zusammenbrach, die Millionenarmee sich heimwärts wälzte, bis die Revolution auf dem Hohenzollernschlosse die rote Fahne hisste. Da endlich verwandelten sich mit verblüffenster Taschenspielergeschwindigkeit die schwarzweißen Kriegspatrioten wieder in Revolutionäre, Republikaner und kriegsgegnerische Internationalisten. Da plötzlich überraschten sie die Welt mit ihrem Abscheu vor aller Gewaltpolitik, mit ihrer Begeisterung für das Rechtsprinzip, für den Völkerbund und nationales Selbstbestimmungsrecht.

Als nun aber die Ententeregierungen zu erkennen gaben, dass das Bekenntnis zu diesen schönen Grundsätzen zu spät komme, da wandte sich unsre mehrheitssozialistische Regierung durch den Mund des Herren Erzberger, Solf und Brockdorff-Rantzau in flammenden Protesten an das »Gewissen der Welt!«

*

Auch vor dem Internationalen Sozialistenkongress in Bern wiederholten die drei Vertreter der deutschen Mehrheitssozialisten ihre entrüsteten Anklagen gegen die brutale Rücksichtslosigkeit der Gegner, die, nicht zufrieden mit dem Sturz der alten deutschen Regierung, nun auch noch das unschuldige deutsche Volk für die Sünden der gestürzten Regierung büßen lassen wollten. Aber mit dieser nativen Entrüstung begegnete die Mehrheitsdelegation bei den Sozialisten der Entente und des neutralen Auslandes nur finsteren Mienen und verschlossenen Herzen. Zu genau entsann man sich noch aller Missetaten und Unterlassungssünden der Mehrheitssozialisten. Wo waren sie denn während des Krieges geblieben, als es gegen ungeheuerste Kriegsbarbareien aufzutreten galt: gegen die belgischen Greuel, gegen die Verschleppung und »Versklavung« der belgischen Zivilbevölkerung, gegen das Luftbombardement gegen friedliche Städte, gegen den unerlaubten Völkerrechtsbruch des schonungslosen U-Bootkrieges, gegen die Ausrottung von Millionen Armeniern, gegen die Zurückbehaltung der russischen Kriegsgefangenen? So wirkte die Entrüstung der deutschen Regierungssozialisten auf die Sozialisten des Auslandes wie unerträgliche Heuchelei, und unversöhnlich drohten sie die ausgestreckte Hand der Abgesandten der Scheidemänner zurückzustoßen, als Eisner sich in einer Rede voll edlen Wahrheitsmutes und zugleich voll hochherziger Versöhnlichkeit der mehrheitssozialistischen Delegation und des deutschen Volkes annahm, derselben Rede, deren wesentlichsten Inhalt wir auf den folgenden Seiten wiedergeben. Und das hinreißende Ethos dieser Rede machte wieder gut, was die klägliche Rechthaberei der Mehrheitssozialisten verdorben hatte: es entrunzelte die Stirnen der französischen und englischen Sozialisten, es gab ihnen wieder Zutrauen zum deutschen Proletariate, zum deutschen Volke, es vernüpfte wieder die Bande des internationalen Zusammengehörigkeitsgefühls, die die Verstocktheit der Sendboten Scheidemanns und Eberts endgültig zu zerreißen gedroht hatte.

Um dies Wunder zu wirken, musste Eisner freilich das kümmerliche Truggebäude unnachsichtig in Trümmer schlagen, das die Wels und Hermann Müller in Bern zur vermeintlichen Rechtfertigung der deutschen Mehrheitstaktik aufgebaut hatten. Er musste die Politik der Führer schonungslos preisgeben, um für die irregeleitete Masse des deutschen Volkes erfolgreich um Nachsicht und Milde zu werben. Denn wahrhaftig: Die einzige Entschuldigung für das deutsche Volk selber ist, dass es all die Jahre hindurch nicht zum Bewusstsein dessen gelangte, wozu es sich von seinen

Machthabern und leider auch seinen eignen selbstgewählten Führern missbrauchen ließ. Und Eisner wies so überzeugend die Schuld der Verführer nach, sprach so warmen Tones, so überzeugt, so unverwüstlich menschheitsgläubig für die innere Lauterkeit und moralische Unversehrtheit des deutschen Volkskerns, dass die Verbitterung der Entente-Sozialisten in der gleichen freudigen Rührung und gläubigen Begeisterung dahinschmolz, und sie mit der feierlichen Verpflichtung auf den Rechtsfrieden das Gelöbnis auf die völkerverbrüdernde sozialistische Internationale erneuerten.

Und was war der Dank der wahnsinnig verblendeten deutschen Afterpatrioten für die erlösende Tat Eisners, der die ganze neutrale Auslandspresse, notorisch deutschfreundliche Schweizer Blätter voran, das Zeugnis gab, dass sie, und sie allein, den Groll der Entente-Sozialisten beschwichtigt und sie besonders auch zum Eintreten für die deutschen Kriegsgefangenen bewogen habe? Neue schamlose Verlästerung, rüde Beschimpfungen, die sich bis zu Drohungen steigerten! Und was war der Dank der deutschen Mehrheitssozialisten dafür, dass Eisner ihre Mitschuld mit fast allzu verzeihender Milde gemindert und – fast bis über die Grenze des Zulässigen hinaus – aus ihrer eigenen Irreführung erklärt hatte? Eine Neuauflage der alten üblen Invektiven des Vorwärts und der Mehrheitspresse, die frivole Verleumdung, Eisner habe das Los der kriegsgefangenen Volksgenossen (um die er sich gerade ein so hohes Verdienst erworben!) rücksichtslos preisgegeben, er habe eitler Selbstgefälligkeit gefröhnt und verdiene höchstens als Poet und politischer Dilettant ein nachsichtiges Mitleid!

Und unter dem Eindruck dieser bodenlos frivolen und unbegreiflich dummen Hetze unternahmen fanatisierte Wirrköpfe in München die reaktionären Putsche, schrieb man Eisner wilde Drohbriefe, fielen die tödlichen Schüsse auf den deutschen Sozialisten, der Deutschtum und Sozialismus vor dem ausländischen Sozialismus und der internationalen Kulturgemeinde wieder zu Ehren gebracht hatte!

Sollte es von tragischer Vorbedeutung sein, dass gerade der Mann sinnloser Gewalttat zum Opfer fiel, der als bester Vertreter der neuen kulturellen Menschheit den unversöhnlichsten Krieg gegen jede Gewalttätigkeit geführt hat? Soll Deutschland vollends den Mächten des Irrsinns und der Brutalität verfallen sein? Möge die Stimme des toten Eisner sich im Chorus der Lüge und Raserei Gehör verschaffen, bevor es zu spät ist!

28. Februar 1919, Heinrich Ströbel

*Quelle: Kurt Eisner: Schuld und Sühne. Mit einer Einleitung von Heinrich Ströbel (Flugschriften des Bundes Neues Vaterland [Neue Folge], Nr. 12), Berlin 1919, S. 3–15.*

## Michel, wach auf! Ein Mahnruf an das deutsche Volk

Von Hans-Georg von Beerfelde

Im Juli dieses Jahres gelangte die nachstehende, von mir in der Untersuchungshaft verfasste und heimlich herausbeförderte Denkschrift in die Hände sämtlicher Reichstagsabgeordneten und einer Reihe von Politikern. Nur in der Anlage sind geringfügige Textveränderungen zur größeren Deutlichkeit vorgenommen worden. Die Arbeit war unter vielen mein letzter Versuch, unsere Kriegsverbrecher bloßzustellen und endlich zur Verantwortung ziehen zu lassen. Noch einmal versuchte ich, und zwar diesmal den gesamten Reichstag, unter dokumentarischem Nachweis der infamen Fälschungen unserer Regierung im Weißbuch, zur Pflicht aufzurufen, die er dem namenlos gequälten Volk gegenüber viel zu lange schon versäumt hatte. Aber auch diesmal blieb der Erfolg bei dieser elendesten und verächtlichsten aller Volksvertretungen aus. Der Reichstag schwieg, wenigstens schwieg er nach außen und handelte nicht. Er hat sich damit sein Todesurteil gesprochen. Meine Frau wurde als Übersenderin der Eingabe wegen »Beihilfe zum Landesverrat« verhaftet, der an der Eingabe völlig unschuldige Gerichtsherr, Kommandant von Berlin, verabschiedet, ich unter schimpflich verschärfte Haft und Kontrolle gestellt. Das entsetzliche Morden aber ging weiter. – Armes deutsches Volk, wie grausam ist an dir gesündigt worden! Bald aber wirst du, wenn du noch einmal rein und ehrlich vor dir selbst dastehen und noch eine Zukunft haben willst, ein Ende machen müssen mit der unverschämten Lüge vom deutschen Verteidigungskrieg, durch die du unter Mithilfe deiner gewählten Vertreter – mit alleiniger Ausnahme der zwar rechtlich gesinnten, aber verhängnisvoll unentschlossenen und in ihrem Ideenglauben sehr schwächlichen Unabhängigen Sozialdemokraten – bis zum völligen Zusammenbruch deiner Kräfte betrogen und um Ehre und Glück gebracht worden bist. Furchtbar hat sich gerächt, dass in unserem Volk und vor allem in unserer Politik jede höhere Menschlichkeit und tatkräftige Entschlossenheit moralischer Gleichgültigkeit und feiger politischer Charakterlosigkeit zum Opfer gefallen war. Es gibt ja in Deutschland kaum Männer und Frauen mehr, die für ideale glühen und sich restlos einsetzen können. Das ist vielleicht unser größtes Verhängnis.

Inzwischen ist durch die Revolution, als der unmittelbaren Folge des militärisch-wirtschaftlichen Zusammenbruches, wohl äußerlich das unumgängliche Fazit aus der unhaltbaren Gesamtlage gezogen worden. Innerlich aber hat sich so gut wie nichts geändert. Eine der Hauptursachen dafür ist, dass unser Volk über die tatsächlichen Zusammenhänge des Krieges noch immer völlig im Unklaren ist. In dieser Lage ist es dringendste Notwendigkeit, volle Klarheit über die Ursachen unseres Unglückes zu schaffen. Reichsleitung, Militärdiktatur, Reichstag und Presse verschulden fast gleichmäßig die frevelhafte Irreführung von Volk und Heer während des Krieges mit all ihren verzweifelten, noch jetzt fortwirkenden Folgen. Auch die heutige Presse, mit Ausnahme der der äußersten Linken, lügt und entstellt in dieser Richtung unausgesetzt weiter. Wie lange will sich unser Volk diese geistige Vergiftung, die jeden wahren Frieden unterbindet, noch gefallen lassen? Und, soweit die Vertreter des alten Systems sich heute noch im öffentlichen Leben betätigen, kommen auch sie von der Belastung ihrer Vergangenheit nicht los und greifen, um sich reinzuwaschen, notgedrungen zu verfälschten Darstellungen der Kriegsverhältnisse und ihrer Haltung. Wohl wird dem Volk gesagt, dass es in bezug auf den voraussichtlichen Kriegsausgang »belogen und betrogen« worden ist, aber, dass die weit überwiegende Mehrzahl der Volksvertreter in feiger Unterwürfigkeit unter den allgewaltigen Generalstab jahrelang diese wahnsinnige Kriegspolitik mit angesehen und geduldet hat, dass sie wohl das Selbstbestimmungsrecht der Völker anerkannte, aber dem brutalen Gewaltfrieden von Brest nicht widersprach und dem von Bukarest zustimmte, dass sie duldete, dass wir damit den letzten Kredit in der Welt verwirtschafteten, vor allem aber, dass sie Deutschlands Überfall dem eigenen Volk in einen uns aufgezwungenen Verteidigungskrieg umfälschte, – das wurde nicht gesagt. Und das darf nicht vergessen werden! Die Wahrheit marschiert und wird sich endlich, trotz aller Verdrehungskünste, durchsetzen. Und wenn du, deutsches Volk, je noch den Anspruch erheben willst, einmal eine geachtete Stellung in der Welt einzunehmen, so stehst du heute vor der unerbittlichen Notwendigkeit, mit dieser schmählichen Betrugspolitik ein für allemal zu brechen. Den sozialistischen Führern aber sei gesagt: »Was ist das für ein Sozialismus, der sich nicht rührte, als Millionen von Brüdern einem verbrecherischen Machtwahn zu Liebe hingeschlachtet wurden, der es ruhig mit ansehen konnte, dass das eigene Volk und fast die gesamte Kulturmenschheit ihm geopfert wurde? Dieser Sozialismus ist nichts anderes, als feiger Verrat, und wir bedanken uns dafür, dass er sich heut zum Retter des Vaterlandes aufwirft. Mit Lügen und Betrügen führt man kein Volk zur Freiheit.«

Ein Übel kann in seinen Folgen nur geheilt werden, wenn man es an der Wurzel erfasst. Längst schon hätte die heutige, charakterschwache und unendlich säumige Revolutionsregierung die Schleier über der Vergangenheit lüften müssen, statt das Volk mit Schlagworten abzuspeisen. Nur so kann unser politisches Leben durch Volksurteil von jenen gekauften Kreaturen gereinigt werden, denen das Empfinden dafür zu fehlen scheint, dass sie sich für jede fruchtbare politische Tätigkeit unmöglich gemacht haben und durch ihr Kleben an öffentlichen Ämtern die unbedingt notwendige Einigkeit innerhalb des Volkes und der Arbeiterschaft zerstören. Wer das alte System in fegier Unterwürfigkeit stützte und das Volk betrog, hat keinen Platz in der neuen Welt, die wir uns bauen. Hört Ihr es, Ihr Herren Kaisersozialisten?!

Wenn aber der größte Teil unserer Reichstagsabgeordneten unter der unechten »Volksregierung« des Prinzen Max noch unmittelbar vor dem, selbst von Ludendorff für unvermeidlich gehaltenen Waffenstillstand, die Stirn haben konnte, unser aus tausend Wunden blutendes Volk zur »nationalen Verteidigung« anzuspornen und zur »Ruhe und Ordnung« aufzurufen, so hat die Geschichte dieser wahnwitzigen Zumutung schwerlich etwas Gleiches an die Seite zu setzen. Und, wie soll das Ausland einem Volk vertrauen, dessen Regierung noch immer nicht eine Spur von politischem Reichlichkeitsempfinden zeigt und nicht den Mut hat, zu verlangen, dass diejenigen schleunigst aus dem öffentlichen Leben verschwinden, die solch hündische Betrugspolitik von ihren kugelsicheren Plätzen aus zu unterstützen wagten?

Schließlich darf jedoch nicht verschwiegen werden, dass wir als Volk selbst in diesem Zusammenbruch eine tragische Schuld zu sühnen haben. Was war denn unsere bisherige Obrigkeitsregierung anders, als ein getreues Spiegelbild des deutschen Volkes in seiner traurigen Urteilslosigkeit und Denkfaulheit, in seinem Hang zum seelenlosen Bureaukratismus und zu feiger Unterwürfigkeit unter die nackte Staatsgewalt? Tief erschütternd musste z. B. auf den vom Felde Zurückkehrenden die unfassbare Teilnahmslosigkeit der Heimat an dem ungeheuren Geschehen draußen wirken. Wer das als wissend Gewordener mit ansehen musste, stand in Gefahr, an unserm Volk zu verzweifeln. Man kann gerechterweise auch der deutschen Arbeiterschaft, wenn auch längst nicht in dem Maße, wie ihren verantwortlichen Führern, den Vorwurf nicht ersparen, dass sie mehr an das eigene Wohl und eine gesicherte Existenz gedacht hat, als an die kämpfenden Kameraden draußen. Der klägliche Januarstreik, – der, konsequent durchgeführt, noch vor dem Zusammenbruch Deutschlands dem Krieg durch Volkswillen ein Ende hätte machen können – ist hierfür ein schlagender Beweis. War es nicht auch wenig kameradschaftlich, dass die Arbeiterschaft Liebknecht im Zuchthaus sitzen, Dittmann und andere aus ihrer Mitte heraus verhaften ließ? Und es liegt gewiss kein Anlass vor, auf die Tat der Novemberrevolution besonders stolz zu sein, denn ohne Amerika und Marschall Foch hätten wir sie nicht erlebt. Trug aber vielleicht die mangelnde Aufklärung durch eine hilflose Führung an der unverständlichen Haltung der Arbeiter die Hauptschuld (die Frontsoldaten können hier nicht in Frage kommen), so soll diesem Mangel gründlichst abgeholfen werden. Endlich müssen wir aus dem politischen Schmutz- du Sumpfleben heraus, sonst werden wir nie den Anspruch erheben können, ein freies und großes Volk zu werden. Das ist unbrechbares Naturgesetz.

Alle Welt schwatzt heut bei uns von »Freiheit«. Ahnt man denn nicht, dass kein Volk wirklich frei sein kann, das sich und sein Leben nicht radikal auf den Boden der Wahrheit und Menschlichkeit und des unbedingten Vertrauens zwischen ihm und seiner Führung stellt? Dieses Vertrauen fehlt heute, daher muss alles beseitigt werden, was ihm im Wege steht. Zum Teufel mit jenem Sozialismus, der nicht tatkräftige Liebe ist; zum Teufel mit jeder Vergewaltigung, woher sie auch komme! Kritik an anderen ist leicht, Selbstkritik und Selbstüberwindung aber sind die schwersten und notwendigsten Aufgaben, vor der jeder einzelne, der wirklich vorwärts will, und unser Volk heute stehen. Einen Beitrag in dieser Richtung soll die folgende Denkschrift bilden. Ich halte ihren Inhalt voll aufrecht und wiederhole ihre noch unerfüllten Schlussfolgerungen der Untersuchung und Vorgerichtstellung der Schuldigen als ewiges Exempel der Weltgeschichte, vor der gesamten Öffentlichkeit. Wer den Mut hat, mich zu widerlegen, versuche es. Weiteres Schweigen aber darf die Öffentlichkeit nicht dulden. Heraus mit allen Akten!

Wir dulden es auch nicht mehr, dass ein Zwiespalt zwischen persönlicher und öffentlicher Moral und Gerechtigkeit aufrechterhalten wird. Wenn irgendwo ein Eisenbahnunglück oder dergl. sich zugetragen hat, dann wird von Polizei und Staatsanwalt mit geradezu bewundernswerter Gründlichkeit die Schuldfrage untersucht, und auch die Öffentlichkeit beschäftigt sich mit diesen Dingen meist weit über Gebühr. Und angesichts des ruchlosen Hinmordens von Millionen blühender Menschenleben, angesichts der Verwüstung ganzer Länder und Völker sollten wir nicht nach der Schuld fragen dürfen? Wer dafür kein Gefühl hätte, wäre nicht wert, sich Mensch zu nennen. Und ich erkläre jeden für einen mitschuldigen Hehler und Verräter am deutschen Volk, der es unter dem furchtbaren Druck der Not, in die uns die Schuld unserer Führung stürzte, noch wagen sollte, die schleunigste und rücksichtsloseste Aufdeckung aller Vorgänge, die dazu führten, zu hintertreiben.

Wenn nun gar in diesen Tagen der Präsident des ehemaligen Reichstages es wagen darf, ihm noch einmal, wenn auch nur zu kurzem Dasein, verhelfen zu wollen, dann kennzeichnet dieser Versuch das trostlose Niveau, auf dem unsere öffentliche Meinung heute noch steht. Vor den Staatsgerichtshof gehören diese Herren, anders hat sich die Öffentlichkeit mit ihnen überhaupt nicht mehr zu beschäftigen. Das Recht, für das deutsche Volk zu sprechen, hat der alte Reichstag ein für alle mal verwirkt.

Ungeheure Aufgaben und vielleicht auch Nöte harren unser. Wenn wir sie glücklich bewältigen und die Revolution erfolgreich durchführen wollen, dann kann das nur geschehen in stärkster Hingabe und Einmütigkeit. Die einzig mögliche Grundlage dafür aber ist: Wahrheit, Klarheit und Vertrauen. Ein Volk sein heißt, eine gemeinsame Not erleiden und sie in selbstloser Hingabe des einen für den anderen und aller für alle tragen und überwinden. Diesen Sozialismus brauchen wir, er allein wird imstande sein, einmal alles Weltelend zu lösen, er allein vermag auch die Völker und die Enterbten der Menschheit wirklich zu befreien. Wenn Deutschland heute in dieser wahrhaftigen Kulturarbeit mutig voranschritte, würde es damit alles, was es an der Menschheit verschuldete, sühnen und eine heilige Pflicht erfüllen.

Wir haben ein Ziel. An seiner Erreichung hängt unser und der Menschheit Schicksal. Der Weg geht über die geistige und soziale Weltrevolution, nicht über irgendeinen »Bolschewismus«, und über die durch sie allein mögliche Neuordnung aller Dinge zur liebenden Versöhnung und freien Gemeinschaft aller. Deutsches Vol, wirst du diesen Weg der welterlösenden Tat finden? – Jedem von uns legt das Schicksal diese schwerste Frage vor. Die Entscheidung liegt bei dir und mir. Es wäre erbärmlich, da noch zu schwanken.

Michel, lieber deutscher Bruder, wach auf, wache endlich, endlich auf! Stehe auf und nimm die Sache deines Landes, die deine Sache ist, fest und treu in die hand, schwärme, rede nicht, sondern handele! Die einzige Rettung ist die Tat! Es geht um die letzten Ziele der Menschheit. Und der wäre besser nie geboren, der heut nicht alles für ihre Erreichung einsetzte!

Der Verfasser

Berlin, Dezember 1918.

*Quelle: Michel, wach auf! Ein Mahnruf an das deutsche Volk, von Beerfelde, Hauptmann a. D. (Flugschriften des Bundes Neues Vaterland [Neue Folge], Nr. 1), Berlin 1918, S. 3–7.*

## Schwarze Schmach und Schwarz-Weiß-Rote Schande

Von Lilly Jannasch

### Vorwort

Noch immer verharrt unser Volk im Dschungel der Lüge. Noch immer ahnt es nicht, daß nur Wahrheitsmut und -wille ihm Genesung bringen kann: moralische, wirtschaftliche. Vor allem moralische. Wirtschaftlich können auch andere mithelfen. Moralisch – gibt es nur Selbsthilfe. Gesinnungsänderung – ist einziger Wegweiser. Ohne innere Erneuerung kein wirtschaftlicher Aufstieg. Täuschen wir uns nicht, die ganze Welt harrt auf diese Gesinnungsrenaissance. Im Augenblick, da sie Ereignis wird, öffnet sich uns das Tor der Zukunft: Völkerbundmöglichkeit. Schon jetzt mehren sich täglich in England, Italien, Amerika, selbst in Frankreich Stimmen zu unseren Gunsten. Die Hilfe, die unsere Kinderwelt, unseren Müttern zuteil wird, ist ein Zeichen der Bereitwilligkeit. Aber – noch immer wird jedes Entgegenkommen, auch das der Neutralen, durch alldeutsche Böswilligkeit paralysiert. Ihr Toben und Schreien bei jeder Gelegenheit hallt über die Grenzen, übertönt alle Stimmen von Recht und Vernunft, die sich bei uns geltend machen wollen. Jeder wohlgesinnte Ausländer sagt uns das mit besorgter Miene, greift sehnsuchtsvoll nach den Brocken von Vernunft und Einsicht, deren er bei uns habhaft werden kann, um jenseits der Grenzen zu beweisen, daß Alldeutschland nicht Deutschland ist, daß Ansätze zur Rechtlichkeit und Friedensbereitschaft vorhanden. Aber, man glaubt es jenen Deutschfreunden draußen nicht, weil Alldeutschlands Lungenkraft stets wieder alles übertönt.

Darum ist's für jeden, der trotz allem noch an ein neues Deutschland glauben kann, hehrste Pflicht, dem Volke die Wahrheit zu sagen, sei sie auch noch so bitter. Nur Wahrheit und Selbsterkenntnis kann uns aus der Lethargie moralischer Unterernährung aufrütteln, uns die Kräfte sammeln helfen, die die eiserne Umklammerung unserer Verführer sprengt. Diesem Zwecke sind nachstehende Ausführungen geweiht.

Der Verlag

### I. Die Zwangslage im besetzten Gebiet

Niemals war alldeutsche Regie für Haß- und Rachefeldzug um Schlagworte verlegen. Vor, während und seit dem Kriege hat sie Drachensaat gestreut und tausendfältig geerntet. Hat doch Deutschlands Volk die mit dem Zucker des Patriotismus gesüßte alldeutsche Giftmischung immer gutgläubig geschluckt, niemals bemerkt, daß es Todesspeise war. Auch der militärische-politische Zusammenbruch, von dem der Einsichtige gründliche Aufklärung erhoffte, änderte nichts an solcher Gutgläubigkeit. Im Gegenteil. Seither ward alldeutsches Gift noch in viel größeren Quantitäten verabfolgt, weil der schwerkranke Volkskörper sich weniger dagegen zur Wehr setzen kann als der gesunde. Wir brauchen hier nur an die Lüge von der Revolution als Dolchstoß in den Rücken unseres Heeres als Ursache für die Niederlage zu denken. Ferner an den Rummel in der Auslieferungs- und Gefangenenfrage.[1] Neuerdings ist es die »schwarze Schmach«, die mit gleicher Regiekunst pomphaft ausgestattet wird, um den Rachedurst des erschöpften Volkes hochzupeitschen. Es soll hier nicht den Franzosen das Wort geredet werden. Sicherlich ist die Verwendung schwarzer Besatzungs- und Kampftruppen eine tiefbedauerliche Tatsache sowohl im Interesse der Schwarzen selbst als der weißen Rasse. Aber, dürfen die alldeutschen Gewaltpolitiker sich hierüber moralisch entrüsten, sie, die niemals einen Rechtsstandpunkt haben gelten lassen; die mit strahlender Siegesgewißheit einen Frieden von Brest und Bukarest durchgedrückt und gefeiert haben. Sie sind wahrlich die letzten, die gegen Rechtsverletzung ande-

---

[1] Mit Emphase verlangte vor vielen Monden unsere Regierung und das Volk unter alldeutscher Führung, daß deutsche Kriegsverbrecher nur von deutschen Gerichten verurteilt werden dürfen. Die Entente gab nach. Was geschah? Monate sind vergangen, ohne das ernsthafte Anstalten gemacht wurden, vor dem Reichsgericht die Verhandlungen zu beginnen. Welchen Eindruck muß solche Schiebung im Ausland machen? Kann man sich da noch wundern, wenn die Franzosen jedes Entgegenkommen bezüglich Versailles ablehnen?

Auch die Zurückhaltung der Gefangenen wurde nicht um der armen Internierten willen zu einer maßlosen Haßpropaganda ausgebeutet, sondern nur zur Aufpeitschung der Gemüte? Waren es doch gerade unsere Militaristen und Nationalisten, also unsere Kriegsverlängerer, die aus ihrem kugelsicheren Hinterland Jahr für Jahr hunderttausende von Volksgenossen in aussichtslose Schlachten trieben, ohne ein menschliches Rühren für die Totgeweihten zu fühlen, die sich auf einmal für die »armen deutschen Gefangenen« einsetzten. Es waren dieselben Leute, die nach dem Frieden von Brest-Litowsk schlankweg ablehnten, die russischen Gefangenen herauszugeben. Wie wenig das Herz dieser Herren für ihre internierten Mitbürger schlug, beweist auch ihr Verhalten, den in England internierten deutschen Gefangenen gegenüber. Als man im Kriege wiederholt durch Vertreter der Auskunfts- und Hilfsstelle für deutsche Gefangene im Ausland darauf verwies, daß eine menschliche Behandlung der englischen Internierten in Ruhleben in England sofort mit größerem Entgegenkommen für unsere dortigen Internierten beantwortet würde, lautete die amtliche Mitteilung, daß eine besonders gute Behandlung der deutschen Gefangenen durch unsere Feinde nicht im Interesse des Kriegsministeriums läge, weil dieser Behörde nicht daran gelegen sein könne, daß die Gefangenen als Englandsfreunde zurück kämen.

rer Völker zu Felde ziehen dürfen. Um so weniger, als es ihre Kriegspolitik ist, die die Franzosen zwingt, immer neue Truppen ins besetzte Gebiet zu senden. Spricht man mit Franzosen, sagen sie es ganz offen, wie unangenehm es ihnen ist, immer mehr schwarze Truppen verwenden zu müssen, aber sie sind in einer Zwangslage. Ihre weißen Truppen reichen fürs besetzte Gebiet nicht aus und sind außerdem so mit Widerwillen gegen den Militärdienst erfüllt wie gegen alles, was an Krieg erinnert, und dieser Geist ist im französischen Volk in steter Zunahme begriffen – leider sehr im Gegensatz zu Deutschland –, so daß die französische Regierung mit der Verwendung weißer Soldaten im Ausland sparsam sein muß. »Warum räumen die Franzosen dann das Rheinland nicht, sie haben bei uns nichts mehr zu suchen, sollen machen, daß sie herauskommen!« Wie oft habe ich diesen Ausbruch harmloser Gemüter gehört. Unser Fehler war immer, daß wir uns keine Mühe geben, in die Motive des Verhaltens anderer Völker einzudringen, stets nur den eigenen Standpunkt in Betracht gezogen haben. Jeder Franzose sagt uns ehrlich ins Gesicht, der ganzen französischen Presse bricht es aus allen Poren, daß noch heute das Leitmotiv jeder politischen und militärischen Maßnahme Frankreichs gegen uns die Angst ist. Die Angst vor Deutschland, die Sorge von neuem Krieg. Wieder ertönt es von harmlosen Lippen: »Wir haben nur noch 100000 Mann, haben keine Waffen mehr, sind völlig verarmt; wie sollen wir Krieg führen?«

Scheinwahrheit, wenn auch von vielen ehrlich gemeint.

In Wirklichkeit steht es so, daß nach Schätzungen, die im letzten Frühjahr von verschiedenen wohlinformierten Stellen, u.a. vom Bund Neues Vaterland, aufgestellt wurden, durch Kriegsübungen verkappte militärische Formationen wie Grenzschutz, Ernte- und Flurschutz, Stoßtrupp, Orgesch, Stahlhelm usw. in kurzer Zeit zirka 500000 Mann mobilisiert werden können. Allein Bayern wird z. Z. auf 200000 geschätzt. Was an Bewaffnung fehlt, hofft man durch glühenden Rachegeist zu ersetzen. Auch wimmelt es von geheimen Waffenlagern im Lande. Sind ferner die 21000 Offiziere und Unteroffiziere auf rund 100000 Mann, die Riesenmassen von Militärpferden nicht höchst verdächtig? Sollte die Entente nicht auf den Gedanken kommen, daß solche Überschüsse für die verkappten Formationen in Reserve gehalten werden? Hinzu kommt der ungeheure Aufwand an Hetzarbeit. Geld, haben wir allerdings nicht, aber Mittel; unbegrenzte Mittel. Mit welchen Millionen werden z. B. seit anderthalb Jahren die alldeutschen Zutreiber finanziert? Werden all die ehemaligen Offiziere besoldet, die politische Aufklärung treiben? Die Schwerindustrie kommt für alles auf. Für sie ist jede Kriegspropaganda produktive Anlage. Das Volk verhungert zwar, aber wer den bunten Rock trägt, hat seit Waffenstillstand immer reichliche Rationen, ist mustergültig bekleidet, beschuht, führt ein Schlaraffenleben. Noch heute erhält die Sicherheitswehr im Ruhrgebiet für ihre »Schwerarbeit« doppelt soviel Brot wie die Bergarbeiter. Denken wir ferner an den unverhohlenen Widerstand gegen die Entwaffnung, an die Veröffentlichungen im Reichstag darüber, an die Arbeit der alldeutschen Presse, der fast alle bürgerlichen Zeitungen zum Opfer gefallen sind; denken wir an die Hetze von Heimatdienst,[2] Orgesch, Rettet die Ehre, Deutscher Ring usw., die über Hunderte von Lokalorganisationen im ganzen Lande verfügen, denen Lehrer, Professoren, Pfarrer also weitaus der größte Teil des sog. Intellektuellen Deutschlands angehören, so müssen wir zugeben, daß Deutschland mit Eifer alles tut, um seinen Kriegsgeist so restlos wie möglich den Franzosen Tag für Tag vorzudemonstrieren, sie in Angst und Schrecken zu jagen.

Zu alledem kommen noch die dauernden direkten Provokationen in Berlin (Hotel Adlon, vor der Gesandtschaft), in Breslau, Oberschlesien, in Hannover auf dem Parteitag der Deutschnationalen, in Hamburg, als gelegentlich der Hindenburg-Geburtstagsfeier »Nieder mit Frankreich« gerufen wurde, in München das Schützenfest! Die Fälle ließen sich verhundertfachen.

Der Kriegsgeist ist in Deutschland noch weit provokatorischer als 1913, wie die Jungdeutschlandpost in Nr. 4 vom 25. Januar schrieb: »[...] darum ist der Krieg die hehrste und heiligst Äußerung menschlichen Handelns [...] auch uns wird einmal die frohe, große Stunde eines Kampfes schlagen [...] ja, das wird eine frohe, große Stunde, die wir uns heimlich wünschen dürfen [...] tief im deutschen Herzen muß die Freude am Krieg und ein Sehnen nach ihm leben, da der Sieg nur einem Volke wird, das mit Sang und Klang zum Kriege wie zu einem Feste geht [...] verlachen wollen wir aus vollem Halse alte Weiber in Männerhosen, die den Krieg fürchten und darum jammern, er sei grausig und gräßlich. Nein, der Krieg ist schön. Das sei Jungdeutschlands Himmelreich.«

Diesem Gedanken verdanken wir die ständige Vermehrung der schwarzen Truppen im besetzten Gebiet, die Verschärfung aller Maßnahmen, die erneute Briefzensur, die drohende Besetzung des Ruhrgebietes, die Aktion

---

2 Der Heimatdienst treibt besonders im besetzten Gebiet sein Wesen, was um so aufreizender auf die Franzosen wirkt, als ihnen bekannt ist, daß die Schöpfung Ludendorffs von der deutschen Regierung mit 8 Millionen dotiert ist.

gegen die Dieselmotoren! Mit einem Wort, die zunehmende Angst und Erbitterung der Franzosen. Ihre Hartnäckigkeit in der Forderung restloser Erfüllung von Versailles. Die verwüsteten französischen Provinzen bilden eine ständige furchtbare Mahnung gegen jede Sorglosigkeit. Wann wird das deutsche Volk begreifen, daß die alldeutschen Rachewüstlinge die Urheber all seiner Not und Schmach in der Welt sind, und daß die ganze Welt, nicht nur Frankreich erst aufatmen wird, wenn Deutschland sich von Alldeutschland lossagt, und der gute Wille zur Verständigung durch loyale Taten unzweideutig zum Ausdruck kommt.

## II. Schwarze Schmach

Was die Überfälle von Schwarzen auf weiße Frauen und Kinder betrifft, handelt es sich tatsächlich um Einzelfälle und absolut nicht um Massenerscheinungen, wie es Alldeutschland glauben machen will. Ich selbst habe ein Jahr im besetzten Gebiet an einem Platz im Taunus gelebt, wo monatelang mehrere hundert schwarze Soldaten kampierten, ohne daß, wie mir der zuständige Landrat versicherte, irgendein Überfall vorgekommen wäre. Auch aus der Bevölkerung wurde keine Klage über die Schwarzen geführt. Im Gegenteil; ihre Gutmütigkeit und Harmlosigkeit wurden gerühmt und lobend hervorgehoben, daß sie vielfach mit hungernden deutschen Kindern ihre Mahlzeit teilen. Da der bewußte Taunusplatz inmitten von Wäldern und Feldern liegt und Frauen und Kinder vielfach gezwungen sind, weite Wegstrecken allein zurückzulegen, wäre gute Gelegenheit zu Überfällen gegeben gewesen. Aus der Pfalz hörte ich von einem dortigen Fabrikanten, den sein Beruf zu häufigen Reisen im ganzen besetzten Gebiet nötigte, daß auch seine Erkundigungen ihn davon überzeugt haben, daß die Überfälle durchaus Einzelerscheinungen sind. Das gleich berichteten mir vertrauenswürdige Bewohner Wiesbadens, die nicht durch die alldeutsche Brille sehen. Eine Dame aus Ludwigshafen (Pfalz) faßte ihre Erfahrungen dahin zusammen: »Wenn man beobachtet, wie sich bei uns Frauen und Mädchen mit den Schwarzen herumtreiben, wie sie sich von ihnen Schokolade und andere Dinge schenken lassen, mit ihnen spazierengehen, wundert man sich nicht, wenn ein Unglück passiert.«

Derartiges Benehmen deutscher Frauen ist keineswegs neu. Tatsächlich gibt es weiße Frauen in allen Schichten, die mit Vorliebe Schwarzen ihre Gunst bezeigen. Wenn in Friedenszeiten, Hagenbeck seine schwarzen Stämme durch Deutschland führte, wirkte die Zudringlichkeit vieler derartiger Frauen geradezu widerwärtig. Im Lunapark in Berlin ging es noch schlimmer zu. Zogen die Schwarzen ab, folgte ihnen sehnsuchtsvoll ein Schwarm weißer Freundinnen bis zum Bahnhof, wo zärtlicher Abschied stattfand. Gelegentlich der Gewerbeausstellung in Berlin in den neunziger Jahren verschwanden widerholt dort angestellte Neger tagelang; es war Stadtgespräch, daß Damen der »guten Gesellschaft« diese Herren bei sich beherbergt hatten. Ob man in solchen Fällen nicht eher von »weißer Schmach« sprechen könnte, lasse ich dahingestellt. De gustibus non disputandum est. In der moralischen Entrüstung über schwarze Schmach klafft jedenfalls hier ein Riß.[3]

Hinsichtlich der gewalttätigen Sexualität der Schwarzen möchte ich unseren Militaristen und Nationalisten noch folgendes zu bedenken geben. Ist es nicht zur Zeit unserer kolonialen Herr–lichkeit in Afrika »Sitte« gewesen, die Negerinnen als Freiwild für deutsche Männer zu betrachten? Wurde nicht gerade von jenen Kreisen, die jetzt voller Empörung über schwarze Schmach zetern, der Begriff des »Tropenkollers« geprägt, der sich unbedingt auf Kosten der Negerinnen austoben mußte? Galt nicht jeder, der sich gegen diese »schwarz-weiß-rote Schmach« im schwarzen Erdteil wandte, als Humanitätsdusler? Die Prozesse gegen Peters, Leist und Konsorten, die wie das Horneberger Schießen ausgingen, seien hier in Erinnerung gebracht. Sie illustrierten am besten die schwarz-weiß-rote Moral gegenüber den Schwarzen. Peters wie Leist ließen wiederholt Negerinnen in größerer Zahl auspeitschen, und dann aufhängen, weil sie ihnen nicht zu Willen waren, oder, sich außer mit ihnen auch mit ihren Landsleuten eingelassen hatten. Und diese weißen Männer gingen als Vertreter der deutschen Regierung hinaus, waren zum Teil hohe Beamte. Pensionierung war die einzige Strafe, die ihnen zuteil wurde. Ebenso bekannt ist, daß auf den deutschen Militärstationen in Deutsch-Südafrika noch bis zum Kriege die wüsteste Bordellwirtschaft herrschte, der zwangsweise festgehaltene Negerinnen zu hunderten geopfert wurden.

Aber, nicht nur was die Kolonien betrifft, sind unsere Gewaltpolitiker, die sich jetzt so sehr als Verteidiger deutscher Frauenehre und deutscher Kinder in die Brust werfen, verdächtig. Hätten sie nicht überreichlich Gelegenheit in Deutschland, gegen den vortrefflich organisierten Mädchenhandel und gegen die Kinderprostitution, die dank übergroßer Nachfrage

---

[3] Daß die Schwarzen viele schätzenswerte Eigenschaften haben, beweist die Tatsache, daß zahlreiche französische Offiziere sich schwarze Burschen nehmen und ihnen mit Vorliebe ihre Kinder anvertrauen, weil die schwarzen Männer weit zuverlässiger und hingebender sind als die weißen Kindermädchen.

alljährlich Tausende von Menschenleben dem Moloch der Sexualität opfert, ihre sittliche Entrüstung zu wenden? Die Kreise, die die schwarze Schmach in Regie genommen haben, sind es aber gerade, die von jeher das »Sichausleben« auf Kosten anderer als ihr gutes Recht forderten und jede Reformbestrebung auf sexuellem Gebiet mit höhnischen Glossen beantworteten. In der »großen Zeit« war die systematische Organisation der Bordelle hinter der Front eine ihrer wichtigsten Sorgen. Auf dem Sittlichkeitskongreß deutscher Frauen, der während des Krieges in Charlottenburg hinter verschlossenen Türen tagen mußte, wurden diese Zustände auch von ganz konservativ gerichteten adligen Landfrauen beklagt, die empört mitteilten, daß ihre jungen Söhne, halbe Kinder, gleich nach Eintritt in die Armee in die Bordelle »befohlen« wurden. Dr. M. Elisabeth Lüders, die im Auftrage der Regierung Belgien im Kriege bereiste, berichtete damals u. a.: »Bei diesen übelsten Lokalen (Bordellen) ist leider festzustellen, daß sie deutsche Namen tragen mit deutschen Plakaten, mit Kaiserbildern usw. geschmückt sind, und daß sie nicht selten deutsche Wirte und Wirtinnen haben. Tausende von Männern, die sich vorübergehend in einer größeren Stadt, von der Front kommend, aufhalten, werden durch deutsche Namen und Landesfarben in die Irre geleitet. Wie soll z. B. jemand auf den Gedanken kommen, daß die Gemeinheit eines ganz übel berüchtigten Lokals sich hinter der Überschrift ‚zur deutschen Mutter' verbirgt.« Und das geschah unter der damals in Belgien allmächtigen deutschen Militärverwaltung.

Die absolute Inkompetenz unserer Nationalisten, über schwarze Schmach flammende Proteste in die Welt zu senden, erhellt am deutlichsten aus dem Verhalten unserer Heeresleitung in der Frage der Deportationen der 10 000 Frauen und Mädchen von Lille 1916.[4] Hier handelte es sich weder um Kriegsnotwendigkeiten noch um Einzelfälle. Ohne Unterschied des Alters und des Standes mußten diese Frauen sich einer mit empörender Roheit ausgeführten sittenpolizeilichen Untersuchung durch deutsche Militärärzte unterziehen, wurden tagelang teils in Viehwagen, teils zu Fuß durch die Ardennengeschleppt, mußten auf feuchtem Stroh in halbzerstörten Häusern kampieren. Später, bei leidlicher Herberge, mußten sie sich nachts der hereindringenden Soldaten und Offiziere erwehren, oft im Freien schutzsuchend. Als deutsche Pazifisten in der Absicht, mit einer neutralen Kommission die Vorgänge von Lille zu untersuchen, um doku-

---

[4] Näheres findet sich in der Schrift: Zur Beurteilung der deutschen Kriegsführung von Prof. Friedr. Wilh. Förster. Verlag Neues Vaterland, Berlin. Preis 1 Mk.

mentarische Feststellungen zu machen, im Frühjahr 1919 mit der Bitte um Herausgabe des Materials an die deutschen Behörden herantraten, wurde ihnen geantwortet, daß das Material so belastend für die Heeresverwaltung sei, daß man es nicht aus der Hand geben könne!

Niemals ist in Deutschland ein offizieller Versuch gemacht worden, unser Volk über diese Verbrechen seiner Heeresleitung aufzuklären. Gerade diejenigen, die am lautesten über die schwarze Schmach zetern, sind es, die mit Sorgfalt verhüten, daß die Vorgänge von Lille bei uns an die Öffentlichkeit gelangen. Wie viele Maßnahmen Frankreichs würden in Deutschland Verständnis finden, wenn man wüßte ...! Aber man soll bei uns nichts wissen! Das würde der alldeutschen Agitation das Wasser abgraben! Hat es je in unserer Rechtspresse gestanden, daß schon seit 1. August 1920 deutsche Pressevertreter zu den geheimen kriegsgerichtlichen Verhandlungen zugelassen werden, wenn schwarze Soldaten wegen Überfällen auf weiße Frauen verurteilt werden? Wann hätte ein deutsches Kriegsgericht ein ähnliches Entgegenkommen bewiesen, um sich der Öffentlichkeit gegenüber zu rechtfertigen?

Durch die Vermittlung neutraler Pazifisten hat sich das Ausland wiederholt an deutsche Pazifisten gewandt mit der dringenden Bitte, im Interesse der zukünftigen Verständigung die großen Ärzte- und Frauenorganisationen zu veranlassen, öffentlich ihr Bedauern über die Vorgänge von Lille Frankreich gegenüber auszusprechen und zu erklären, daß sie diese unmenschlichen Methoden der deutschen Heeresverwaltung verurteilen, weil ohne solche Erklärung – die eine Sinnesänderung bedeuten würde – ein zukünftiges Zusammenarbeiten beider Völker unmöglich ist. Nichts dergleichen ist erfolgt. Statt dessen wird mit dem größten Aufwand von Lungenkraft von deutschen Männern und Frauen die Welt mit Protestgeschrei erfüllt, über all das Unrecht, das das arme deutsche Volk zu erleiden hat. Verständnislos steht das ganze Ausland, auch das neutrale, diesen Protesten gegenüber, die nur den egoistischen Standpunkt kennen, an den kein tieferer Menschheitsgedanke sich heranwagt. Wäre Menschheitswürde und mit ihr auch deutsches Interesse nicht weit besser gewahrt gewesen, wenn, gelegentlich der internationalen Frauentagung in Christiania im Oktober 1920 der Bund deutscher Frauenvereine, unsere größte bürgerliche Frauenorganisation, statt im nationalistischen Schmollwinkel zu verharren, in Christiania vertreten gewesen wäre und dort ein freimütiges aus warmem Herzen kommendes Wort des Bedauerns über Lille den französischen Frauen zugerufen hätte? Statt dessen, bestand die vaterländische Bundesarbeit darin, die lokalen Frauenorganisationen zu ödem

Protest gegen »schwarze Schmach« aufzurufen. Wieviel würdevoller hätte in Christiania im Anschluß an eine Kundgebung für die französischen Schwestern eine offene, sachliche Aussprache über das schwarze Problem im besetzten Gebiet sich gestaltet! Wieviel mehr Verständnis hätten unter solchen Umständen die neutralen Frauen und auch die Französinnen für die Darlegungen deutscher Frauen gehabt! Trotz nationalistischer Vergangenheit hätte der Bund deutscher Frauenvereine in Christiania gute Aufnahme gefunden, denn die dort Anwesenden waren wirkliche Pazifistinnen, bereit, die Vergangenheit zu vergessen, wenn unzweideutig guter Wille zu gemeinsamer Zukunftsarbeit zum Ausdruck gekommen wäre. Unverantwortlich vom menschlichen und deutschen Standpunkt ist es, daß die größte bürgerliche Frauengruppe wiederum diese Gelegenheit, die internationale Atmosphäre zu entgiften, von sich stieß. Dauerns rufen wir das Ausland in allen Klangfarben um Hilfe an und dauernd stoßen wir es vor den Kopf. Wo bleibt da nationale Würde? Machen wir uns doch endlich klar, daß es vor dem Ausland nichts zu verbergen gibt, daß alle Sünden unserer Heeresleitung dort bekannt sind, und daß nur unser Volk in Unwissenheit darüber gehalten wird, weil für die Urheber unseres Elends diese Unwissenheit bis heute die einzige Schutzwehr ist.

Immer denken wir nur daran, wir könnten uns etwas vergeben, wenn wir dem Ausland entgegenkommen. Niemals machen wir uns klar, welchem Chimborasso von Gewaltsünden uns das Ausland verzeihen muß bei jedem Entgegenkommen, das wir als »gutes Recht« beanspruchen und das doch nur aus dem Geiste großmütiger Gesinnung uns werden kann.

*Quelle: Flugschriften des Bundes Neues Vaterland. Nr. 18/21, Verlag Neues Vaterland, Berlin 1921.*

## Vier Jahre politischer Mord

Von Emil Julius Gumbel

Die folgenden Zeilen berichten über die politischen Morde, die seit dem 9. November 1918 in Deutschland vorgekommen sind. Dabei sind gleichmäßig die von links und die von rechts begangenen Morde dargestellt. Ein Fall wurde aufgenommen, falls es sich dabei um eine vorbedachte, gesetzwidrige, durch innerpolitische Motive verursachte Tötung eines namentlich bekannten Deutschen durch einen anderen Deutschen handelte, wobei der Vorgang sich nicht als Massenhandlung, sondern als individuelle Tat qualifizierte. Ich habe nur solche Fälle aufgenommen, wo die erschießende Partei nicht behauptet hat, dass sie von der Menge angegriffen wurde, und wo es sich nicht um eine Lynchung durch eine namenlose Menge oder andersgeartete Massenhandlungen, sondern um ganz bestimmte Täter handelte.

In der Auswahl der Fälle bin ich bei den Morden von rechts viel vorsichtiger verfahren als bei denen von Links. Ich habe daher mehrere Fälle von Links mitaufgenommen, die mehr den Charakter von Tumulten als von politischen Morden hatten.

Auf die Exaktheit der Angaben habe ich in jedem einzelnen Falle die größtmögliche Sorgfalt verwendet und versucht, überall aktenmäßige Genauigkeit zu erreichen. Ich habe mich gestützt auf Gerichtsakten, Urteile, Entscheidungen über Einstellung des Verfahrens, Zeugenaussagen, Mitteilungen von Rechtsanwälten, von Hinterbliebenen, endlich Zeitungsnotizen. Die Prozessberichte habe ich hauptsächlich in den rechtsstehenden Zeitungen studiert. In allen Fällen, wo das Material nicht genau war, wurde an die Angehörigen und Berichterstatter geschrieben. Blieben die Nachrichten unvollständig, so blieben die betreffenden Fälle weg. Ich kann somit jede hier vorgebrachte Behauptung einwandfrei belegen. Prinzipiell wurden nur solche Fälle aufgenommen, in denen der Name des Opfers mir bekannt wurde. Wo sich im Text auch anonyme Fälle finden, dienen sie nur zur Veranschaulichung der betreffenden Vorgänge. Nur an zwei Stellen bin ich von diesem Prinzip abgewichen.

Der jeweilige Stand des Verfahrens war am schwierigsten zu ermitteln. Es ist daher möglich, dass in Fällen, wo mir kein Verfahren bekannt wurde, ein solches tatsächlich schwebt oder das Verfahren bereits eingestellt wurde. Dagegen glaube ich, dass die Zahl der von mir angeführten Bestrafungen vollständig ist.

Das Buch kann keinen Anspruch darauf erheben, alle politischen Morde darzustellen, die in den letzten Jahren in Deutschland vorgekommen sind. Ich bitte daher alle Leser, welche weitere Fälle wissen, hierüber an den Verlag der Neuen Gesellschaft, Berlin-Fichtenau, zu schreiben.

Das vorliegende Buch ist eine Fortsetzung und Erweiterung meiner Broschüre »Zwei Jahre Mord.« Ich hatte darin unter anderm die Behauptung aufgestellt, dass die deutsche Justiz über 300 politische Morde unbestraft lässt und hatte erwartet, dass dies nur zwei Wirkungen haben könne. Entweder die Justiz glaubt, dass ich die Wahrheit sage, dann werden die Mörder bestraft. Oder sie glaubt, dass ich lüge, dann werde ich als Verleumder bestraft. Tatsächlich ist etwas Drittes, völlig unvorhergesehenes eingetreten: Obwohl die Broschüre keineswegs unbeachtet blieb, ist von behördlicher Seite kein einziger Versuch gemacht worden, die Richtigkeit meiner Behauptungen zu bestreiten. Im Gegenteil, die höchste zuständige Stelle, der Reichsjustizminister, hat meine Behauptungen mehrmals ausdrücklich bestätigt. Trotzdem ist nicht ein einziger Mörder bestraft worden.

Berlin, 16. Oktober 1922

### Die Vorwärtsparlamentäre

Im Januar 1919 hatten revolutionäre Arbeiter sich des Vorwärtsgebäudes bemächtigt. Die Regierungstruppen belagerten das Haus. Die Vorwärtsbesatzung schickte am 11. Januar frühmorgens als Parlamentäre, durch entsprechende Abzeichen kenntlich und natürlich unbewaffnet, folgende Leute:

Redakteur Wolfgang Fernbach, Walter Heise, Werner Möller, Karl Grubusch, Erich Kluge, Arthur Schötler, Wackermann.

Fernbach gehörte nicht zur Besatzung. Er war erst am Nachmittag des 10. in das Gebäude gegangen, um jemand zu besuchen, und konnte wegen der Absperrung nicht mehr heraus. Die sieben Parlamentäre wurden in die Dragonerkaserne in der Belle-Alliance-Straße 6 abgeführt und morgens 10 Uhr erschossen. Nach der Meldung des Oberlts. v. Carnap an den Vater des erschossenen Fernbach wurden sie von eingedrungenen Soldaten gelyncht, obwohl sie waffenlos waren, ohne dass v. Carnap und der gleichfalls anwesende Major Franz v. Stephani irgend etwas dagegen machen konnten. Major von Stephani dagegen schrieb an Frau Fernbach: »Fernbach hat sich mit unter den Spartakus-Anhängern befunden, die mit der Waffe in der Hand aus dem Vorwärts herausgeholt wurden und bei denen Dumdumgeschosse vorgefunden wurden. Sie hatten demgemäß während der Kampfhandlung ihr Leben verwirkt und der Tod hat durch Erschießen stattgefunden.«

Auch diese Behauptungen entsprechen nicht den Tatsachen. Im Ledebour-Prozess hat Graf Westarp, der die Belagerung leitete, am 23. Mai 1919 als Zeuge vernommen, ausdrücklich erklärt, dass die sieben als Parlamentäre kenntlich waren, nicht mit der Waffe in der Hand ergriffen wurden und natürlich auch keine Dumdumgeschosse gehabt hatten. Auch Major von Stephani hat seine Behauptungen selbst später vor dem ersten Gardedivisionsgericht zurückgezogen. Der wirkliche Vorgang war nach den übereinstimmenden, bei den Gerichtsakten befindlichen Aussagen des Soldaten Wilhelm Helms, des Soldaten Georg Schickram, der der ganzen Erschießung beiwohnte, des Sanitätsgefreiten Hans Stettin und des Soldaten Willi Köhn, schließlich den eigenen Aussagen v. Stephanis im Untersuchungsausschuss der Preußischen Landesversammlung vom 3. Juni 1919, dass Stephani selbst den Befehl zur Erschießung gegeben hat. Er berief sich dabei auf einen angeblichen Regierungsbefehl, der jedoch von der Regierung dementiert wurde (Aussage des Kriegsgerichtsrats Hierholzer vor dem Gericht der 1. Garde-Division, Reichswehrbrigade 3, Potsdam). Sogar die Namen von zwei der exekutierenden Soldaten, Wachtmeister Otto Weber, Feldkolonne 40, Staffelstab 10, Hannover, und Gefreiter Erich Selzer, Infanterieregiment 21 in Rudolstadt sind bekannt. Den sieben Toten waren die Schuhe und Kopfbedeckungen gestohlen. Die Leiche des Möller wies zwei Bajonettstiche auf. Außerdem war ihm die linke Gesichtshälfte eingeschlagen. Auf eine Eingabe von Fernbach sen. vom 29. Januar 1919 erklärte die Staatsanwaltschaft, die Angelegenheit sei erledigt. Fernbachs Vater stellte am 26. März 1919 Strafantrag gegen Stephani wegen Mordes. Erst am 31. Januar 1920 teilte ihm das Gericht der Garde-Kavallerie-Division in Potsdam mit, dass das Verfahren gegen Stephani wegen Überschreitung der Dienstgewalt demnächst stattfinden werde. Dies geschah aber nicht. Infolge Aufhebung der Militärgerichtsbarkeit kamen die Akten am 10. Oktober 1920 an die Staatsanwaltschaft Berlin. Der Staatsanwaltschaftsrat vom Landgericht II, Dr. Ortmann, lehnte den Erlass eines Haftbefehls gegen v. Stephani ab. Stephani wurde sogar weiter im Dienst verwendet und war bei den Kämpfen um München dabei. Am 14. Juli 1921 hat das Landgericht II, gez. Hartmann, Siemens, Dr. Fränkel, die Beschuldigten v. Stephani, Weber und Seltzer »aus dem tatsächlichen Grunde mangelnden Beweises außer Verfolgung gesetzt.« Die Privatklage Fernbachs gegen v. Stephani wurde am 20. Dezember 1920 abgewiesen. Im März 1922 wurde sein Anspruch auf Schadenersatz gegen den Kriegsminister vom Landgericht I dem Grunde nach als berechtigt anerkannt.

Bei den Klagen von fünf andern Hinterbliebenen verlangt der Fiskus den Identitätsnachweis.

## Die Lichtenberger »Greuel« und die Märzmorde

Im März 1919 kam es zu Kämpfen zwischen den in der Revolution aufgestellten republikanischen Verbänden, die aufgelöst werden sollten, und den unter dem Befehl von Reinhardt stehenden Regierungstruppen und Freikorps. Den republikanischen Truppen schlossen sich einige Arbeiter an.

In einem offiziellen Bericht vom 9. März 1919 teilte die Gardekavallerie-Schützendivision der Berliner Presse mit: »Die Spartakisten führen zurzeit ihre Absicht, sich in Lichtenberg zu verschärftem Widerstand zu rüsten, aus. Das Polizeipräsidium wurde von ihnen gestürmt und sämtliche Bewohner, mit Ausnahme des Sohnes des Polizeipräsidenten, auf viehische Weise niedergemacht.«

Ähnlich teilte Regierungsrat Doyé vom Ministerium des Inneren dem »Berliner Tageblatt« am 10. März 1919 die Erschießung von 57 Polizisten mit.

Nach der »B. Z. am Mittag« vom 9. März wurden 60 Kriminalbeamte und viele andere Gefangene erschossen, und zwar wurden »Gefangene, die sich zur Wehr setzen wollten, teilweise von vier bis fünf Spartakisten gehalten, während der sechste ihnen mit der Pistole zwischen die Augen schoss.« Dabei stützte sich die »B. Z.« auf eine von »einer militärischen Befehlsstelle übermittelte eidliche Aussage von fünf Soldaten.«

Diese Nachricht ging durch die ganze deutsche Presse und beeinflusste die öffentliche Meinung in schärfster Weise gegen die Spartakisten. Tagelang wimmelte es von blutrünstigen Schilderungen. So meldete die »Vossische Zeitung« und natürlich ebenso die rechtsstehende Presse am 10. März sogar 150 Ermordete.

Alle diese Meldungen waren erlogen. Erst am 13. März meldete die »B. Z.«, dass die Beamten in Wirklichkeit entlassen worden waren. Am gleichen Tage erklärten die »Vossische« und der »Vorwärts« auf Grund der Aussagen des Bürgermeisters Ziethen, »dass sich alle Nachrichten über die Massenerschießungen von Schutzleuten und Kriminalbeamten bei der Eroberung des Lichtenberger Polizeipräsidiums als unwahr erwiesen haben.« Endlich nach der »B. Z.« vom 14. März und dem Nachruf auf die Gefallenen stellte sich heraus, dass nur zwei Beamte tot waren. Davon war einer im Kampf gefallen und über die Todesart des andern konnte nichts festgestellt werden.

Auf Grund des Lichtenberger Beamtenmordes verhängte Noske als Oberkommandierender in den Marken über Berlin das Standrecht und erließ folgende Anordnung: »Die Grausamkeit und Bestialität der gegen uns kämpfenden Spartakisten zwingen mich zu folgendem Befehl: Jede Person, die mit den Waffen in der Hand gegen Regierungstruppen kämpfend angetroffen wird, ist sofort zu erschießen.«

Daneben erließ die Gardekavallerie-Schützendivision selbständig einen Befehl, wonach auch Leute zu erschießen wären, in deren Wohnungen Waffen gefunden würden. Ein Nachweis der Teilnahme am Kampfe sei nicht nötig. Der Befehl lautete:

»Garde-Kav.-Division. Abt. I a. Nr. 20 950.

Befehl für den 10. 3. nachm. und den 11. 3.

Div.-St.-Qu., den 10. 3. 1919.

Leitsatz: Wer sich mit Waffen widersetzt oder plündert, gehört sofort an die Mauer. Dass dies geschieht, dafür ist jeder Führer mitverantwortlich.

Ferner sind aus Häusern, aus welchen auf die Truppen geschossen wurde, sämtliche Bewohner, ganz gleich, ob sie ihre Schuldlosigkeit beteuern oder nicht, auf die Straße zu stellen, in ihrer Abwesenheit die Häuser nach Waffen zu durchsuchen; verdächtige Persönlichkeiten, bei denen tatsächlich Waffen gefunden werden, zu erschießen.

Ziffer 2 e: Jeder Hausbewohner oder Passant, der in unrechtmäßigem Besitz von Waffen gefunden wird, ist festzunehmen und mit kurzem Bericht in dem nächsten Gefängnis abzuliefern. Wer sich mit der Waffe in der Hand zur Wehr setzt, ist sofort niederzuschießen.«

### Lynchungen im Lehrter Gefängnis

Augenzeugen des Vorfalls berichten Folgendes: »Am 9. März lagen wir, ca. 30 Mann, verhaftet in der Waldschenke des Zoologischen Gartens. Von Waffenbesitz konnte, da alle Gefangenen vorher untersucht worden waren, keine Rede sein. Am späten Nachmittag wurden ca. 10 Mann in einem Auto verladen. Zwei Gefangene, von denen der eine ein Mitglied der Matrosendivision, der andere ein Russe war, wurden von den Lüttwitz-Truppen die Treppe heruntergeworfen, unter fortwährenden Kolbenschlägen vor das Auto geführt, wie ein Gegenstand hineingeworfen und auf dem Lastwagen in unbeschreiblicher Weise viehisch bearbeitet. Als sie blutend am Boden lagen, wurde ihnen befohlen, stramm zu stehen. Nachdem die beiden wie leblos dalagen, setzte sich das Auto in Bewegung. Etwas so Schreckliches hatten wir im ganzen Feldzug nicht erlebt. Als ein Soldat mit dem Messer auf sie losgehen wollte, ließ der Transportführer, ein jugendlicher Herr, der vorher unserer Vernehmung beim Kriegsgerichtsrat Jörns beigewohnt hatte, dies nicht zu. Die andern Misshandlungen ließ er stillschweigend zu. Der Matrose hatte uns erzählt, er sei verhaftet worden, weil er mit dem Rad gegen einen Drahtverhau gefahren war. Der Russe, weil er auf der Straße gesagt hatte, Deutschland sei noch nicht reif zum Bolschewismus.

Vor dem Zellengefängnis angekommen, wurden die beiden, obwohl sie ganz hinten lagen, als erste herausgezogen. Sie waren also wohl schon gemeldet. Sie wurden in das Gefängnis geschleift, wir hatten den Eindruck, als wenn man Zeugen fernhalten wollte. Die Soldaten, Angehörige der Reinhardttruppen, mehr oder weniger betrunken, empfingen die beiden mit tierischem Gebrüll. Wir sahen, wie die Gefangenen durch den Gefängnisflügel hindurchgeworfen wurden in den Hof. Ein Soldat kam zurück und zeigte sein abgebrochenes Gewehr mit den Worten: »Jetzt kommt die andere Hälfte auch noch dran.« Als wir vor die Schreibstube kamen, hörten wir im Hof Schüsse fallen.«

Die früheren Reichswehrsoldaten (Pioniere), Schlosser Adalbert Arndt und stud. ing. Arthur Schneider kamen am 20. März 1922 vor das Schwurgericht des Landgerichts I (Vorsitz: Landgerichtsdirektor Dr. Weigert). Zeugen bestätigten, dass die beiden mit Gewehrkolben auf die waffenlosen Gefangenen eingeschlagen hatten, andere, dass sie geschossen hatten. Die drei Leichen wurden zunächst auf einen Müllhaufen, dann von einem Lastauto, das Schneider lenkte, in den Tiergarten geworfen. Arndt und Schneider wurden wegen versuchten Totschlags und schwerer Körperverletzung zu je 1 Jahr und 6 Monate Zuchthaus verurteilt.

### Die Erschießung von drei Jungen

Am 10. März kamen zu dem jungen Kurt Friedrich (16 Jahre) seine beiden Freunde Hans Galuska (16 Jahre) und Otto Werner (18 Jahre) in die Wohnung der Mutter des Friedrich, am Schlesischen Bahnhof 3, zu Besuch. Die drei jungen Menschen hatten sich nie mit Politik beschäftigt. Sie waren kaum beisammen, als 8 Regierungssoldaten auf Grund einer Denunziation ankamen. Sie durchsuchten die Wohnung, ohne dass ihnen auch nur ein einziges belastendes Stück in die Hände gefallen wäre. Darauf erklärten sie die drei jungen Menschen für verhaftet und führten sie ab. Die letzten Worte, die Kurt Friedrich sagen konnte, waren: »Mutter, meine Papiere sind in Ordnung, ich habe nichts auf dem Gewissen«.

Die Mutter begab sich in die Schule in der Andreasstraße, wo Reinhardttruppen lagen, und sah, wie die Drei abgeführt wurden und schrecklich heulten. Der befehlshabende Offizier ließ die Frau nicht zu Worte kommen. Am 12. März, nach zwei schrecklichen Tagen des Wartens, erhielt Frau Friedrich von Bekannten die Nachricht, Hans Galuska läge im Leichenschauhaus. Sie fand dort die drei jungen Freunde als Tote wieder. Sie waren am 11. März als »unbekannt« eingeliefert worden. Kurt Friedrich hatte einen Kopf- und Hüftschuss. Die neuen Stiefel waren ihm gestohlen. Hans Galuska hatte ebenfalls zwei Schusswunden, darunter eine an der Stirn, und mehrere Verletzungen durch Schläge. Es fehlten ihm: Hut, Kragen, Kravatte, Ulster, Jackett und Stiefel. Otto Werners Gesicht war beinahe unkenntlich, außerdem war der eine Arm völlig zerschossen, so dass anzunehmen ist, dass er ihn vors Gesicht gehalten hat. Die Sache wurde der Staatsanwaltschaft mitgeteilt. Es erfolgte jedoch weder gegen die beteiligten Mannschaften noch gegen die verantwortlichen Offiziere ein Verfahren.

### Handgranatenstiele als Erschießungsgrund

Am 11. März wurde in der Wohnung des Tischlers Richard Borchard eine Haussuchung gehalten, da er angeblich geschossen hatte. Es wurde nur ein leerer russischer Patronenrahmen ohne Munition gefunden, den ein Verwandter 1914 als Andenken aus dem Feld geschickt hatte. Daraufhin wurde er verhaftet und kam in das Polizeipräsidium. Am Dienstag, den 18. März, fand die Frau ihren Mann als Leiche im Schauhaus wieder. Er hatte einen Schuss durch den Kopf erhalten. Dem Getöteten hatte man die neuen Schuhe und Strümpfe weggenommen.

Borchardt hatte sich politisch nie betätigt, er war ein Gegner des Aufstandes und stand auf seiten der Regierungstruppen.

Bei einer Waffensuche bei dem Arbeiter Paul Dänschel in der Andreasstr. 62 fanden Soldaten aus dem Korps Lüttwitz am 12. März zwei Handgranatenstiele und ein altes Seitengewehr. Die Stiele entstammten der Fabrik, in der der 19-jährige Sohn der Familie, Alfred, beschäftigt war. Er hatte die Stiele mit nach Hause genommen, um sich daraus ein Schreibzeug anzufertigen. Am 12. wurden Vater und Sohn aus dem Bett heraus verhaftet und, ohne dass irgendein Grund vorlag, in der Handwerkerschule Andreasstr. 1/2 erschossen. Die Vernehmung war durch den Leutnant Siegfried Winter aus Adlershof, Bismarckstr. 25, geleitet worden. Dieser gab auch Auftrag, die Leichen abzuholen. Als die Feuerwehr die Toten abholte, waren ihnen sämtliche Wertsachen und Papiere abgenommen, auch die Schuhe hatte man ihnen geraubt. Winter wanderte nach Argentinien aus. Am 11. Dezember 1920 stellte der Oberstaatsanwalt vom Landgericht I, Berlin das Verfahren ein.

## Die 29 Matrosen

Die amtliche Nachricht lautete: »In der Französischen Str. 32 wurde gestern die Kassenverwaltung der Volksmarinedivision von Regierungstruppen besetzt. Frühere Angehörige der jetzt aufgelösten Volksmarinedivision, die von dort noch Gelder holen wollten, sind festgenommen worden. Die Gefangenen trugen teilweise noch Waffen. Infolgedessen kam es bei der Verhaftung zu tätlichem Widerstand. Die Mannschaften der Regierungstruppen ließen sich von ihren Führern kaum vor Übergriffen zurückhalten, da die Erbitterung durch die Vorgänge der letzten Tage natürlich sehr angewachsen war. Es wurde Munition, darunter auch Dumdumgeschosse, beschlagnahmt. Von den rund 250 Gefangenen mussten 24 auf der Stelle erschossen werden. Die übrigen sind unter starker Bedeckung in das Moabiter Zellengefängnis eingeliefert worden und sehen dort einer Aburteilung durch das außerordentliche Kriegsgericht entgegen.«

Der wirkliche Vorgang war: Am 11. März 1919 war ein Löhnungsappell der Volksmarinedivision angesetzt. General Lüttwitz gab dem Leutnant Marloh Auftrag, dort möglichst viele Mitglieder zu verhaften. Die 250 Matrosen, die völlig ordnungsliebende Elemente waren, – ein Teil hatte bei den Unruhen die Reichsbank bewacht, – kamen einzeln, beinahe alle unbewaffnet, um sich die ihnen zustehende Löhnung zu holen. Sie wurden einzeln überwältigt und gefangengesetzt.

Marloh fühlte sich durch die vielen Gefangenen bedroht und telephonierte an Oberst Reinhardt um Hilfe. Oberst Reinhardt sagte zu Leutnant Schröter: »Gehen Sie zu Marloh und sagen Sie ihm, er müsse durchgreifen. Denken Sie an Lichtenberg, wo 60 Polizeibeamte erschossen wurden«. Schröter meldete Marloh, er solle energisch durchgreifen. Marloh telefonierte gleich darauf nochmals um Hilfe. Darauf ließ Oberleutnant v. Kessel dem Marloh durch Leutnant Wehmeyer ausrichten: »Bestellen Sie dem Oberleutnant Marloh, dass Oberst Reinhardt sehr wütend sei, weil er gegen die 300 Matrosen zu schlapp vorgehe. Er solle in ausgiebigstem Maße von der Waffe Gebrauch machen, und wenn er 150 Mann erschösse. Alles, was er erschießen könne, solle er erschießen. Die Verstärkung würde noch ein bis eineinhalb Stunden auf sich warten lassen. Oberst Reinhardt wisse auch gar nicht, wo er mit den 300 Leuten bleiben solle.«

Marloh gehorchte, sortierte die Leute, indem er diejenigen, die besonders intelligent erschienen, gute Anzüge oder Schmucksachen hatten, besonders stellte. Dann ließ er durch den Offizierstellvertreter Penther 29 Leute mit dem Maschinengewehr erschießen. »Die Schusswirkung war furchtbar. Vielen Leuten wurde die Schädeldecke völlig abgerissen. Die Gehirnmasse spritzte umher, Leichen und Verwundete fielen übereinander.« Die Namen der Ermordeten sind nach der »Zukunft« (29. November 1919): Jakob Bonczyk, Paul Brandt, Theodor Biertümpel, Ernst Bursian, Kurt Dehn, Otto Deubert, Willy Ferbitz, Robert Göppe, Baruch Handwohl, Walter Harder, Alfred Hintze, Anton Hintze, Hermann Hinze, Walter Jacobowsky, Otto Kanneberg, Willy Kuhle, Max Kutzner, Martin Lewitz, Herbert Lietzau, Max Maszterlerz, Ernst Mörbe, Karl Pobantz, Paul Rösner, Siegfried Schulz, Paul Ulbrich, Werner Weber, Karl Zieske, Gustav Zühlsdorf. Die anderen Matrosen wurden ins Gefängnis geschafft und bald darauf als unschuldig entlassen.

Marloh erstattete einen wahrheitsgetreuen Bericht an Oberleutnant v. Kessel. Auf Anraten Kessels ersetzte er ihn Mitte Mai durch einen anderen, wonach er die Erschießung durch eigenen Entschluss auf Grund des Noske-Erlasses vorgenommen habe. Zuletzt wurde in Gegenwart des Obersten Reinhardt noch ein dritter Bericht geschrieben. Marloh blieb monatelang unbehelligt. Erst als ein Haftbefehl am 2. Juni vorlag, riet ihm Kessel zu flüchten, und stellte ihm zu diesem Zwecke falsche Papiere aus, die Leutnant Wehmeyer dem Marloh übergab. Leutnant Hoffmann brachte ihm Geld. Am 9. Dezember wurde Marloh von der Anklage des Totschlags und des Missbrauches der Dienstgewalt freigesprochen, wegen unerlaubter Entfernung zu drei Monaten Festung und wegen Benutzung gefälschter Urkunden zu 30 Mk. Geldstrafe verurteilt. In der Urteilsbegründung wurde festgestellt, »dass die Erschießungen objektiv unberechtigt waren, dass die Matrosen, die mit Waffen kamen, gültige Waffenscheine besaßen, dass keine Plünderer dabei waren, dass die Lage Marlohs nicht so bedrohlich war, dass er zum Waffengebrauch berechtigt war, dass er jedoch glaubte, einen Dienstbefehl vor sich zu haben« (Vorsitzender: Kriegsgerichtsrat Welt).

Der Ausschuss II für Feststellung von Entschädigung für Aufruhrschäden verneinte den Anspruch der Hinterbliebenen auf eine Rente, da die Erschießungen in Ausübung der Staatsgewalt als ein Akt der Strafvollstreckung erfolgt seien.

### Vizewachtmeister Marcus

Vizewachtmeister Marcus vom Freikorps Lützow hatte am 12. März Befehl, die Langestraße abzusperren. Er schritt mit 25 Mann die Straße ab und rief laut »Straße frei, Fenster zu!« Angeblich ist dieser Befehl nicht beachtet worden. Unter anderem sah er aus dem Fenster eines Hauses eine weibliche Gestalt auf die Straße heruntersehen. Angeblich hat er darauf auf ein daneben befindliches blindes Fenster geschossen, aber das offene Fenster getroffen. Durch diesen Schuss wurde die zwölfjährige Schülerin Slovek getötet. Ein anderes Mädchen, Erwine Dahle, erhielt einen Herzschuss, als es aus einem Schlächterladen trat. Der 73-jährige Fliesenleger Karl Becker ist durch einen Kopfschuss getötet worden. Auf die gleiche Weise kamen dann noch drei Menschen um, die nicht die geringste Beziehung zu den damaligen Unruhen hatten.

***

Der Eisenbahnarbeiter Alfred Musick wurde am 12. März 1919 in seiner Wohnung nach einer ergebnislosen Haussuchung durch Soldaten des Freikorps Lüttwitz verhaftet und nach der Andreasschule transportiert. Oberleutnant Wecke ließ ihn mit vier anderen abtransportieren. Die Fünf wurden beim Passieren der Schillingbrücke angeschossen und ins Wasser geworfen. (Aussagen der Begleitmannschaft: »Die Fünf schwimmen schon.«) Musick konnte sich schwerverletzt durch Schwimmen retten, wurde entdeckt und wieder in die Andreasschule geführt. Vizewachtmeister Marcus führte ihn in die Revierstube, kam zurück und erzählte: »Oben habe ich ihn vor die Wand gestellt und gesagt, gehen Sie nur herein; darauf antwortete er, hier ist ja keine Tür, in dem Moment hatte ich ihn schon in den Kopf geschossen«. Die Leiche wurde beraubt und als unbekannt in die Sammelstelle in der Distelmeyerstr. eingeliefert.

***

Am 13. März wurden Paul Biedermann und Hans Gottschalk auf dem Wege zur Arbeit in der Friedrich-Karl-Straße auf Grund einer Denunziation verhaftet, in ein Lokal eingesperrt und vom Posten durch das Fenster erschossen.

***

Berthold Peters (geboren 28. März 1888), Klempner, seit Kriegsausbruch Matrose, wurde am 13. März 1919, vormittags 9-1/2 Uhr von einem Trupp Soldaten unter Führung eines Offiziers in seiner Wohnung, Tilsiter Str. 49, verhaftet, zum Hauptmann Poll in die Patzenhoferbrauerei, von dort in die Bötzowbrauerei geführt und vor 1 Uhr erschossen. Die Leiche wurde ausgeplündert: Uhr, Kette, Ring, Brieftasche, Börse und Stiefel wurden geraubt. Er war von Nachbarn als Spartakist denunziert worden. Ein Strafverfahren fand nicht statt. Die Hinterbliebenen bekamen im Zivilprozess gegen den Fiskus eine Rente von 500 M. monatlich zugebilligt.

### Zwei Erschießungen durch Leutnant Baum

Bei einer nächtlichen Runde des Detachements v. Grothe trat ein unbekannt gebliebener Mann, der einen Ausweis des Reichswehrministers vorwies, auf den Leutnant Baum zu und sagte: »Herr Leutnant, lebt der Zigarrenhändler Müller noch? Wenn Sie den kriegen, erschießen Sie ihn, den habe ich zweimal hinter den Barrikaden gesehen!«

Baum begab sich nun am 12. März mit 10 Mann in das Zigarrengeschäft Memeler Str. 19. Johann Müller war gerade beim Rasieren und kam mit eingeseiftem Gesicht aus dem Hinterzimmer. Baum durchsuchte die Wohnung. Es wurden weder Waffen noch Munition gefunden.

Der Leutnant sagte zu Müller: »Sie agitieren ja für die Unabhängigen; Sie haben acht Karten mit verdächtigen Punkten. Ich habe von anderen gehört, Sie haben auf uns geschossen. Verabschieden Sie sich von Ihrer Frau. Es ist meine Pflicht, Sie jetzt zu erschießen!« Die Frau und Tochter schrien laut auf. Leutnant Baum erblickte in dem stillschweigenden Verharren des Müller ein Schuldbekenntnis. Müller verrichtete ein Gebet, wurde dann an die Wand gestellt und 6 Mann schossen auf ihn. Müller brach zusammen. Ein Sanitäter sollte sich von der Vollstreckung des Todesurteils überzeugen und die Leiche wegschaffen. Der Sanitäter fand den Müller noch lebend. Auf Befehl des Angeklagten gab der zur Patrouille gehörende russische Schüler Alexander Köhler dem Müller den Gnadenschuss.

### Jogiches und Dorrenbach

»Am 10. März wurde auf Befehl Noskes der Redakteur der »Roten Fahne« Leo Jogiches durch Angehörige der Gardekavallerie-Schützendivision verhaftet. Er sollte durch einen Soldaten dem Untersuchungsrichter zugeführt werden. Im Gebäude des Kriminalgerichts griff Jogiches den Soldaten« (Kriminalwachtmeister Ernst Tamschik) »an und wurde von ihm auf der Stelle niedergeschossen. Ein gleicher Fall war im Gebäude des Kriminalgerichts schon am Tage vorher vorgekommen.«

Dorrenbach, ein früherer Offizier, hatte sich der Revolution angeschlossen und wurde Führer der Volksmarinedivision. Wegen der Berliner Spartakusunruhen schwebte gegen ihn ein Haftbefehl. In Eisenach wurde er am 12. Mai 1919 verhaftet und am 17. Mai durch den Staatsanwalt vernommen. Beim Rücktransport ins Gefängnis soll er einen Fluchtversuch unternommen haben und wurde von den Soldaten niedergeschossen. Schwer verletzt wurde er in die Charité gebracht, wo er starb. Vor seinem Tod erklärte er seinem Rechtsanwalt ausdrücklich, er sei nicht geflohen. Den tödlichen

Schuss hatte ebenfalls Kriminalwachtmeister Ernst Tamschik abgegeben. Tamschik wurde später zum Leutnant bei der Sicherheitswehr Charlottenburg ernannt. Dann kam er zur Sicherheitspolizei nach Ostpreußen.

### Zwei Erschießungen auf der Flucht

Am 13. März 1919 wurden der Maschinenschlosser Georg Fillbrandt und der Arbeiter Paul Szillinski in ihren Wohnungen Kastanienallee 29-30, nach ergebnislosen Haussuchungen, ohne dass ein Haftbefehl vorlag, durch 4 Offiziere bzw. Fähnriche verhaftet, zum Stab des 1. Streifbatl. Reinhardt in der Griebenowstraße gebracht, und nach einem kurzen Verhör auf dem Exerzierplatz an der Schönhauser Allee von den begleitenden Soldaten erschossen. Die Leichen wurden ausgeplündert und an Ort und Stelle liegen gelassen. Als die Frau des Szillinski und die Tochter des Fillbrandt sich bei dem Stab erkundigten, wurde ihnen ein Protokoll vorgelesen, dass beide auf der Flucht erschossen worden seien. Durch die Zeugen Wilh. Domke, Herm. Kastner, Martha Pertz und Erich Abraham, welche der Erschießung zusahen, wurde aber festgestellt, dass die Verhafteten ruhig neben den Soldaten gegangen waren, und als die Soldaten »Halt« kommandierten, noch um ihr Leben gebeten hatten.

### Die Einnahme von München

Am 1. Mai zogen die Truppen der Regierung Hoffmann in München ein. In dem amtlichen Communiqué schreibt die Regierung: »Nunmehr liegt das Ergebnis der von der Polizei angestellten Erhebungen über die Zahl der Opfer der Münchener Kampftage vom 30. April bis 8. Mai vor. Es bedurfte umfangreicher Arbeit, um diese Zusammenstellung anfertigen zu können. Die Leichenfrauen wurden angewiesen, alle Toten, die beerdigt wurden, zu melden. Auf Grund dieses Materials wurde dann durch die Kriminalkommissare bei den Angehörigen der nähere Sachverhalt erhoben. Bot dieser Weg auch keine Gewähr für die vollständige Richtigkeit, so war er doch der einzige, der eine einigermaßen verlässliche Zusammenstellung ermöglichte.

Die Zahl der Todesopfer der Kämpfe beträgt nach dieser Zusammenstellung 557. Davon fielen kämpfend 38 Mann der Regierungstruppen, 93 Angehörige der Roten Armee, 7 Russen und 7 Zivilpersonen. Standrechtlich erschossen wurden 42 Angehörige der Roten Armee und 144 Zivilpersonen. Bei 42 Toten konnte weder der Name, noch die Art des Todes festgestellt werden. Vermutlich befinden sich unter diesen 42 unbekannten Personen 18 Russen.

### »Da haben wir Schwein gehabt«

Huber, Karl, Landsberger Str. 153, 27 Jahre alt, Mitglied der K.P.D., wurde am 30. April nachts aus dem Bett geholt und am andern Morgen nach kurzem Verhör erschossen. Zeugen bestätigen, dass Huber in keiner Weise an Kampfhandlungen beteiligt war. Huber hatte bei seiner Festnahme etwa 30 Mark in Bargeld, eine goldene Uhr, eine Uhr mit Stahlgehäuse, Gamaschen und eine Brieftasche bei sich. Sämtliche Gegenstände fehlten. Als die Schwester des Huber am 23. Mai wegen der Erschießung ihres Bruders Erkundigungen einziehen wollte, hörte sie zufällig, wie vor dem Hause, in dem die 2. Kompagnie des 1. Württembergischen Drag.-Regts. einquartiert war (Harlaching, Über der Klause), zwei Posten sich äußerten: »Mit dieser schweren Brieftasche und mit den Gamaschen haben wir mal Schwein gehabt.«

***

Faust, Schreiner, leistete am 2. Mai freiwillig Sanitätsdienste bei der Armee v. Oven und trug eine Rote Kreuzbinde. Die Soldaten sahen dies für einen Ausweis der Roten Armee an und erschossen ihn. Kein Verfahren.

### Gustav Landauer

Über die Art der »Unglücksfälle« orientiert weiter folgender Bericht in der Münchener »Neuen Zeitung« vom 3. Juni 1919: »Am 2. Mai stand ich als Wache vor dem großen Tor zum Stadelheimer Gefängnis. Gegen 1-1/4 Uhr brachte ein Trupp bayrischer und württembergischer Soldaten Gustav Landauer. Im Hof begegnete der Gruppe ein Major in Zivil (im Prozess als Rittergutsbesitzer Freiherr v. Gagern festgestellt), der mit einer schlegelartigen Keule auf Landauer einschlug. Unter Kolbenschlägen und den Schlägen des Majors sank Landauer zusammen. Er stand jedoch wieder auf und wollte zu reden anfangen. Da rief ein Vizewachtmeister: »Geht mal weg!« Unter Lachen und freudiger Zustimmung der Begleitmannschaften gab der Vizewachtmeister zwei Schüsse ab, von denen einer Landauer in den Kopf traf. Landauer atmete immer noch. Unter dem Ruf: »Geht zurück, dann lassen wir ihm noch eine durch!« schoss der Vizewachtmeister Landauer in den Rücken, dass es ihm das Herz herausriss und er vom Boden wegschnellte. Da Landauer immer noch zuckte, trat ihn der Vizewachtmeister mit Füßen zu Tode. Dann wurde ihm alles heruntergerissen und seine Leiche zwei Tage lang ins Waschhaus geworfen.«

Freiherr v. Gagern bekam vom Amtsgericht München am 13. September 1919 einen Strafbefehl über 300 Mark. Das Verfahren gegen weitere Beteiligte wurde eingestellt.

Außer Landauer wurden in den ersten Maitagen in Stadelheim noch über 30 wehrlose Gefangene von den Soldaten ohne weiteres Verfahren umgebracht. Herr Weigel teilt mir hierüber mit: »An der Wand eines inneren Gefängnishofes, dessen Tor auf den Friedhof hinausführt, habe ich an der Mauer in Brusthöhe 50 bis 60 Gewehreinschläge gesehen. Rekognosziert werden sollten 30 bis 40 Tote. Sie waren nach den Angaben der Gefängnisverwaltung aus dem Massengrab, wo sie ohne Särge lagen, herausgeholt und in die Särge gelegt worden. An das Massengrab zu gehen, wurde mir nicht gestattet. Nur wenige Särge wiesen Namen auf, darunter einen weiblichen.«

***

Bauer, Josef, Monteur, Schönstr. 60, 20 Jahre, parteilos, wurde am 3. Mai in Schleisheim angeblich wegen eines bei ihm vorgefundenen Briefes festgenommen, kurz darauf erschossen und ausgeraubt.

***

Nagl, Josef, Maurerpolier, 31 Jahr, Sauerlach, wurde am 3. Mai in seiner Wohnung festgenommen und am Starnberger Bahnhof erschossen. Die Erschießung erfolgte, da angenommen wurde, Nagl sei Eigentümer eines in seiner Wohnung vorgefundenen Gewehres, das jedoch nachweislich einem bei Nagl wohnenden Alois Stöttel gehörte. Nach seiner Erschießung wurde die Leiche vollständig ausgeraubt. Es fehlten 100 Mark Bargeld. Nagl hinterlässt seine Frau.

***

Stettner, Josef, Xylograph, Baaderstr. 65, wurde am 3. Mai bei Hilfeleistung eines Verwundeten am Gärtnerplatz erschossen. Hinterlässt Frau und sechs Kinder.

***

Tischer, Johann, Maler, 37 Jahr, Zeppelinstr. 23, wurde am 3. Mai aus seiner Wohnung geholt, kam etwa nach einer halben Stunde zurück und wurde auf Grund einer Bemerkung, die er den Soldaten gegenüber gemacht hatte, wieder festgenommen und kurz darauf im Lehrerinnenseminar in der Frühlingstr. erschossen.

Zull, Josef, Kutscher, 20 Jahr, Winterstr. 4, wurde am 3. Mai in seiner Wohnung verhaftet, schwer misshandelt, halb erschlagen und am Kandidplatz erschossen. Er war bei der Republikanischen Schutzwehr gewesen.

### Die 21 katholischen Gesellen

Am 6. Mai fand eine Versammlung des katholischen Gesellenvereins St. Joseph wegen Theaterangelegenheiten im Vereinslokal, Augustenstr. 71, statt. Sie wurde als »spartakistisch« denunziert. Auf Grund eines Befehls des Hauptmanns v. Alt-Stutterheim wurden die Gesellen durch eine Patrouille unter Führung des Offizierstellvertreters Priebe verhaftet, weil ein Versammlungsverbot existierte. Hauptmann v. Alt-Stutterheim musterte die Verhafteten auf der Straße. Die Leute schrien, sie seien unschuldig; er sagte, das gehe ihn nichts an, und ließ es zu, dass die Leute furchtbar misshandelt wurden. Sieben Gefangene wurden im Hof des Hauses Karolinenplatz 5 erschossen. Die anderen wurden in den Keller eingeliefert. Die Soldaten, zum Teil in angetrunkenem Zustand, trampelten auf den Gefangenen herum, stießen sie wahllos mit dem Seitengewehr nieder und schlugen derartig um sich, dass ein Seitengewehr sich verbog und dass das Hirn herumspritzte. So töteten sie weitere 14 Leute und plünderten dann die Leichen aus. Fünf Gefangene wurden schwer verwundet. »Die Leichen der Erschossenen schauten fürchterlich aus. Einem war die Nase ins Gesicht hineingetreten, andern fehlte der halbe Hinterkopf«. »Wenn einer der Verwundeten sich noch regte, wurde auf ihn eingeschlagen und eingestochen. Zwei Soldaten, die sich umfasst hatten, führten einen wahren Indianertanz neben den Leichen auf, schrien und heulten.«

### Der Polizeiagent Blau

Blau war Agent und Lockspitzel der politischen Polizei. Er gehörte im Aufstand vom Januar 1919 zur Besatzung der Büxensteindruckerei und hatte auch ein Auto beschlagnahmt. Nach dem Sturz der Räterepublik war er in München tätig und gab sich dort als flüchtiger, unterstützungsbedürftiger Kommunist aus. Er wurde erkannt und nach Berlin gelockt. Dort wurde er in einer Kommunistenversammlung am 1. August 1919 als Spitzel festgestellt; wollte jedoch einen Gegenbeweis antreten. Er übernachtete mit Hoppe bei einem gewissen Pohl. Dort erschien dann nach Angabe Hoppes ein nicht ermittelter Polizeiagent und bot Hoppe Gift an, um Blau umzubringen. Am nächsten Tag übernachteten Blau und Hoppe in der Wohnung Winklers. Dort erschienen nach Angabe Hoppes drei Leute, darunter wahrscheinlich der Polizeiagent Schreiber, boten ihm dieselbe Flasche Morphium an und forderten, man müsse mit Blau Schluss machen. Daraufhin habe er die Wohnung verlassen, sei jedoch zurückgekehrt. Unterdessen sei Blau ermordet worden. Die Leiche wurde dann in den Kanal geworfen. Dort wurde sie am 7. August gefesselt gefunden.

### Taten der Demminer Ulanen

In Gnoien zogen am 18. März 1920 die Demminer Ulanen unter dem Rittmeister Obernitz ein, weil die Arbeiter dort die Herrschaft Kapps nicht anerkannten. Der Maurer Gräbler, Vorsitzender der dortigen U.S.P., wurde morgens früh aus dem Bett geholt und trotz allen Bittens seiner Frau und seiner sechs Kinder auf Befehl eines Offiziers ohne Verhör, 100 Meter von seinem eigenen Haus entfernt, auf offener Straße erschossen. Die Truppen verhafteten dann 96 Arbeiter und brachten sie nach Demmin. Dabei wurde der 63-jährige Puffpoff derartig misshandelt, dass er zusammenbrach und nach kurzer Zeit starb. Kurz vor Demmin schossen dort aufgestellte Soldaten in den Gefangenentrupp hinein, töteten vier und verletzten sehr viele.

Am 19. März 1920 rückte die Reichswehr aus Demmin, unter Führung des Leutnants Meinecke, Bataillon »Jarmen« in Stavenhagen ein, wo alles ruhig war. Sie gaben Befehl: »Straße frei!« und als dies nicht sogleich erfolgen konnte, schossen sie in die Menge. Um zu vermitteln, ging der 60 jährige Stadtrat Seidel mit erhobenen Händen auf die Straße und wurde nach wenigen Worten sofort erschossen. Das Verfahren gegen Meinecke wurde eingestellt, »da er in Notwehr gehandelt habe.«

### Die 14 Arbeiter von Bad Thal

Beim Kapp-Putsch erklärte sich der Kommandeur der Reichswehrbrigade 15, Generalmajor Hagenberg, für Kapp. Die Regierung von Gotha jedoch hielt zur Verfassung, wurde für abgesetzt erklärt und zum Teil im Namen des Reichskanzlers Kapp verhaftet. Freiherr v. Schenk, Bezirksbefehlshaber von Marburg, weigerte sich, am 14. März eine Erklärung zu geben, ob er zu Ebert oder zu Kapp halte, und erklärte, nur den Befehlen, die aus Kassel kämen, zu gehorchen. In Kassel aber war General von Schöler, der zu Lüttwitz hielt. Am 19. März forderte v. Schenk zur Bildung einer Studentenwehr auf. Am 20. März 1920 rückte das hauptsächlich aus Korporationsstudenten zusammengesetzte Zeitfreiwilligen-Bataillon unter Führung des Fregattenkapitäns v. Selchow von Marburg nach Thüringen aus, um dort »Ruhe und Ordnung« wiederherzustellen. Die Studenten zogen mit Musik, mit Fahnen und Bändern geschmückt, aus. Der Rektor beschwor den Geist von 1914. Es kamen nämlich von den militärischen Dienststellen alle möglichen Schauermeldungen über das »in vollem Aufruhr befindliche Thüringen«, über die »Machtzentren der aufrührerischen Bewegung« in dem friedlichen Ruhla, über die »heftigen Kämpfe um Gotha, Erfurt, Eisenach«, über »Artillerie, Minenwerfer und zahlreiche Maschinengewehre«.

(Broschüre des Feldwebels Schaumlöffel: »Das Studentenkorps Marburg in Thüringen«.) Trotzdem muss Schaumlöffel zugeben, dass das Bataillon am Tage darauf »vom Gegner unbehelligt in Eisenach einzog«, und vier Tage darauf zieht das Bataillon ebenso »unbehelligt«, ohne ein einziges Mal ins Gefecht gekommen zu sein, natürlich auch ohne einen einzigen Toten, Verwundeten oder Vermissten, in Gotha ein.

Auch in Bad Thal war alles ruhig. An Hand einer Liste, die auf Grund völlig beweisloser Denunziationen zusammengestellt war, wurden 15 Arbeiter festgenommen. Fünf davon waren Mitglieder der Demokratischen Partei. Am 25. März, morgens 7 Uhr, trat das Bataillon den Vormarsch auf Gotha an. Die verhafteten »Spartakisten« (natürlich sämtlich unbewaffnet), von einer Anzahl Studenten bewacht, beschlossen, in 500 m Abstand von der Truppe, den Zug. Noch vor 8 Uhr morgens wurden sie alle 15 in der Nähe Mechterstedts von den Studenten teils auf der Straße, teils unmittelbar am Rand der Straße erschossen. Die Leichen blieben ganz einfach liegen, der Zug ging singend weiter.

Die Studenten wurden von der Anklage des Totschlags und Missbrauchs der Waffe freigesprochen.

### Linksmorde beim Kapp-Putsch

In der Gemeinde Kleinkugel bei Halle existierte eine Einwohnerwehr mit 14 Gewehren und einem Maschinengewehr. Während des Kapp-Putsches forderten die Arbeiter von den Gutsbesitzern Herausgabe der Waffen. Auf Anraten der Reichswehr versteckte der Gutsbesitzer Walter die Gewehrschlösser. Am 18. März holte die Reichswehr die Gewehre ab. Am 19. März fuhr sein Sohn per Rad nach Halle, um Geld dorthin zu bringen. Er nahm dabei die Gewehrschlösser mit. In Kanena wurde er von den Arbeitern aufgehalten, die Gewehrschlösser wurden gefunden. Walter wurde zur Grube Alwiner Verein als Gefangener geführt. Dort wurde ihm vorgeworfen, dass die Reichswehr auf sein Anraten Leute erschossen habe. Die Arbeiter beschlossen darauf ihn zu töten und teilten ihm dies mit. Er wurde von zwei Arbeitern zu einem Trockenschuppen geführt und dort um 3/4-10 Uhr durch einen Kopfschuss getötet. Der Arbeiter Rasch wurde bei der Verhandlung freigesprochen, da Zeugen beschworen, dass er nicht der Mörder sei.

***

Am 21. März 1920 kamen einige Kaliarbeiter aus Staßfurt zu dem Rittergutsbesitzer Henze in Trebitz und verlangten Wagen, um nach Halle fahren zu können. Die Bahn ging nämlich nur bis Wallwitz. Henze weigerte sich zunächst. Bald darauf kamen 40 weitere Arbeiter mit Handgranaten und entsicherten Gewehren. Henze und seine Schwester wurden umringt. Es kam zu einem heftigen Wortwechsel und Tätlichkeiten. Henze erhielt einen Lungenschuss und einen Kolbenschlag auf den Schädel, seine Schwester einen Herzschuss. Als Mörder des Henze wurde der Arbeiter Karl Felix aus Hechlingen, der den tödlichen Schlag getan, unter Zubilligung mildernder Umstände zu fünf Jahren Gefängnis und der Kesselschmied Erich Rolle aus Hechlingen zu 12 Jahren Zuchthaus, der Mörder von Fräulein Henze, der Arbeiter Karl Steinbach aus Wallwitz, ebenfalls zu 12 Jahren Zuchthaus verurteilt.

***

Der Reichswehrsoldat Sametz wurde am 28. März 1920 von der roten Armee bei Dorsten gefangen genommen. Er wurde dem Maschinisten Gottfried Karuseit aus Gelsenkirchen als Abschnittskommandeur und Leiter der Kämpfe in Dorsten vorgeführt. Dieser ließ ein Kriegsgericht, bestehend aus den Kompagnieführern, die zunächst erreichbar waren, bilden. Die Kompagnieführer verurteilten den Sametz (einen früheren Baltikumer) wegen Spionage zum Tode. Karuseit, der sich später selber als Militärspitzel entpuppte, suchte die Leute zur Vollstreckung des Urteils aus und ließ Sametz noch in derselben Nacht erschießen.

### »Verräter verfallen der Fehme«

Hans Hartung war in Halle und München unter den Kommunisten als Spitzel tätig, gleichzeitig soll er geheime Waffenlager der bayrischen Einwohnerwehr an die Entente verraten haben. In Zusmarshausen waren Waffen der Einwohnerwehr von dem Rittmeister Gustav Beurer unter Mithilfe des Oberleutnants Dr. Josef Berger, des Amtsrichters Wanderer und des Bankbeamten Lorenz versteckt worden. Von Hartung fürchtete man Verrat. Anfang März 1921 wurde seine Leiche bei Zusmarshausen in einem Bach gefunden. Sie war im Auto dorthin gebracht worden. Wahrscheinlich hat Beurer ihn ins Auto gelockt und zusammen mit Berger erschossen. Die Leiche war mit Steinen beschwert, in eine vorher von Berger und Wanderer ausgesuchte tiefe Stelle des Baches geworfen worden. Berger, der sich im Rausch verraten hatte und Beurer wurden im März 22 verhaftet, bereits im Juni aber wegen »Mangels an Beweisen« entlassen.

***

Das Dienstmädchen Maria Sandmeier aus München, Tegernseerlandstraße 20, wurde am 6. Oktober 1920 im Forstenriederpark erdrosselt gefunden.

Die Leiche war im Auto dorthin geschafft worden. Die Sandmeier hatte gedroht, dem Entwaffnungskommissar des Reichs ein Waffenlager anzugeben. Als Täter wurde der Leutnant Hans Schweighart vom Freikorps Oberland in Innsbruck im Dezember 1921 verhaftet und an Bayern ausgeliefert. Eine Verhandlung fand bisher nicht statt.

### Wilhelm Sült

Sült, Führer der Elektrizitätsarbeiter bei mehreren Streiks, wurde am 30. März 1921 durch die politische Polizei (Abt. 1 A) in Schutzhaft genommen. Als er am 1. April zur Vernehmung ins Polizeipräsidium gebracht wurde, soll er nach dem amtlichen Bericht dem Beamten einen Stoß versetzt haben und die Treppe hinaufgesprungen sein, worauf der Beamte, Janike, zweimal auf ihn schoss und ihn in die Leber und Nieren traf. Sült erklärte seinem Rechtsanwalt Dr. Weinberg auf dem Totenbett, er habe weder den Beamten gestoßen, noch sei er geflohen. Als Sült am Boden lag, wurde er von einem Polizeioffizier mit dem Ruf: »Verrecke, Du Aas«, mit Füßen getreten. Zunächst wurde er einfach auf einer Pritsche liegen gelassen. Um 1/2-5 Uhr kam Dr. Eylenburg, wurde aber nicht vorgelassen mit der Begründung, Sült sei schon in der Charité. Erst um 7 Uhr abends kam er dorthin. »Vor der Operation hatte er schon 1-1/2 Liter Blut verloren« (Prof. Lubarsch). Am 2. April, morgens 4 Uhr, starb er. Gegen alle Vorschriften wurde die Leiche bereits am Vormittag seziert. Dr. Klauber, der verabredungsgemäß an der Sektion teilnehmen sollte, fand die Leiche bereits seziert vor. »Es fehlten sämtliche Eingeweide, so dass über die Art der Verletzung durchaus nichts mehr festgestellt werden konnte. Zu meiner großen Überraschung war die Stelle der Einschusswunde herausgeschnitten.«

### Die Schupo in Mitteldeutschland

Als wegen der Märzunruhen 1921 eine Abteilung der Düsseldorfer Schutzpolizei sich Klostermansfeld näherte, ging ihr der stellvertretende Gemeindevorsteher Paul Müller (Kommunist) entgegen, erklärte, im Orte sei alles ruhig, und zog an der Spitze der Polizisten, zusammen mit dem Hauptmann, der das Kommando führte, in den Ort ein. Obwohl er die Arbeiter ausdrücklich gewarnt hatte, wurde aus dem Ort geschossen, wobei Müller natürlich ebenfalls bedroht war. Am Nachmittag wurde Müller aufgefordert, sich bei dem Hauptmann der Schutzpolizei zu melden, was er tat. Um 9 Uhr abends wurde er in Einzelhaft genommen. Am Morgen des 27. März wurde er auf der Chaussee nach Leinbach, etwa 150 Meter vom Orte entfernt, erschossen aufgefunden. Das Gefängnis, in das er angeblich gebracht werden sollte, lag in einer ganz andern Richtung. Die Leiche zeigte am Kopfe Spuren von Misshandlungen.

***

In Querfurt wurden am Ostermontag, 28. März, nach entsetzlichen Misshandlungen die Gefangenen Peter, der Lagerhalter des Konsumvereins Straube (Kommunist) und ein Dritter erschossen.

***

In Besenstedt wurden der Sanitäter Kurt Herzau und der Arbeiter Gustav Thieleke, in Bischofsrode am 1. Ostertag acht Gefangene, darunter der Knecht Pawlack aus Helbra und der Bergmann Weiner und ein gewisser Dietrich durch Düsseldorfer Polizisten, in Schraplau am 2. Ostertag sechs Gefangene, darunter Martin Deutsch, Müller, Poblentz und Trautmann, in einem Kalkofen erschossen.

***

Bei der Einnahme des Leunawerkes sahen die Offiziere bei den Misshandlungen durch Oberwachtmeister Heim und andere Sipoleute zu: Einem Gefangenen, bei dem eine Pistole gefunden worden war, wurde der Schädel eingeschlagen, so dass das Gehirn an die Wand spritzte. Ein anderer musste sich selbst erschießen. Insgesamt wurden neun Leute umgebracht, darunter Lederer, Isecke und Zillmann. In Mitteldeutschland war kein Standrecht verhängt worden. In keinem Fall hat eine Bestrafung stattgefunden.

### Karl Gareis

Karl Gareis war Abgeordneter der U.S.P.D. im bayerischen Landtag. Er hatte sich verhasst gemacht durch seinen Kampf gegen die Einwohnerwehr und durch Aufdeckung einer Spitzelaffäre, bei der ein gewisser Dobner wegen angeblichen Verrats eines Waffenlagers an die Entente von Studenten beinahe umgebracht worden war. Am 10. Juni 1921 wurde er nachts auf dem Heimweg vor seiner Wohnung erschossen.

*Quelle: E. J. Gumbel: Vier Jahre politischer Mord, Berlin-Fichtenau 1922 (Auszüge).*

## Mitgliederversammlung 1929

Wir laden gemäß § 9 der Satzungen der »Deutschen Liga für Menschenrechte e.V.« zu der Jahres-Mitgliederversammlung für Sonntag, den 17. Februar 1929, nach Leipzig, Hotel Sachsenhof, Johannisplatz 1, unsere sämtlichen Mitglieder ein. An die Jahres-Mitgliederversammlung wird sich eine öffentliche Tagung anschließen, zu der alle Freunde unserer Sache herzlichst eingeladen sind.

Thema: »Menschenrechte und Menschenökonomie«.
Referat: Ruldolf Goldscheid-Wien.
Korreferent: Dr. Robert Kuczynski.

### Geschäftsbericht

für die Zeit vom 1. Januar 1928 bis zum 31. Dezember 1928

Im Jahre 1928 stand unsere Bewegung insbesondere im Kampfe a) um die Befriedung der Welt, b) gegen die Todesstrafe, c) für eine großzügige Amnestie, d) gegen das deutsche Justizrecht.

Der nachstehende Bericht gibt von der Tätigkeit der Deutschen Liga für Menschenrechte im einzelnen Kenntnis. Er soll Rechenschaft darüber ablegen, dass die Liga im Sinne der von der Generalversammlung gestellten Aufgaben gearbeitet hat. Wir dürfen an dieser Stelle allen denen, die mit uns gearbeitet haben, unseren Dank für ihre Wegkameradschaft aussprechen. Diesem Dank muss der für alle diejenigen hinzugefügt werden, die der Liga teils durch Bereitstellung von Mitteln, teils durch Bereitstellung ihrer eigenen Arbeitskraft (es sind jetzt täglich neun ehrenamtliche Kräfte in der Geschäftsstelle tätig) geholfen haben. Die Tatsache, dass dies in einem großen Ausmaße geschehen ist, hat uns außerordentlich befriedigt, wenn auch, was die finanziellen Mittel anbetrifft, die Grenze dessen, was wir für unsere Bewegung brauchen, noch lange nicht erreicht ist.

### I. Politischer Teil

A. DEUTSCH-POLNISCHE VERSTÄNDIGUNG

Anläßlich des 26. Weltfriedenskongresses Ende Juli 1928 in Warschau (Delegierte: Otto Lehmann-Rußbüldt, Gen. v. Schoenaich, K. Großmann) fand mit den polnischen Freunden eine Aussprache über eine intensive Arbeit der deutsch-polnischen Verständigung statt. Es wurde beschlossen, in einem von beiden Seiten zu bestimmenden Zeitpunkt in den Grenzgebieten Versammlungstournees zu veranstalten. Die Führung wurde mit den polnischen Freunden (Minister Thugut) anlässlich der Interparlamentarischen Konferenz im September des letzten Jahres erneut aufgenommen. Herr Lehmann-Rußbüldt und Herr Gerhart Seeger werden ein Programm ausarbeiten, welches mit unseren polnischen Freunden zusammen redigiert werden soll.

In den bestehenden deutsch-polnischen Verständigungskomitee (Vorsitzender: Prof. Julius Wolf) erreichten wir, dass eine weitgehende Aufklärung über die deutsch-polnischen Wirtschaftsverhandlungen erfolgte. Durch F. W. von Oertzen, Redakteur der »Vossischen Zeitung«, gelang es, in großen Blättern im Sinne der deutsch-polnischen Verständigung zu den nicht zu Ende kommenden Wirtschaftsverhandlungen Stellung zu nehmen. Diese Aufklärung über den deutsch-polnischen Wirtschaftskrieg soll fortgesetzt werden.

In der Grenzmark Westpreußen waren Lesebücher im Umlauf, welche Stellen enthielten, die eine Verhöhnung der polnischen Minderheit darstellten. Wir konnten erreichen, dass diese Lesebücher aus dem Verkehr gezogen wurden.

B. VÖLKERBUND, ABRÜSTUNG, VÖLKERKONFLIKTE, KELLOGG-PAKT, RHEINLANDRÄUMUNG

1. Zu der Frage der Abrüstung ist ein Buch über die internationale Verflechtung der Rüstungsindustrie (Verfasser: Otto Lehmann-Rußbüldt) abgeschlossen, welches demnächst erscheinen wird. Die russischen Abrüstungsvorschläge (Band 1 und 2 erschienen im Osteuropa-Verlag) wurden in einer von uns arrangierten Versammlung des Deutschen Friedenskartells eingehend gewürdigt. Insbesondere verwies der Vertreter der Liga darauf, dass die Völker, um zu sehen, ob diese Abrüstungsvorschläge Russlands heuchlerisch seien, ja die Probe aufs Exempel machen könnten, indem sie diese als Grundlage einer wahrhaften Abrüstung annähmen. In diesem Sinne hat auch unser Vertreter auf dem 26. Weltfriedenskongress zu Warschau gesprochen. Wir verweisen auf die dort angenommenen Resolutionen, die in Nr. 6–7 der »Menschenrechte« vom 15. September 1928 abgedruckt worden sind. Die Resolution 4: Aufklärung über die internationale Verflechtung der Rüstungsindustrie, und die Resolution 5: Materielle Unterstützung der Friedensgesellschaften, sind von der Liga eingebracht worden.
2. An die Unterzeichner des Kellogg-Paktes appellierten wir, auch die Sowjetunion zur Unterzeichnung in Paris aufzufordern.

3. Wir appellierten an die Französische Liga für Menschenrechte mit der Bitte, mit allem Ernst die Vorgänge in China zu betrachten, die geeignet sind, den Frieden der Welt auf as erheblichste zu stören.
4. Mit der Frage der Rheinlandräumung hat der Vorstand sich in mehreren Sitzungen befasst. Otto Lehmann-Rußbüldt hat den Gegenstand in einem Artikel der »Menschenrechte« vom 15. September 1928, Nr. 6–7, vorgetragen. Zu dem Problem der Rheinlandräumung sprach auch Professor Victor Basch in der bekannten Versammlung vom 11. Mai 1928, deren großer Nachhall als bekannt vorausgesetzt werden darf. In dieser Angelegenheit hatten wir noch nachträglich eine befriedigende Besprechung mit dem Preußischen Minister des Innern, die am 7. Dezember 1928 stattfand. (Vergl. die »Menschenrechte«, Nr. 5, S. 15.)
5. Das Problem Sowjet-Russland versuchten wir in der Form eines kontra-diktatorischen Klubabends, in welchem seit Jahren das erste Mal wieder ein Menschewik und ein Bolschewik zusammen als Referenten auftraten, zu klären.

## C. KAMPF GEGEN DEN FASCHISMUS UND DEN TERROR IN ANDEREN LÄNDERN UND GEGEN DEN ANTISEMITISMUS

1. Zu den Vorgängen in Polen (sogenannter Wahlterror) wandten wir uns an die polnische Regierung mit einer Eingabe, welche eingehend beantwortet wurde.
2. In dem Hromoda-Prozess intervenierten wir nach genauer Prüfung durch einen Experten in Warschau, indem wir der Internationalen Liga für Menschenrechte das Material unterbreiteten.
3. In der Frage des Terrors auf dem Balkan haben wir bei der Internationalen Liga für Menschenrechte und auf dem 26. Weltfriedenskongress in Warschau durch die Stallung von Anträgen versucht, durchzusetzen, dass eine internationale Instanz sich mit diesen Dingen beschäftigt. Die Reise von Henry Guernut und Victor Basch als Vertreter der Internationalen Liga für Menschenrechte unterblieb leider wegen Erkrankung von Guernut und beruflicher Behinderung von Basch. In dem bekannten Boris-Stefanow-Prozess wandten wir uns mit einem Telegramm an den neuen Ministerpräsidenten Maniu, an die Rumänische Liga für Menschenrechte und an den Regentschaftsrat.
4. Wir intervenierten wegen der Verhaftung der Korrespondenten der »Vossischen Zeitung« in Rumänien.

5. Die Deutsche Liga für Menschenrechte wandte sich in nachfolgender Entschließung gegen die Todesstrafe in dem bekannten Schachty-Prozess an die UdSSR. »Ohne zum Schachty-Prozess Stellung zu nehmen und noch viel mehr, ohne etwa Sabotage gegen den Staat der Arbeiter und Bauern zu üben, bittet die Deutsche Liga für Menschenrechte, etwaige Todesurteile nicht zu vollstrecken. Grund der bitte ist allein die Überzeugung der Liga für Menschenrechte, dass Hinrichtung kein Strafmittel fortschrittlicher und aufgeklärter Justiz sein darf.«
6. Zu den Katholikenverfolgungen in Mexiko wurden wir verschiedentlich aufgefordert, Stellung zu nehmen. Obgleich wir uns um zureichendes Material bemühten, konnten wir solches nicht einmal vom Bischof in Osnabrück, der die katholische Protestbewegung in Deutschland leitet, erhalten.
7. Die Friedhofsschändungen gaben uns Veranlassung, uns mit führenden geistigen Persönlichkeiten in Verbindung zu setzen, die ihrerseits in Wort und Schrift gegen diese Kulturschande protestierten. Die barbarische Misshandlung eines jüdischen Flugschülers in Staaken wurde durch unsere Mitglieder der Öffentlichkeit übergeben.

D. GEHEIMRÜSTUNGEN, REICHSWEHR, PANZERKREUZER

1. Die Geheimrüstungen, die in Deutschland weitergegangen sind und, wie das Beispiel in Kirchhain bei Kassel bewies, weitergehen, wurden von uns verfolgt.
2. Den Reichswehretat unterzogen wir auch in diesem Jahre einer Kritik.
3. Gegen den Bau des Panzerkreuzers wandten wir uns:
   a) in einem Zirkular an die Reichstagsabgeordneten, in dem wir auf die Möglichkeit eines Volksentscheids über diese Frage bereits im März die Oppositionsparteien aufmerksam machten;
   b) nach Bekanntwerden des unseligen Regierungsbeschlusses veranstalteten wir am 24. August in Berlin eine überfüllte Versammlung in den Kammersälen, welche die in den »Menschenrechten«, Nr. 6–7, vom 15. September 1928, abgedruckte Entschließung gegen den Panzerkreuzer annahm;
   c) wir traten für das Volksbegehren gegen den Panzerkreuzer ein, ohne der Aufforderung der Kommunistischen Fraktion, in den Ausschuss einzutreten, Folge zu leisten.
4. Gegen den Phoebus-Skandal wandten wir uns durch verschiedentliche Veröffentlichungen, insbesondere durch eine Anfrage des Deutschen Friedenskartells bei den Parteien und bei der Reichskanzlei über die aus

der Phoebus-Affäre sich ergebenden Geheimrüstungen. Der Reichskanzler hat neuerdings geantwortet, dass die Frage der Geheimrüstungen die volle Aufmerksamkeit der Reichsregierung habe.

## E. AUFKLÄRUNG ÜBER DEN DROHENDEN GIFTGASKRIEG

Anlässlich der Hamburger Giftgas-Katastrophe veranstalteten wir mit Gertrud Woker, General von Schoenaich, Heinrich Vierbücher, Otto Benthin und Arthur Holitscher unter dem Titel »Giftgas-Alarm« eine Versammlung, deren Echo besonders durch Bekanntgabe eines Abkommens der Firma Stoltzenberg mit der Gefu (einer Gründung der Reichswehr) in die Welt ging. Das Referat von Gertrud Woker veröffentlichte eine bekannte Wochenschrift.

## F. DEUTSCH-FRANZÖSISCHER SCHÜLERAUSTAUSCH

Über den deutsch-französischen Schüleraustausch des Jahres 1928 liegt ein besonderer Tätigkeitsbericht (16 Seiten, außerdem Bilderbeilagen) vor. Er ist unseren Mitgliedern gegen Vergütung der Unkosten (30 Pf. pro Stück) zugänglich. Ausgetuscht wurden in diesem Jahre 265 Schüler und Schülerinnen von jeder Seite. Die Reichsbahn gewährte Sammeltransporten einen 50prozentigen Nachlass. Die Visa waren, wie in früheren Jahren, vollkommen frei. Die Presse nahm mit außerordentlichem Interesse dieses praktische Verständigungswerk auf. Die Interparlamentarische Konferenz entsandte zu dem Berliner Empfang zwei ihrer Vertreter.

## G. KAMPF GEGEN DIE TODESSTRAFE UND GEGEN DAS JUSTIZUNRECHT

1. Innerpolitisch stand er Kampf gegen die Todesstrafe im Mittelpunkt des letzten Jahres. Wir führten diesen Kampf durch Aufdeckung des Justizmordes an dem Polen Jakubowski. Hier erreichten wir die Wiederaufrollung des Verfahrens. Zwar hat der Wiederaufnahmeprozess noch nicht stattgefunden, aber schon jetzt steht fest, dass das Urteil gegen den Polen Jakubowski vollkommen in sich zusammenbricht. Wenn seine Mitschuld heute noch erwiesen werden kann, so ist das lediglich Zufällen zu verdanken. Das gegen Jakubowski gefällte urteil ist auf Grund von Meineidsaussagen und Aussagen eines inzwischen in der Irrenanstalt verstorbenen 15jährigen Zeugen zustande gekommen.
   Die Aufdeckung der Justizmorde und ihre weitgehende Besprechung in der Presse und in einer von Rudolf Olden und Josef Bornstein verfassten

Broschüre »Der Justizmord an Jakubowski«, herausgegeben im Auftrag der Deutschen Liga für menschenrechte im Tagebuch-Verlag G. m. b H., brachte uns den praktischen Erfolg, dass eine Mehrheit für die Todesstrafe heute im Reichstag nicht mehr vorhanden ist. Auch konnten wir erreichen, dass im Lande Mecklenburg-Strelitz die Fortführung des Falles Jakubowski in klärendem Sinne gesichert ist.

2. Die Fälle Röttcher, Küster und Jacob riefen uns auf den Plan. Röttcher war, wie aus dem Berichtsjahr 1927 noch bekannt sein dürfte, wegen einer Veröffentlichung in der »Menschheit« vom 30. Juli 1927 verhaftet worden. Im Januar-Februar 1928 haben wir durch Unterschriftensammlung, durch die Nachwirkung der großen Leipziger Versammlung, durch Proteste, durch Fühlungnahme mit Einzelpersönlichkeiten die Befreiung Fritz Röttchers erreicht. Auch waren wir in der glücklichen Lage, dass zwei unserer engeren Freunde eine Bürgschaft von 10 000 Mark, die von dem Reichsgericht verlangt wurde, für Röttcher leisteten. Das Verfahren ist inzwischen durch Amnestie erledigt.
   Aber noch eine andere Wirkung hatte jene Leipziger Versammlung vom 7. Dezember 1927. Fritz Küster hatte gewagt, in dieser Kundgebung der Deutschen Liga für Menschenrechte das Wort auszusprechen, »Landesverrat« sei keine Schande; der Reichsanwalt Jorns hat deutlich im Verlaufe des Prozesses auf diese Äußerung angespielt. Am 21. Februar 1928 holte man das schon längst eingeschlafene Verfahren wegen Veröffentlichung über das Weserunglück der Reichswehr hervor und verurteilte Küster und Berthold Jacob zu je neun Monaten Festung. Wir traten moralisch und materiell für beide Verurteilten ein:
   a) durch eine Entschließung vor dem Prozess (s. »Menschenrechte«, Nr. 3), diese Entschließung wurde auf unsere Anregung auch durch das Deutsche Friedenskartell angenommen;
   b) durch eine Entschließung nach dem Prozess, die in einer Kundgebung »Politische Verbrecher? – Politische Justiz!« angenommen wurde;
   c) durch verschiedene Eingaben an das Auswärtige Amt, an den Oberreichsanwalt, an den Reichsjustizminister. Wir konnten erreichen, dass Küster seine Festungsstrafe überhaupt nicht anzutreten brauchte, während Berthold Jacob nur einen Monat davon verbüßte.
3. Mit gleicher Entschiedenheit nahmen wir zu dem Prozess Becher und zu dem Hoelz-Verfahren Stellung und traten nach Neuwahl des Reichs- und Landtages erneut an die Parlamentarier heran, durch eine neue Amnestie allen diesen Verfahren ein Ende zu machen, und wiesen zum ers-

ten Male auf die noch heute inhaftierten »Kriegsverbrecher« hin, deren Amnestie wir dringend empfahlen.

4. Durch diese politischen Prozesse war die Frage der Absetzbarkeit der deutschen Richter aufgeworfen worden, der wir eine Nummer unserer »Menschenrechte« widmete. Diese Rundfrage fand in der Deutschen Richterzeitung allergrößte Beachtung. Die Deutsche Richterzeitung stellte fest, dass der Deutschen Liga für Menschenrechte in keiner Weise ihre Objektivität abgesprochen werden darf.
5. Die Frage der Landesverratsprozesse hatte unsere ernsteste Beachtung. Wir verweisen in dieser Verbindung als Beispiel auf die Arbeit von E. J. Gumbel »Landesverrats-Statistik« in Nr. 4 unserer »Menschenrechte«. Außerdem erschienen in der Tagespresse verschiedene von uns veranlasste Artikel über dieses Thema.
6. Der Strafgesetzentwurf wurde bei uns nicht nur im Rahmen eines Klubabends, am 18. Dezeber 1928, diskutiert, sondern wir beteiligten uns auch an all den Reformbestrebungen für den gegenwärtigen Strafgesetzentwurf. Die letzte Nummer der »Menschenrechte« veröffentlichte eine grundlegende Kritik an dem gegenwärtigen Strafgesetzentwurf. Außerdem wird am Anfang des nächsten Jahres von uns ein Gegenentwurf in Form einer Broschüre herausgegeben werden.
7. Zu der Frage der »Kriegsverbrecher« und aller jenen, die nicht unter die Amnestie vom 14. Juli 1928 gefallen sind – wie besonders auch zum Fall Bullerjahn, nahmen wir Stellung.

Zum Fall Bullerjahn fand am 13. Dezember 1928 eine erweiterte Pressekonferenz statt, in der Dr. Paul Levi diesen Fall eingehend erörterte.

Zum Gesamtkomplex dieser Fragen fand eine Besprechung bei dem Herrn Reichsjustizminister Dr. Koch-Weser statt, über welche nachstehendes Communiqué ausgegeben wurde: »Am 18. Dezember hat Herr Reichsjustizminister Dr. Koch-Weser zwei Herren von der ›Deutschen Liga für Menschenrechte‹, das Vorstandsmitglied Dr. Oskar Cohn und den Sekretär Kurt Großmann, zu einer längeren Besprechung empfangen. Den beiden Herren hatte sich der Reichstagsabgeordnete Ernst Lemmer angeschlossen. Die Unterredung bezog sich auf die Handhabung des dem Reiche zustehenden Begnadigungsrechtes im allgemeinen und auf mehrere Gruppen von Verurteilten, die der »Deutschen Liga für Menschenrechte« in letzter Zeit besonders nahe gebracht worden sind. Hierzu gehören zunächst eine größere Anzahl Kriegsteilnehmer, die noch immer in Strafhaft sind, weil die militärische Amnestie der Volksbeauftragten aus dem Dezember 1918 auf sie nicht angewendet wird. Mehrere dieser Verurteilten sind zur weiteren Verbüßung der Strafe wieder verhaftet worden, nachdem sie infolge weitherziger Auslegung der Amnestie anfänglich freigelassen worden waren. Leider ergab sich aus der Unterredung mit dem Reichsjustizminister, dass für diese Verurteilten die sachliche Bearbeitung des Begnadigungsrechtes dem Reichswehrministerium zusteht. Der Herr Reichsjustizminister stimmte der Auffassung zu, dass die Fortdauer der Strafen in manchen dieser Fälle eine besondere Härte darstellen möge. Es handelt sich dabei namentlich um die wegen Fahnenflucht Verurteilten, die, um auf der Flucht leben zu können, ein sogenanntes Deckungsverbrechen: Diebstahl, Einbruch usw. begangen haben.

Die Besprechung wandte sich weiter den Fällen von Landesverrat zu, auf die die im Sommer 1928 erlassene Amnestie nicht angewandt worden ist. Besonders ausführlich wurde der Fall Bullerjahn besprochen, der in der letzten Zeit auch in der Presse vielfach behandelt worden ist. Die Vertreter der Liga überreichten dem Minister einen Antrag, die Strafvollstreckung für Bullerjahn zu unterbrechen, um ihm die Betreibung des Wiederaufnahmeverfahrens zu ermöglichen, wie es der Herr Preußische Justizminister im Fall des Hilfsgendarmen Dujardin getan hat. Auch wurde die Frage erörtert, wann der Wiederaufnahmeantrag für Bullerjahn eingereicht werden soll.

In einer Anzahl von weiteren Fällen, die dem Herrn Minister in der Besprechung vorgetragen wurden, ist eine wohlwollende Prüfung bereits im Gange.

Schließlich kam noch der durch den Fall Jakubowski veranlasste Antrag zur Sprache, bei der Wiederaufnahme zugunsten eines Verurteilten, der bereits verstorben ist, im Falle der Zulassung der Wiederaufnahme die Entscheidung in öffentlicher Hauptverhandlung stattfinden zu lassen. Der Minister billigt diesen Gedanken und nimmt eine entsprechende Ergänzung der Strafprozessordnung in Aussicht.

Der Herr Minister hat sich erfreulicherweise bereit erklärt, wieder eine Besprechung mit Vertretern der »Deutschen Liga für Menschenrechte« abzuhalten, sobald sich aus der weiteren Tätigkeit der Liga in Strafsachen das Bedürfnis zu einer Besprechung ergebe.«

### II. Tätigkeit unserer Rechtsstelle

Über die Tätigkeit unserer Rechtsstelle haben wir in einer Übersicht Nr. 1 bis zum 15. April 1928 berichtet und legen gleichzeitig mit dem Geschäftsbericht unseren Mitgliedern über die immer ausgedehntere Tätigkeit der Rechtsstelle die Übersicht Nr. 2 vor. An dieser Stelle nennen wir die Zahlen. Insgesamt liefen im Jahre 1928 2899 Gesuche ein. Davon wurden verfolgt 1632. In 204 Fällen wurde Rat erteilt, während 1053 als ungeeignet abgelehnt werden mussten. In dem Berichtsjahre 1928 konnten in 211 Fällen nachweisbar Erfolge erzielt werden. Nach sachlichen Gebieten getrennt, wurden bearbeitet: 1331 Gnadensachen, 368 Strafsachen, 139 Strafvollzugssachen, 40 Straflöschungssachen, 1021 Diverse (Fremden-, Fremdenlegions-, Zivil-, Disziplinar- und Wohlfahrtsangelegenheiten). In Fürsorgeangelegenheiten konnten wir gerade in letzter Zeit mehr als zuvor tun, da sich hierfür eine besondere ehrenamtliche Kraft als Rechercheur zur Verfügung gestellt hat.

Das Strafvollzugs- und das Vorbestraftenproblem hatten unsere ganz besondere Aufmerksamkeit. Durch eine in der Öffentlichkeit besonders stark besprochene Versammlung »Deutsche Gefängnisse und Zuchthäuser tragen wir für eine wirkliche und entschiedene Strafvollzugsreform ein. Durch verschiedene Publikationen unserer Freunde und Mitarbeiter wiesen wir immer wieder die Öffentlichkeit auf die praktische Seite des Vorbestraftenproblems. Hin. Durch dauernde Fühlungnahme mit dem Strafvollzugsamt, durch Publikationen in der Presse waren wir auf diesen beiden Gebieten tätig. Auch besichtigten wir mehrere Gefängnisse und Zuchthäuser. Im Sinne der auf der Generalversammlung vom 15. Juni 1928 gefassten Entschließung, übten wir, wie auf allen Gebieten des politischen Lebens, so auch auf diesem die demokratische Kontrolle aus.

Für das Problem der Staatenlosen konnten wir in der Öffentlichkeit auch durch das Radio, wie auch im Polizeipräsidium Berlin und im Ministerium des Innern nicht nur Verständnis erreichen, sondern auch Staatenlosen in vielen Einzelfällen Erleichterungen verschaffen.

Die Übersicht Nr. 2 über die Tätigkeit unserer Rechtsstelle liegt diesem Geschäftsbericht bei.

**III. Allgemeines**

Mitgliederzuwachs seit dem 1. Januar 1928: 206.

Öffentliche Versammlungen: sieben, davon fünf in Berlin, eine in Leipzig, eine in Hamburg.

*Themen:* 28. Februar: Der Prozess Krantz und seine Lehren | 11., 12., 13. Mai 1928: Die Wahlen in Europa und der Friede | 9. Juni 1928: Giftgas-Alarm | 24. August 1928: Panzerkreuzer, Volkswille und Reichsregierung | 4. Dezember 1928: Deutsche Gefängnisse und Zuchthäuser | Des ferneren Waffenstillstands-Gedenkfeier anlässlich der zehnten Wiederkehr des

Waffenstillstandes; Uraufführung des Films »Der Herzschlag der Welt« mit Lilian Gish.

*Konferenzen:* Pressekonferenz zum Fall Röttcher | Pressekonferenz zum Fall Jakubowski | Pressekonferenz zum Fall Bullerjahn

*Klubabende*: 13. Gesamtveranstaltungen: 24 für das Jahr 1928. Themen: Das politische Theater | Mein Landesverratsverfahren (Röttcher) | Der Weg des Faschismus | Professor Friedrich Wilhelm Förster und die wirkliche Welt | Der Frieden durch die Schule | Politisch-satirischer Abend | Strafvollzug und Strafvollzugsreform | Wie wurde der deutsche Soldat Revolutionär? | Menschenrechte und Sowjet-Russland | Walter Rathenau und sein Werk | Quo vadis, Europa? | Das sozialistische Wehrproblem | Strafgesetzentwurf und Menschenrechte

Als Vorsitzende, Referenten und sonstige Mitwirkende waren in diesen Versammlungen folgende Freunde tätig: R. Abramowitsch, Professor Victor Basch, Alfred Beierle, Otto Benthin, Dr. Arthur Brandt, Dr. Oscar Cohn, Carl Emonts, Felix Fechenbach, Dr. Manfred Georg, Helmuth von Gerlach, Professor Guerlain de Guer, Henry Guilbeaux, E. I. Gumbel, Professor Martin Hobohm, Arthur Holitscher, Oberregierungsrat Richard Joachim, Harry Graf Keßler, Dr. Robert Kuczynski, Resi Langer, Leo Lania, Otto Lehmann-Rußbüldt, Dr. Paul Levi, Dr. Walter Levinthal, Dr. Theodor Liebknecht, Erich Mühsam, Pastor Alfred Dedo Müller, Willy Münzenberg, Rudolf Olden, Professor Oestreich, Karl Plättner, Fritz Röttcher, Generalmajor a. D. Dr. h. c. Freiherr von Schoenaich, Polizeioberst Dr. Schützinger, Max Seidewitz, Ernst Toller, Irene Triesch, Heinrich Vierbücher, Professor Vulleod (Nancy), Oberschulrätin Dr. Wegscheider, Erich Weinert, Justizrat Dr. Werthauer, Professor Dr. Gertrud Woker, Dr. Erich Zeigner, Arnold Zweig.

Außerdem sei hier darauf hingewiesen, dass wir über den Film »Geschlecht in Fesseln« das Protektorat übernahmen (s. »Menschenrechte«, Nr. 8, vom 11. 11. 28).

Vorstandssitzungen: 23 | Herausgegangene Briefe: 14 138.

Herausgegangene Drucksachen: 36 161.

Empfangene Besuche: 1 500 (nur Rechtsstelle).

Von den »Menschenrechten« erschienen 10 Nummern, davon drei Sondernummern: a) Die Absetzbarkeit der Richter | b) Zum 11. November 1928 | c) Zum Strafgesetzentwurf.

Herausgegeben wurden die schon erwähnte Broschüre »Der Justizmord an Jakubowski« sowie der Tätigkeitsbericht über den deutsch-französischen Schüleraustausch, Übersicht 1 und 2 über die Tätigkeit der Rechtsstelle.

Presse: Auf die Zusammenarbeit mit der Presse muss noch ganz besonders hingewiesen werden. Diese Zusammenarbeit wurde in den letzten Jahren ganz besonders ausgebaut. Wir können sagen, dass die Linkspresse unsere Tätigkeit unterstützt hat. Viele Einzelfälle der Rechtsstelle wurden in den verschiedensten Zeitungen veröffentlicht. Es konnte in den verschiedensten Fällen erreicht werden, wie im Falle Jakubowski und im Falle Bullerjahn, dass eine direkte Pressekampagne durch uns zur Aufrüttelung der öffentlichen Meinung geführt wurde. Die Angriffe der Rechtspresse waren im Berichtsjahr ganz besonders heftig. Die Basch-Versammlung und die Jakubowski-Affäre hatten pressemäßig den größten Widerhall. Nicht nur, dass die gesamte deutsche Presse sich mit dieser Angelegenheit befasste, sondern auch die internationale Presse nahm erschöpfend davon Notiz.

Das Radio wurde auch zur Verbreitung unserer Gedankengänge benutzt.

Bibliothek, Archiv: Unsere politische Bibliothek beläuft sich heute auf etwa 4000 Bände. Es ist uns eine besondere Genugtuung, dass die Bibliothek unseres verstorbenen Freundes Fritz Danziger durch die Großherzigkeit eines unserer Freunde in den Besitz der Deutschen Liga für Menschenrechte übergehen konnte. Unser Archiv, welches 45 aktuelle Tagesfragen laufend ergänzt, ist heute nahezu ausgebaut.

Die Tätigkeit der Arbeitsgemeinschaften: Soweit Berichte unserer Arbeitsgemeinschaften vorliegen, können wir von der Tätigkeit der Arbeitsgemeinschaften von Hamburg, Leipzig, Frankfurt a. M., Zwickau und Liegnitz berichten, die teils durch Unterstützung unserer Rechtsstelle, teils durch Veranstaltung von Versammlungen und Konferenzen, und, wie Wiesbaden, durch eigene Entfaltung einer Rechtsschutztätigkeit, die Sache der Liga für Menschenrechte gefördert haben. Dem Ausbau der Arbeitsgemeinschaften wird in Zukunft größte Aufmerksamkeit geschenkt werden müssen. Entsprechend der Tätigkeit der Zentrale muss auch eine lebhafte Aktivität der Arbeitsgemeinschaften einsetzen.

Abschließend glauben wir sagen zu dürfen, dass die Tätigkeit der Deutschen Liga für Menschenrechte sich die Sympathie der breitesten Öffentlichkeit und den Respekt der Gegner auch in diesem Jahre weiter erobert hat. Wir dürfen feststellen, dass unsere Organisation gefestigt dasteht und dass sie heute, sei es in der Frage der Kriegsbekämpfung, sei es in der Frage des Eintretens für die verletzten Menschenrechte, als ein machtvoller Faktor des internationalen Kulturlebens dasteht. Wir appellieren an unsere Freunde, uns in dem Ausbau unserer Organisation ideell und materiell zu unterstützen, um uns unserem Endziel, der Verwirklichung der Menschenrechte, ein großes Stück näher zu bringen!

Deutsche Liga für Menschenrechte e. V. (vorm. Bund Neues Vaterland)
Die Geschäftsstelle | A.: Kurt Großmann.

### Kassenbericht

Für die Zeit vom 1. Januar 1928 bis 31. Dezember 1928

| *Einnahmen* | |
|---|---|
| a) Mitgliedsbeiträge | 9880,50 |
| b) Spenden | 25895,06 |
| c) Versammlungen | 26,56 |
| | ***35802,12*** |
| *Ausgaben* | |
| a) Vortrag von 1927 | 76,54 |
| b) Miete, Heizung, Licht | 1727,56 |
| c) Gehälter | 16054,51 |
| d) Unkosten | 9317,28 |
| e) Propaganda | 2043,90 |
| f) Zeitung | 4.240,55 |
| g) Vortrag für 1929 (Bestand) | 2341,78 |
| | ***35802,12*** |

Vorstehender Abschluss wurde geprüft. Durch Stichproben ist festgestellt, dass die Bücher ordnungsgemwäß geführt worden sind. Der Geschäftsstelle ist Entlastung zu erteilen.

Die Revisoren: Ernst Naumann – Martin Faerber

*Quelle: Die Menschenrechte. 4. Jg., Nr. 1, 16. Januar 1929, S. 1–9.*

## Für die deutsch-polnische Verständigung

Von Kurt Großmann

Der im Oktober 1925 geschlossene Locarno-Vertrag ist nicht ein einseitig nach Westen gerichtetes Abkommen, sondern auch die beiden Staatspräsidenten der deutschen und der polnischen Republik haben Frieden im Osten gelobt.

Wir wissen, dass in Deutschland bis weit in die Kreise der Rechten der Verständigungswille für eine deutsch-französische Annäherung Fortschritte gemacht hat. Für die deutsch-polnische Verständigung, die durch einen fünfjährigen Handelskrieg ins Stocken geraten ist, hat man bisher nicht viel übriggehabt. In Deutschland herrscht – diese Binsenwahrheit muss ausgesprochen werden – eine starke Stimmung gegen die heutige polnische Republik. Diese Stimmung ist bedingt durch die Lage im Osten Deutschlands. Der Korridor, der zwar nach Art. 98 des Versailler Vertrages in keiner Weise den Verkehr zwischen Ostpreußen und dem übrigen Teil der deutschen Republik behindert, weil er von jeder Pass- und Visaschranke frei ist, gehört zu den Imponderabilien, welche die Lösung des Problems erschweren.

Der Verkehr nach Danzig, welcher dank polnischer Einsicht zwar heute erleichtert, aber doch noch immer Schwierigkeiten unterworfen ist, der Verkehr von der Grenzmark herauf nach Polen, insbesondere in Richtung Posen, ist außerordentlich erschwert. Die großen Eisenbahnlinien gehen von Osten nach Westen. Eine Verbindung von Norden nach Süden besteht nicht. Diese Verkehrsverhältnisse tragen nicht dazu bei, einer Verständigung zu dienen.

Eine solche Verständigung aber wird nie kommen, wenn nicht das deutsche und das polnische Volk selbst sie fordern. Daher ist es von größter Bedeutung, dass die deutsche und die polnische »Liga für Menschenrechte« in insgesamt acht Kundgebungen in den letzten Aprilwochen für die deutsch-polnische Verständigung unter der präzisen Fragestellung: »Droht Krieg zwischen Deutschland und Polen?« eingetreten sind.

In Deutschland waren es bis auf Berlin Städte, in denen der Nationalismus heute noch kühn sein Haupt erhebt. Königsberger und Schneidemühler Nationalisten mußten sich zähneknirschend gefallen lassen, dass man vor Tausenden von Zuhörern ihre Desperado-Politik anprangerte. Die deutschen und polnischen Redner betonten, dass es keine deutsch-französische Verständigung, überhaupt keine Verständigung nach dem Westen geben könne, wenn diese Verständigung nicht durch die deutsch-polnische Verständigung ergänzt wird.

Alle Redner betonten die Unsinnigkeit des deutsch-polnischen Handelskrieges. Wird doch dieser Handelskrieg nur geführt, weil in beiden Ländern kleine Interessengruppen es wünschen. In Polen sei es die Industrie, in Deutschland die Landwirtschaft. Dass dieser Handelskrieg ein Nonsens sei, beweist die Statistik. Schon heute deckt Polen wieder 43 Prozent seines Imports aus Deutschland, während vor dem Handelskrieg 48 Prozent seines Importbedarfes aus Deutschland gedeckt wurden. Hieraus geht eklatant hervor, dass die Handelsbeziehungen sich nach den Notwendigkeiten der Gesamtheit richten.

Die Frage der Minderheiten wurde von polnischer Seite als lösungsbedürftig betont. Der sozialistische Abgeordnete Prof. Pragler wies auf die beiden Gesetzentwürfe hin, die von seiten der PPS für die Lösung der Minderheitenfrage eingebracht worden sind und welche die territoriale bzw. kulturelle Autonomie für die Minderheiten fordern; territorial für diejenigen Minderheiten, die als Einheit in Polen zusammen leben, kulturell für diejenigen Minderheiten, die zerstreut in ganz Polen vorhanden sind.

Es ist ein Verdienst des Generals v. Schoenaich, dass er auf die Korridorfrage in allen Versammlungen hingewiesen hat. Der Korridor ist eine Antinomie (unlösbarer Widerspruch). Das Problem des Korridors müsste gelöst werden, aber nur auf friedlichem Wege. Ministerialrat Falkenberg stellte neben der Frage des Handelskrieges besonders die der Beamtenauswahl in den Grenzbezirken zur Debatte. Wer die neue Zeit nicht erkannt habe, könne nicht im Sinne des Friedens arbeiten.

Das wurde sinnfällig in Breslau von den Nationalisten bewiesen, die mit allen Mitteln versuchten, die überfüllte Kundgebung zu sprengen. Preußische Polizei war es, die hier für Ordnung sorgte. In den polnischen Städten Lodz und Krakau waren die Arbeiter zu Tausenden zu den Kundgebungen geströmt. Und in Warschau konnte zum erstenmal in der Aula der Universität eine politische Kundgebung vor einem auserlesenen Kreise stattfinden.

Dass diese Kundgebungen dringend notwendig waren, um die deutschpolnische Atmosphäre zu entgiften, bewies der Oppelner Zwischenfall. Die polnischen Freunde, die in Deutschland in den Kundgebungen gesprochen hatten, konnten in der Presse erklären, dass das Treiben der Nationalisten von der Mehrheit des deutschen Volkes abgelehnt werde. Ein Beweis, wie notwendig derartige Kundgebungen, wie sie hier von der »Liga für Menschenrechte« veranstaltet worden sind, sich erweisen.

*Quelle: Die Menschenrechte, 1929, Nr. 6, S. 10f.*

## Eingabe der Liga an den russischen Botschafter

Die Erschießung der drei Ingenieure Welitschko, von Meck und Paltschinski ohne gerichtliches Verfahren durch die GPU hat auch in Deutschland berechtigtes Aufsehen und große Erregung hervorgerufen. Die Beweggründe der Maßnahme, die wir der russischen Eisenbahner-Zeitung »Gudok« vom 25. Mai 1929 entnehmen, enthält neben allgemeinen Beschuldigungen nur zwei substanzierte Angaben, die auch in deutschen Zeitungen angeführt worden sind: Das Projekt der Einführung von übermächtigen Lokomotiven der Serie A und die Erfindung von besonders konstruierten Waggons, in denen man seekrank würde.

Wir vermögen nicht zu glauben, daß diese beiden Anklagepunkte die wahre Grundlage für die Hinrichtung ohne Gerichtsverfahren gewesen sind. Die Sowjet-Union steht durch eine Reihe von Verträgen mit den übrigen Staaten in Verbindung. Sie knüpft kulturelle Beziehungen zu ihnen an. Sie bemüht sich um Anerkennung und Verständnis ihres besonderen Wesens. Deshalb muss für jedermann erkennbar sein, weshalb bei den drei jetzt ohne Urteil Erschossenen ein anderes Verfahren als im Schachty-Prozess eingeschlagen wurde.

Wir richten namens der »Deutschen Liga für Menschenrechte« an die verehrliche Botschaft der Union Sozialistischer Sowjet-Republiken die dringliche Anfrage, ob sie bereit ist, uns die wahren Gründe für die drakonische Bestrafung dreier Spezialisten der Sowjet-Wirtschaft und die Beweise für ihre Schuld bekanntzugeben.

*Quelle: Die Menschenrechte, 1929, Nr. 7/8, S. 31.*

## Die Lex Besedovskij

Von Kurt Großmann

In den Sammlungen von russischen Dokumenten, Verordnungen und Gesetzen stoßen wir auf folgende Verfügung des Zentral-Exekutivkomitees der Sowjetrepublik, ergangen am 21. November 1929:

»1. Die Weigerung eines Bürgers der UdSSR – eines Beamten einer im Ausland tätigen Staatsbehörde oder eines staatlichen Unternehmens der UdSSR –, auf Geheiß von Organen der Staatsgewalt in das Gebiet der UdSSR zurückzukehren, ist als Desertion ins Lager der Feinde der Arbeiterklasse und der Bauernschaft anzusehen und als Verrat zu qualifizieren.
2. Personen, die sich weigern, in die UdSSR zurückzukehren, werden außer Gesetz erklärt.
3. Die Erklärung außer Gesetz zieht nach sich:
   a) Konfiskation des gesamten Vermögens des Verurteilten;
   b) Erschießung des Verurteilten binnen 24 Stunden nach Identifizierung seiner Persönlichkeit.
4. Für alle derartigen Fälle ist der Oberste Gerichtshof der UdSSR zuständig.

5. Die Namen der außer Gesetz Erklärten werden allen Exekutiv-Komitees der Räte und den Organen der GPU (Staatliche Politische Verwaltung) mitgeteilt.
6. Das Gesetz hat rückwirkende Kraft.«

Wie muß eine Verfügung in der europäischen Kulturwelt wirken, die so rücksichtslos an den Grundsätzen der Humanität rüttelt!

Aber Rußland hat nicht erst in der Gegenwart gegen die Grundsätze der Humanität verstoßen. Das darf nicht vergessen werden.

Die Lex Besedovskij rüttelt auch an den alten Grundsätzen des Asylrechts. Und doch wurde auf einer internationalen Juristenkonferenz zu dieser Frage folgendes gesagt: »Daß in der Tat die geänderte Richtung des politischen Kampfes der Grund für die Preisgabe des uralten Rechts auf Asyl ist, dafür genügt der Hinweis, daß, während die politisch Verfolgten der werktätigen Massen von Land zu Land gejagt werden, die politische Emigration aus Sowjetrußland über das bestehende Asyl- und Auslieferungsrecht hinaus liebevolle Aufnahme in allen bürgerlichen Staaten findet.«

So sprechen Kommunisten und sind bereit, den gewiß nicht sympathischen Besedovskij – der gestern glühender Kommunist, heute seine Regierung im »Matin« angreift – auf höheren Befehl zu erschießen, denn eine Stalinsche Verfügung erklärt ihn plötzlich zum Klassenfeind.

Die kommunistische Exekutive löst also das uralte Recht auf Asyl des politischen Flüchtlings in ganz einseitiger Weise auf. Was dem politischen Flüchtling angedroht wird, wenn er aus noch so menschlichen Gründen von seinem Rechte auf ein Asyl in einem gastfreien Lande Gebrauch machen will, ist ja auch durch den Bannfluch und die folgende Erschießung binnen vierundzwanzig Stunden nach Inhaftnahme deutlich gesagt.

So hat die seit kurzem bestehende Lex Besedovskij bereits manche Tragödie verursacht. Ein älterer russischer Beamter z. B., der seit längerer Zeit bei der Handelsvertretung tätig ist, hat kürzlich aus unbekannten Gründen den Befehl erhalten, nach Rußland zurückzukehren. Er lebt aber in Deutschland mit seiner geisteskranken Tochter zusammen, deren Zustand nur in der Umgebung des Vaters erträglich ist, und die er jetzt nicht nach Rußland mitnehmen kann.

Hier ringt nun in einem Menschen der Vater und der Beamte mit den Pflichten, die er einmal seiner leiblichen Tochter und das andere Mal seinem Staate gegenüber hat. Der Staat aber droht ihm mit der schwersten Strafe, wenn er nicht gehorcht!

Das Asylrecht ist eine Lebensfrage! Wir wollen es so ausgebaut sehen, daß der politische Flüchtling überall eine neue Heimat finden kann. Jeder Staat sollte es sich zur Ehre machen, dem gehetzten politischen Flüchtling seine Tore weit zu öffnen und ihm seine Gastfreundschaft in weitmöglichstem Maße zu gewähren.

Wir werden aber keinem Staat verwehren können, sich gegen die politische Betätigung seines Gastes zu wenden.

Wir müssen fordern, daß das beschämende Schauspiel bei den Asylsuchen Trotzkis sich nie wiederholen darf.

Für die Inanspruchnahme des Asyls in Deutschland will das im vorigen Jahr von dem demokratischen Reichsjustizminister Koch-Weser nach dem Muster von Belgien, Luxemburg, Holland, Schweiz, Großbritannien, Norwegen, Schweden und Finnland vorgeschlagene Gesetz bestimmte Richtlinien schaffen.

Das betreffende Gesetz will die Voraussetzungen festlegen, unter denen anderen Staaten Rechtshilfe in Strafsachen gewährt werden kann, und das Verfahren regeln. Dadurch werden auch einheitliche Richtlinien für den Abschluß zwischenstaatlicher Vereinbarungen geliefert.

Aus dem § 3 dieses Gesetzes (welches nur dann angewendet wird, wenn ein sogenannter Gegenseitigkeitsvertrag mit dem in Frage kommenden Staate vorliegt) ist am besten ersichtlich, wie das vor einem Jahrhundert schwer bekämpfte, dann aber von allen Kulturstaaten anerkannte und hoch gehaltene politische Asylrecht nach deutscher Auffassung zu handhaben ist: »Die Auslieferung ist nicht zulässig, wenn die Tat, welche die Auslieferung veranlassen soll, eine politische ist oder mit einer politischen Tat derart im Zusammenhange steht, daß sie diese vorbereiten, sichern, decken oder abwehren sollte.

Politische Taten sind die strafbaren Angriffe, die sich unmittelbar gegen den Bestand oder die Sicherheit des Staates, gegen das Oberhaupt oder gegen ein Mitglied der Regierung des Staates als solchen, gegen eine verfassungsmäßige Körperschaft, gegen die staatsbürgerlichen Rechte bei Wahlen oder Abstimmungen oder gegen die guten Beziehungen zum Ausland richten.

Die Auslieferung ist zulässig, wenn die Tat unter Berücksichtigung alle Umstände besonders verwerflich erscheint.«

Der letzte Satz ist als Kautschukbestimmung höchst bedenklich. Man kann den politischen Flüchtling nicht auf Grund irgendwelcher nicht kontrollierbarer Behauptungen der ihm feindlich gesinnten Regierung ausliefern.

Weiterhin müssen insbesondere Sicherungsmaßnahmen gefordert werden, damit der politische Flüchtling nicht durch Vorspiegelung eines kriminellen Strafverfahrens ausgeliefert werden kann.

Bei allen Mängeln kann aber dieser Gesetzentwurf nicht mit der »Lex Besedovskij« verglichen werden, die ein Dokument der Barbarei ist.

Es ist unerklärlich, daß Sowjetrußland, das um die Sympathien der europäischen Öffentlichkeit wirbt und auf die Einhaltung der demokratischen Grundsätze in der Frage des Asylrechts pocht, eine derartige Gesetzesverfügung erläßt.

Auf der Juristenkonferenz wurden Klagen über Klagen – sicher viele berechtigte – vorgebracht, daß das Asylrecht in den kapitalistischen Ländern mißachtet würde. Rußland aber gestattet seinen Bürgern nicht einmal, wenn sie sich mit den Herrschenden überworfen haben, von dem Recht auf ein Asyl Gebrauch zu machen!

*Quelle: Die Menschenrechte, 1930, Nr. 3, S. 9f.*

## Kommission zur Klärung der russischen Frage

Der Vorstand der »Deutschen Liga für Menschenrechte« hat gemäß dem Beschluss der Generalversammlung eine Kommission eingesetzt, die den Auftrag hat, die Vorgänge in Russland intensiv zu verfolgen und die ihr geeignet erscheinenden Maßnahmen dem Vorstand vorzutragen, um die deutsche und europäische Öffentlichkeit über die Unterdrückung der Menschenrechte in Russland aufzuklären. Die Kommission besteht aus Herrn Paul Kelberin, Dr. Paul Olberg und Dr. I. Steinberg.

*Quelle: Die Menschenrechte, 1930, Nr. 4, S. 6.*

## Kundgebung der Liga zu Verhaftungen in Jugoslawien

Wie der »Deutschen Liga für Menschenrechte« aus Zagreb berichtet wird, erfolgte in letzter Zeit die Verhaftung angesehener intellektueller Persönlichkeiten Jugoslawiens. So wurde verhaftet der bekannte südslawische Theaterregisseur Dr. Branko Gavella, weil er Vorträge an der Universität in Belgrad über Theater und Kunst in Rußland gehalten hat. Er ist gleichzeitig seines Postens als Direktor des Belgrader Theaters enthoben worden. Der Herausgeber und Redakteur der einzigen oppositionellen kulturpolitischen Zeitung »Nova Literatura«, Paul Bihaly, und seine Frau sind ebenfalls verhaftet worden. Bihaly verlegte Werke von Remarque, Jack London, Upton Sinclair. Auch noch eine Anzahl von Redakteuren größerer jugoslawischer Zeitungen wurde verhaftet. In diesen Verhaftungen wird mit Recht ein entschiedener Angriff auf die unabhängigen Publizisten, die sich der faschistischen Diktatur nicht zu unterwerfen gedenken, gesehen. Die »Deutsche Liga für Menschenrechte« hat daher heute an den jugoslawischen Ministerpräsidenten Petar Schivkowitsch nachfolgendes Telegramm gerichtet: »Europäische Öffentlichkeit durch Verhaftung Gavella, Bihaly, Prodanowitsch und führender Intellektueller Jugoslawiens beunruhigt. Diese offensichtlich politische Maßnahme nicht verständlich. Bitten um Intervention.«

Wie wir hören, hatte ebenfalls der Schutzverband Deutscher Schriftsteller eine Protestaktion gegen diese Verhaftung eingeleitet.

Diese Interventionen haben zu einem erfreulich schnellen Erfolge geführt, da die Verhafteten wenige Tage nach Eintreffen der Telegramme entlassen wurden.

*Quelle: Die Menschenrechte, 1930, Nr. 7, S. 14.*

## Gegen den Terror in Polen. Telegramm an Piłsudski

Die Deutsche Liga für Menschenrechte, die seit einem Jahrzehnt an der Aussöhnung des deutschen und polnischen Volkes arbeitet, ist über Ihre Maßnahmen gegenüber Freunde(n) der Verständigung wie Liebermann, Pragler und Domski auf das Äußerste beunruhigt. Wir hoffen, daß Sie im Interesse der deutsch-polnischen Annäherung und im Geiste der freiheitlichen Geschichte Ihres Volkes Ihre Maßnahmen revidieren.

*Quelle: Die Menschenrechte, 1930, Nr. 7, S. 14.*

## Folter in Rumänien

In der vorliegenden Broschüre, welche einen kleinen Teil der unerhörtesten Verbrechen, Greuel- und Schandtaten einer staatlichen Institution des Königreiches Rumänien, u. zw. ihrer politischen Geheimpolizei – »Siguranza« – gegen Bürger, die die politischen Anschauungen der gegenwärtigen Regierer nicht teilen, enthüllt, wird an einigen Stellen von der Mittelalterlichkeit der von der Siguranza angewandten Foltermethoden gesprochen.

Nun denn, es sei hier gleich vorweggenommen: die Foltermethoden der Siguranza sind keineswegs mittelalterliche. Sie sind durchwegs moderne und werden dementsprechend systematisch angewandt. Ein Jünger modernen Wissens, ein Arzt, wacht strenge darüber, dass die Folterungen in ein System gebracht werden, es werden Folterwerkzeuge verwendet, die keine dauernden äußerlichen Spuren hinterlassen, es wird genau berechnet, wie lange so ein menschlicher Körper die tausendfältigen Qualen einer Auspeitschung mit einer Gummipeitsche, und den Schmerz des Haarausreißens, des Pressens der Hand in Daumenschrauben usw. auszuhalten vermag, ohne durch »vorzeitiges Abgehen mit dem Tode« diese zivilisierte Institution – wie sie ihr oberster Chef Romulus Voinescu in der gelben Presse Rumäniens nennt – zu kompromittieren.

Im Mittelalter hieß man Folterknechte: Folterknechte, Henker: Henker, in Rumänien heißt man sie »Vizekonsuln«.

*Quelle: Aus den Folterkammern Rumäniens. Dokumente und Enthüllungen über die Verbrechen der rumänischen »Siguranza«. Einleitung und zusammenfassendes Schlusswort von C. G. Costa-Foru, Generalsekretär der rumänischen Liga für Menschenrechte, Kulturpolitischer Verlag, Wien 1925, S. IIIf.*

## Die Ergebnisse der Maiuntersuchung

*»Der von der ›Deutschen Liga für Menschenrechte‹ eingesetzte Untersuchungsausschuss zur Untersuchung der Maivorgänge, bestehend aus den Herren Dr. Hans W. Fischer, Dr. Max Hodann, Polizeioberst a. D. Hans Lange, Professor Veit Valentin und als Berichterstatter Dr. Heinz Kahn überreichte dem Vorstand der ›Deutschen Liga für Menschenrechte‹ den folgenden Endbericht nebst dazugehörigen Anlagen.«*

### I. Allgemeines

Die «Deutsche Liga für Menschenrechte« hat ihre Überzeugung von der Notwendigkeit, die blutigen Berliner Ereignisse der ersten Maitage des Jahres 1929 gründlich zu klären, durch die Einsetzung eines Untersuchungsausschusses dokumentiert. Schon in den ersten Maitagen forderte die Liga in der Presse Zeugen und Betroffene der Maivorgänge auf, sich bei der Liga zu melden, und diese Aufforderung hatte den Erfolg, dass außer den schon in der Presse veröffentlichten Dokumenten durch schriftliche und persönliche Berichte aus allen Bevölkerungsschichten ein Material zusammenkam, das weitgehenden Aufschluss über das Verhalten der Bevölkerung und der

Polizei gab. Die genauen Angaben über Namen und Adresse der in Betracht kommenden Personen, deren Berichte der folgenden Darstellung zugrunde liegen, befinden sich im Anhang dieses Berichtes. Die protokollierten Aussagen bzw. die schriftlichen Berichte der Betreffenden stehen in den Geschäftsräumen der »Deutschen Liga für Menschenrechte« jederzeit zur Verfügung. Abschriften einzelner Dokumente werden auf Wunsch von der Liga erteilt werden.

Der Polizeipräsident (Regierungsrat Mosle) hielt es für notwendig, in einer Rundverfügung allen Beamten die Abgabe irgendwelcher Auskünfte an den von der Liga für Menschenrechte – einer verfassungstreuen Organisation – eingesetzten Untersuchungsausschuss zu verbieten.

Der Ausschuss ist auf Grund seiner Untersuchungsergebnisse davon überzeugt, dass die Erregung und Empörung, die die Berliner Bevölkerung im Mai ergriffen hatte, nicht abklingen darf, ohne dass die für die Ereignisse jener Tage Verantwortlichen zur Rechenschaft gezogen werden. Wie stets, wenn die Frage nach Schuld und Urheberschaft politischer, geschichtlicher oder sozialer Ereignisse geprüft werden soll, ist auch hier die Beantwortung dieser Frage deshalb schwierig und heikel, weil fast niemals nur eine Persönlichkeit oder eine Partei allein Urheber und Schuldiger ist. Aber diese Schwierigkeit darf uns weder dazu verführen, wie es von einer Seite geschehen ist, den Knoten auf die Weise zu durchhauen, dass man der einen Seite ein Unschuldsattest ausstellt und die Last der Verantwortung restlos der anderen aufbürdet, sie darf uns aber auch nicht hindern, überhaupt die Schuldfrage zu erörtern.

Es bedarf keiner Rechtfertigung für unsere Aktion, die dahin zielt, einen Skandal zu klären, wenn die dazu berufenen amtlichen Stellen es nicht für nötig halten, eine solche Aktion einzuleiten, und es ist keine Frage, dass es ein Skandal ist, wenn in den Straßen der deutschen Hauptstadt 30 Menschen getötet und Hunderte verletzt werden, ohne dass Regierung, Parlament und Polizei mehr daran wenden als ein paar bedauernde Redensarten.

Es bedarf keiner Rechtfertigung für eine Aktion, die das schon wieder einschlafende öffentliche Gewissen gründlich wachrütteln und das Parlament nachdrücklich an sene Pflicht der Öffentlichkeit gegenüber erinnern will. Selbst unter dem kaiserlichen Regime wurden weit geringere, sagen wir zunächst: »Misserfolge« der Polizei – denn ebenso große sind tatsächlich nie vorgekommen – nicht derartig schnell vergessen wie die Ereignisse des Mai 1929. Wo ist heute der Richter, der, wie im Jahre 1911 der Landgerichtsdirektor Unger als Vorsitzender im Moabiter Aufruhrprozess, den

Mut zu den Worten fände: »Wenn die Polizeibeamten [...] den Mann, der ruhig über die Straße kam, mit dem Säbel niederschlugen, so dass er nicht wieder aufstand, so war das keine rechtmäßige Ausübung des Amtes, und wer sich gegen diese Brutalität gewehrt hätte, meinetwegen mit einem wohlgezielten Revolverschuss, der hätte nicht rechtswidrig gehandelt.« Und wo ist in Berlin heute die Stadtverordnetenversammlung, die, wie 1911 die fortschrittlich-sozialdemokratische, sich wenigstens in einer geharnischten Erklärung einstimmig gegen den Polizeipräsidenten wendet? Heute haben wir in Preußen einen sozialdemokratischen Minister des Innern, der für die staatliche Polizei verantwortlich ist. Dieser Minister hat auch die Verantwortung für die Maiereignisse keineswegs gescheut, sondern sie vielmehr mit einer Bereitwilligkeit übernommen, die angesichts der gegen die Polizeimacht erhobenen Vorwürfe vielerorts Erstaunen erregt hat. Seine Landtagsrede in der zu diesem Thema einberufenen Sitzung hat er mit den Worten eingeleitet: »Meine sehr geehrten Damen und Herren, die Ausführungen, die wir soeben von dem Redner der kommunistischen Fraktion gehört haben (die die Erregung über die Maivorgänge ausdrückten und die Verantwortung dafür der Polizei aufbürdeten. Zusatz des Ausschusses), waren der Ausdruck einer Mentalität, die mir absolut unverständlich und unerfindlich ist.« Vielleicht wird jene Mentalität dem Herrn Minister und denen, die ihm Beifall gezollt haben, verständlicher, wenn ihm dokumentarisch festgelegtes Material vorgelegt wird, das die Vorwürfe der kommunistischen Fraktion gegen die Polizei im Großen und Ganzen stützt, aber von einer Seite kommt, der auch der Herr Minister die Schuld an der Maikatastrophe nicht zuschieben kann, und deren Unvoreingenommenheit gegen ihn und seine Partei wohl auch er anerkennen muss.

Der von der »Deutschen Liga für Menschenrechte« eingesetzte Ausschuss ist auf Grund des ihm vorliegenden Materials zu der Überzeugung gekommen, dass es zu der Katastrophe der ersten Maitage 1929 gelangt ist dadurch, dass

1. der Herr Polizeipräsident von Berlin das für die Stadt Berlin bestehende Demonstrationsverbot nicht vor dem 1. Mai 1929 aufgehoben hat;
2. die kommunistische Presse und die kommunistischen Parteiorgane öffentlich und ernsthaft dazu aufgefordert haben, das bestehende Demonstrationsverbot – wenn auch unbewaffnet – zu übertreten;
3. die Berliner Polizei der hierdurch sich ergebenden Situation in keiner Weise gewachsen war und dabei ihre Machtbefugnisse sowohl in ihrer Leitung als auch in untergeordneten Organen nicht nur in vereinzelten

Fällen, sondern fast überall, wo sie tätig wurde, in durchaus ungesetzlicher Weise überschritten hat.

Die Punkte 1. Und 2. sind rein politischer Natur, und es ist nicht die Absicht des Ausschusses, in die Erörterung der politischen Zweckmäßigkeit der Maßnahmen beider Seiten näher einzutreten. Es mag hier nur darauf hingewiesen werden, dass einerseits die Aufrechterhaltung des Demonstrationsverbotes zum Schutz der öffentlichen Ordnung nicht notwendig war. Das ist bewiesen; denn das Demonstrationsverbot bestand in Deutschland nirgends, außer in Berlin, und nirgends, außer in Berlin, kam es zu ernsthaften blutigen Zusammenstößen oder sonstigen erheblichen Störungen der öffentlichen Ordnung. Außerdem wurde das Verbot vom Berliner Polizeipräsidenten ganz kurz nach den Maivorgängen, zu einer Zeit also, als die Explosivstoffe in der Bevölkerung viel gefährlicher angehäuft waren als vor dem 1. Mai 1929, wieder aufgehoben. Andererseits aber war das Demonstrationsverbot nun einmal in der Welt, es war an sich nicht ungesetzlich, und so ist es vom rechtlichen Standpunkt aus – der politische soll hier gar nicht erörtert werden – keineswegs zu verteidigen, wenn zum unbewaffneten Ungehorsam gegenüber dem Demonstrationsverbot aufgefordert wurde.

## II. Zweck dieser Denkschrift

Der Zweck dieser Denkschrift ist es, zu untersuchen, ob die Polizei ihre Aufgabe erfüllt hat, ob ihre Maßnahmen gesetzlich waren und ob sie ihre Machtbefugnisse überschritten hat.

Die Aufgabe der Polizei ist der Schutz der öffentlichen Ordnung und des Publikums. Sie hat die öffentliche Ruhe, Sicherheit und Ordnung zu erhalten, die dem Publikum drohenden Gefahren abzuwenden und die hierzu »nötigen Anstalten« zu treffen. (§ 10 II 17 des preußischen Allgemeinen Landrechts.) Die »nötigen Anstalten«, das heißt, dass die Polizei zur Bekämpfung von Ordnungswidrigkeiten nur die unbedingt notwendigen Mittel, die in einem gewissen Verhältnis zu dem abzuwendenden Übel stehen, anwenden darf. In dem bekannten Lehrbuch des Verwaltungsrechts von Hatscheck steht als Beispiel zu diesem Rechtssatz: »Einem Löwenbändiger, der an dem Löwenkäfig nicht die nötigen Sicherheitsvorrichtungen angebracht hat, darf die Polizei nicht gleich gebieten, die Vorstellungen überhaupt zu unterlassen, sondern ihm nur aufgeben, die notwendigen Sicherheitsmaßregeln zu treffen.« Es drängt sich hier die Parallele zu dem Verbot der Maidemonstrationen auf, die wir aber nicht verfolgen wollen, da auch unter der Voraussetzung des Verbotes die Polizei gegen die zitierten Rechtssätze allenthalben verstoßen hat.

Dass die öffentliche Ruhe, Sicherheit und Ordnung in den ersten Maitagen nicht aufrechterhalten worden ist, obgleich die Polizei zu diesem Zwecke mit außerordentlichen Machtmitteln aufmarschiert ist, steht ohne weiteres fest. Wenn es passiert, dass trotz (oder wegen!) des Einsatzes der gesamten Polizeimacht in den Straßen der Hauptstadt 33 Leute getötet und viele Hunderte verletzt werden, dann ist diese Tatsache allein Beweis genug, dass die Polizei die ihr gestellte Aufgabe nicht erfüllt hat, und die für sie Verantwortlichen müssten schon ohne jede weitere Untersuchung von ihren Ämtern entfernt werden. Als im Juli 1927 in Wien die Unruhen eine große Zahl von Opfern forderten, war die Empörung über die Unfähigkeit und den Machtmissbrauch der Wiener Polizei allgemein, die besten Männer Wiens forderten strikt den Rücktritt des Polizeipräsidenten, und es war gerade der jetzige Kommandeur der Berliner Schutzpolizei, Herr Polizeioberst Heimannsberg, der in der Presse auf das völlige Versagen der Wiener Polizei hinwies und erklärte, so etwas werde in Berlin nicht möglich sein. Dabei muss man daran erinnern, dass damals in Wien durch die Inbrandsetzung des Justizpalastes zum Eingreifen der Polizei ein höchst flagranter Anlass vorlag.

Wäre schon dieser klare und ohne weitere Beweise auf der Hand liegende Misserfolg der Polizei Grund genug, eine eingehende amtliche Untersuchung zu fordern, so wird dieses Verlangen ganz unabweislich dadurch, dass durch die mannigfaltigsten Zeugnisse und Dokumente nicht nur ein Versagen, sondern ein überall zutage tretendes gesetzwidriges Verhalten der Polizei bewiesen ist. Dieses gesetzwidrige Verhalten zeigt sich nicht nur in Missgriffen einzelner Polizeibeamter, sondern auch in den Erlassen und Anordnungen der Leitung.

Wie bekannt, erschien am 3. Mai eine Verordnung des Polizeipräsidenten, die die Stadtteile, in welchen sich in den vorhergehenden Tagen Unruhen abgespielt hatten, unter den sogenannten »kleinen Belagerungszustand« versetzte. Schon dieser Erlass stellt keineswegs eine »Anstalt« dar, die geeignet und notwendig ist, eine dem Publikum drohende Gefahr abzuwenden. Es ist in dem Erlass unter anderem angeordnet, dass von 21 Uhr bis 4 Uhr in den straßenwärts gelegenen Räumen kein Licht gebrannt werden darf. Dann heißt es wörtlich: »Zuwiderhandelnde Wohnungsinhaber setzen sich der Gefahr aus, dass die Fenster von der Straße aus durch die Polizei unter Feuer genommen werden.« Erscheint es schon höchst problematisch, ob diese Anordnung überhaupt zweckmäßig war, so muss man die Sanktion, unter die die Zuwiderhandlung gestellt wurde, als geradezu gemeingefährlich bezeichnen. Ob die Gefahr, aus unbeleuchteten oder aus beleuchteten Fenstern beschossen zu werden, für die Polizei größer war, mag ein Gremium von Sachverständigen des Straßenkampfes entscheiden. Einleuchtend ist der Standpunkt der Polizeiverordnung jedenfalls nicht. Dass aber schon die bloße Tatsache eines erleuchteten Fensters jedem subalternen Polizisten das Recht geben sollte, ein lebhaftes Gewehrfeuer zu eröffnen, läßt sich bei keiner noch so weitherzigen Auslegung der polizeilichen Machtbefugnisse rechtfertigen. Dieser Teil der Polizeiverordnung ist ein ganz krasser Missbrauch der Polizeigewalt und würde selbst bei einem Franktireurkrieg in Feindesland ein Unrecht und ein Exzess sein. Aber die Vorstellung eines Franktireurkrieges, die sich vielleicht stellenweise zu einer Psychose ausgewachsen hat, scheint nicht nur den Schöpfer des Erlasses inspiriert zu haben, sondern war offenbar auch in den Köpfen der unteren Polizeibeamten vorhanden, die ihn tatsächlich wortwörtlich ausführten. So berichten z. B. die SPD-Mitglieder Bock und Wolff der »Liga für Menschenrechte«, dass in offenstehende Fenster, obgleich niemand im Zimmer war, blindlings hineingeschossen wurde. Ein Herr Laube erzählt, das er friedlich mit seiner Familie beim Abendessen saß, und dass, sobald er eine Petroleumlame angezündet hatte, in sein geschlossenes Fenster geschossen wurde.

Bei solcher Unüberlegtheit, wie sie aus den Anordnungen der Polizeileitung spricht, kann es nicht wundernehmen, wenn die unteren Polizeiorgane, die eingesetzt wurden, nicht mehr Besonnenheit zeigten als ihre Chefs. Die Unzahl der Bekundungen von Augenzeugen über Ausschreitungen von Polizeibeamten, die bereits an allen möglichen Stellen unter Angabe von Namen und Adressen der Zeugen veröffentlicht worden sind, soll im folgenden nur um einige Aussagen absolut unvoreingenommener Personen vermehrt werden, die ihre Beobachtungen der »Liga für Menschenrechte« direkt mitgeteilt haben.

Es soll zuvor nur kurz auf jene allgemein zugänglichen Zeugenaussagen hingewiesen werden, die gewiss zu einem Teil ebenfalls geeignet sind, zur Grundlage einer amtlichen Untersuchung zu dienen. Derartige Bekundungen hat z. B. der Abgeordnete Kasper in der Plenarsitzung des Landtages vom 13. Mai 1929 in großer Zahl verlesen, und es besteht kein Grund, die Glaubwürdigkeit dieser Zeugnisse in Bausch und Bogen anzuzweifeln, weil sie von einem Kommunisten vorgelesen worden sind, zumal, da die Zeugen sich zum großen Teil selbst als parteilos bezeichnen. Weiteres ähnliches Material findet sich in der Broschüre »Urteil gegen die Maimörder«, die von der roten Hilfe Deutschlands herausgegeben wurde. Der authentische Bericht eines bürgerlichen Journalisten, der einen großen Teil der Mai»kämpfe« mit angesehen hat, befindet sich in Nr. 19, 1929, der Zeitschrift »Das Tagebuch«, weitere Augenzeugenberichte von Nichtkommunisten in Nr. 19, 1929, der »Weltbühne«.

In keinem der an die Liga gelangten Berichte ist die Rede von irgendwelchen, über vereinzelte Steinwürfe hinausgehenden Kampfhandlungen von Nichtpolizisten, und es ist dem Ausschuss nicht gelungen, überhaupt irgendwo einen einigermaßen beweiskräftigen Bericht über solche Kampfhandlungen zu finden. Nach dem sachverständigen Gutachten des Polizeiobersten a. D. Lange (siehe Anlage), das auch ohne weiteres einleuchtend ist, ist es undenkbar, dass, wenn wirklich Straßenkämpfe stattgefunden hätten, die Verluste ausschließlich auf seiten der Aufständischen gewesen wären und nur ein Polizeibeamter eine Schussverletzung abbekommen hätte, von der nicht einmal feststeht, ob er sie sich nicht selbst beim Entsichern seiner Waffe beigebracht hat. Das in einem großen Teil der Presse verbreitete Märchen von den 14 Karabinern, die in den Händen der wunderbarerweise unverletzt gebliebenen Polizisten zerschossen worden sein sollen, hat selbst der Polizeiminister nicht zu decken gewagt, aber der Kommandeur der Berliner Polizei, Heimannsberg, erzählt in der Reichsbannerzeitung vom 6. Juli 1929 noch unter der Spitzmarke: »Die bolschewistischen Putschversuche«, dass ein Teil der Getöteten der Polizei im offenen Kampf gegenübergestanden habe, ohne allerdings den Schatten eines Beweises anzuführen. Dabei wäre noch zu bedenken, ob dieser offene Kampf, wenn er tatsächlich stattgefunden hätte, nicht eine berechtigte Notwehr nach dem zitierten Wort des Landgerichtsdirektors Unger gewesen wäre. In dem erwähnten Artikel behauptet Oberst Heimannsberg auch – wofür übrigens ebenfalls jeder Nachweis fehlt –, in den zernierten Bezirken sei »eine recht erhebliche Anzahl« von Waffen aller Art gefunden worden, eine Behauptung, die um so auffälliger ist, als der Oberst sich jeder Angabe über Zahl und Qualität der gefundenen Waffen enthält. Dieser etwas primitiven Verteidigung des polizeilichen Vorgehens steht ein ungeheures, größtenteils schon veröffentlichtes, allgemein nachprüfbares Material gegenüber, das im folgenden nur um etliche besonders aufschlussreiche Stücke vermehrt werden mag.

### III. Berichte von Augenzeugen

Herr Dr. Richard Winners, Berliner Vertreter der »Chicago Daily News«, hat der »Liga für Menschenrechte« einen 11 Schreibmaschinenseiten langen Bericht seiner eigenen Beobachtungen am 1., 2. Und 4. Mai gegeben, dessen Einzelheiten sämtlich durch andere an die Liga gelangte Berichte bestätigt sind. In diesem Bericht heißt es u. a.: »12 Uhr Hermannplatz [...] Die Polizei machte jetzt von Fall zu Fall Attacken auf die Ansammlungen folgendermaßen: Ein Leutnant gab seinen Leuten Befehl, den Platz nach einer bestimmten Richtung zu räumen. Die Beamten stürzten sich auf die Dortstehenden und schlugen los. Wer nicht schnell genug laufen konnte, wurde verdroschen. Manche Leute liefen in die Hausflure, wohin ihnen die Beamten folgten. In einem Fall sah ich, dass ein Bursche von etwa 18 Jahren zwischen vier oder fünf Beamte geriet, die rund um ihn herumstanden und auf ihn losprügelten. [...] Die Attacken machten einen sehr nervösen und wenig sinnvollen Eindruck. Die Anwendung des Gummiknüppels geschah ohne vorherige Warnung.«

Der ganze Bericht des Herrn Dr. Winners steht wie alle anderen Dokumente wie auch die Adressen der zeugen in der Liga zur Verfügung.

Jeder dieser Sätze ist durch eine ganze Reihe anderer Augenzeugen belegt.

Der Zeuge Sump berichtet u. a., dass nachts 1 Uhr ein Mann am Untergrundbahnhof Hermannplatz verhaftet wurde und die Schupos auf dem Wege zum Transportauto dauernd auf den Mann mit Gummiknüppeln einschlugen, ohne dass dieser irgendwelchen Anlass dazu geboten hätte. Der Zeuge Hartung sah, wie vier Schupoleute aus einem Auto plötzlich auf zwei an der Haltestelle Große Frankfurter Straße stehende Männer und eine Frau, die eine Einkaufstasche trug, losstürzten und ohne weiteres einschlugen. Ganz ebenso sah Herr Cznottka, dass auf ruhig vorübergehende Passanten von der Polizei sinnlos eingeschlagen wurde, ein junger Mann wurde niedergeknüppelt und mit einem Fußtritt auf das polizeiliche Transportauto befördert. Dasselbe beobachtete u. a. ein Herr Brück an der Mosse-Ecke, also nicht in den eigentlichen »Unruhegebieten«. Besonders übel wurde einem 60jährigen Herrn Marx mitgespielt, der schwer an Rheumatismus leidet. Er stand auf einem Straßenbahnwagen, mit dem er nach Hause fahren wollte; plötzlich wollten ihn 5 bis 6 Schupoleute herunterholen, und da er durch sein Leiden nicht so schnell herunterkommen konnte, knüppelten diese 5 bis 6 Beamten auf ihn ein, verhafteten ihn dann, und er wurde erst nach 22 Stunden freigelassen. Jetzt ist dieser bisher völlig unbestrafte Mann wegen Widerstandes gegen die Staatsgewalt zu 100 Mark Geldstrafe verurteilt worden, eine Verurteilung, die nach der prozessualen Lage und nach der üblichen Rechtsprechung der Gerichte kaum zu vermeiden war. Nachdem von dem Herrn Marx von der »Liga für Menschenrechte« zugewiesenen Verteidiger, Rechtsanwalt Dr. H. Kahn, ein Gnadengesuch eingereicht wurde, das denkbar schwerwiegend begründet war, hat der Verurteilte auf Veranlassung einer anderen Organisation Berufung gegen das erstinstanzliche Urteil eingelegt, und es bleibt abzuwarten, wie die II. Instanz entscheiden wird.

Weiter heißt es in dem Bericht von Winners: »Gegen 16.30 Uhr am Landsberger Platz. Riesiges Polizeiaufgebot, berittene Polizei, große Mengen hauptsächlich Neugieriger in den Zugangsstraßen. [...] Die Polizei macht von Zeit zu Zeit Gummiknüppelattacken [...] Die Menge quittiert auf die Angriffe jedesmal mit Johlen und Pfeifen. Von irgendwelchem Widerstand gegen die Polizeibeamten habe ich nichts beobachtet. Ein Polizeioffizier, der die Attacken leitete, fiel mir durch besondere Nervosität auf.«

Wieder weiter: »Freitag, den 3. Mai, [...] in den Häusern der Hermann-, Prinz-Handjery-, Steinmetz- und vielleicht noch anderen Straßen wurden von Kriminalpolizisten in Begleitung von uniformierten Schupobeamten Haussuchungen gehalten. Die gefundenen Waffen waren nach Aussage von befragten Polizeibeamten mit einer einzigen Ausnahme (moderne Magazinpistole) altmodische Pistolen, Seitengewehre usw., die Zahl der gefundenen Waffen lächerlich gering!«

Möglicherweise sind dies die »erheblichen Waffenfunde«, von denen Oberst Heimannsberg spricht.

Sehr aufschlussreich über das Verhalten der Polizei ist nun die Fortsetzung des Winnerschen Berichtes: »Die Polizei war in ziemlicher Stärke zur Stelle; sie war in kleinere Gruppen in den Hausfluren untergebracht. Ein Polizeihauptmann, mit dem ich sprach, konnte mir keine besonderen Beobachtungen mitteilen; er machte mich nur ausdrücklich auf die ›Barrikaden‹ aufmerksam, die ich mir doch ansehen solle. Prinz-Handjery-Straße, Ecke Hermannstraße, war in der vorhergehenden Nacht eine ›Barrikade‹ aus einem Untergrundbahneisenträger gebaut worden, den man quer über die Straße gezogen hatte. Um die Zeit war der Träger schon längst wieder auf die Seite geschoben. Ecke Prinz-Handjery-Straße und Falkstraße befand sich die andere ›Barrikade‹, die verschiedentlich abgebildet wurde, gebildet aus einer umgerissenen Litfasssäule, Pflastersteinen, Brettern. Dieses war das einzige Verkehrshindernis, das ich in den Tagen gesehen habe, das einigermaßen ›gebaut‹ aussah. Die Höhe betrug etwa einen Meter, demnach ist es ausgeschlossen, dass diese ›Barrikade‹ ›verteidigt‹ werden konnte.

Ich befand mich gerade in der Ziethenstraße, fast an der Ecke Hermannstraße, und wollte wieder zur Hermannstraße, als plötzlich geschossen wurde. Alles rannte, die Schupobeamten stürzten aus den Hauseingängen hervor und eröffneten sofort das Feuer, ohne dass ich feststellen konnte, wohin sie schossen. Ich wurde in eine Kneipe gedrängt, die sich Ziethenstraße, Ecke Hermannstraße, befindet. Vor der Kneipe, in der Hermannstraße stand ein Panzerauto, das wiederholt Salven mit seinem Maschinengewehr in Richtung Hermannplatz abgab. Der Neigungswinkel des MG betrug allerhöchstens 20 Grad über der Waagerechten. Die ersten Schüsse, die ich während jener Vorgänge gehört habe, waren die Schüsse des MG's. In der Kneipe war ich eingeschlossen, da die Beamten das Öffnen der Tür nicht zuließen. Ich konnte jedoch folgende Beobachtungen machen: Ein Beamter schießt von der Ecke der Straße auf ein Fenster im dritten Stock des Hauses Hermannstraße 53 und trifft die Fensterscheibe. Obwohl ich weder an dem Fenster noch in dem Zimmer irgendetwas bemerken konnte, feuert ein zweiter Beamter noch einen Schuss, der in die Brüstung des Fensters geht. Noch zwei weitere Schüsse werden auf dasselbe Fenster gefeuert; die Einschläge müssen heute noch sichtbar sein. An dem Fenster hat sich nicht das geringste gezeigt.«

Weiter heißt es: »Für die Stimmung der Beamten ist folgende Äußerung kennzeichnend: ›Wir möchten das ganze Nest ausräuchern. Wir möchten noch ganz anders rangehen, aber wir dürfen ja nicht.«

Diese Stimmung der Polizeibeamten, die man nach zahllosen Beobachtungen geradezu als eine Bürgerkriegspsychose bezeichnen muss, wird von den verschiedensten Seiten bestätigt. Einen weiteren recht interessanten Beitrag zu der Stimmung der Polizeibeamten hat der Minister des Innern selbst in seiner Landtagsrede gebracht. Er hat dort gesagt: »Jedenfalls können wir aus diesen Maitagen die erfreuliche Feststellung ziehen, dass sich die Polizei mit ihrem Ganzen, ihrem Blute, ihrem Leben für den heutigen Staat, und zwar freudig eingesetzt und zur Verfügung gestellt hat. Es ist sogar so weit gegangen, dass sich die Beamten, die in den letzten Tagen krank waren und ruhig wegen der bevorstehenden starken Inanspruchnahme durch die Maitage, die natürlich vorher bekannt war, sich weiter krank melden konnten, nicht nur sich nicht weiter krank meldeten, sondern sogar sich direkt gesund gemeldet haben.«

Diese Äußerung des Herrn Ministers läßt außer der großen Pflichttreue auch diie grenzenlose Kampfesfreude – und zwar »freudig!« – erkennen. Allerdings haben ja die Beamten erfreulicherweise den Einsatz ihres Lebens und ihres Blutes ziemlich ungeschmälert zurückerhalten. Den Eindruck besonderer Kampfeesfreude der Polizei, auf die aus den zitierten Worten des Ministers zu schließen ist, haben jedenfalls eine ganze Menge von Augenzeugen gehabt, die später der Überzeugung Ausdruck gaben, dass diese Kampfesfreude weit über das notwendige Maß der Pflichterfüllung hinausging.

So berichtet Herr Bethge der Liga, dass er bei vielen Schupos den Eindruck eines wahren »Blutrausches« gehabt habe, eine Beobachtung, die nicht als subjektives Werturteil abgetan werden darf, da sie von vielen Seiten bestätigt wird. Der Kampfeseifer der Schupo äußert sich nach der Beobachtung vieler Zeugen, z.B. des Herrn Lewin und eines rechtsstehenden Architekten Weise, in besonders rohen und wüsten Beschimpfungen, mit denen die Beamten, vielleicht um ihren eigenen Mut zu befeuern, das Publikum traktierten.

Die schon allenthalben mit Zeugenaussagen belegte Tatsache, dass die Polizei blindlings und ohne jede vorherige Warnung ins Publikum schoss, soll hier nicht durch weitere Einzelaussagen erhärtet werden, da hierüber schon genügend Berichte veröffentlicht sind, doch stehen bei der Liga etwa zwanzig Adressen von Augenzeugen zu diesem Thema bereit. Dies Vorgehen der Polizei hat wohl die meisten Todesopfer gefordert. Als besonders tragisch sei der Fall Bruno Seidler geschildert, der – wie in fast allen anderen Fällen – einen Unschuldigen traf:

Herr Hans Domnick gibt als Zeuge über den Fall Bruno Seidler folgendes zu Protokoll: »Am 1. Mai, gegen 19.30 Uhr, kam ich aus dem in dem Hause Pflugstraße 9 b gelegenen Restaurant heraus. In meiner Begleitung befand sich Karl Bayer. Vor der Haustür trafen wir unseren Freund Bruno Seidler, der sich mit seiner Mutter unterhielt, außerdem stand der Förster Paul Münster aus Plötzensee vor der Tür. Wir begrüßten die Gruppe und gingen dann in der Richtung Chausseestraße. Unser Freund Bruno Seidler schloss sich uns sofort an. In der Chausseestraße (Nähe des abgebrannten Warenhauses Tietz) trafen wir unseren Freund Günther Podbielski, wohnhaft Schwartzkopffstraße 1. Für den 9. Mai beabsichtigten wir eine Herrenpartie, und aus diesem Grunde wurde dieses Zusammentreffen am 1. Mai notwendig, weil wir noch einige Verabredungen zu treffen hatten. Da Günter P. zu seiner Braut, Triftstraße, gehen wollte und uns einlud, ihn zu begleiten, folgten wir dieser Einladung. Wir gingen zusammen bis zur Triftstraße. Ecke Müllerstraße verabschiedeten wir uns von Günther P. und wollten nunmehr wieder nach der Pflugstraße zurückkehren. Wir bogen in die Gerichtstraße ein. In der Gerichtstraße sowohl wie auf dem Nettelbeckplatz war das alltägliche Bild, eine Absperrung war nicht zu sehen. Wir gingen über den Nettelbeckplatz und dann die Gerichtstraße weiter. Bevor wir die Pankstraße kreuzten, hörten wir schießen. Auf die Schießerei hin beschleunigten wir unsere Schritte und kreuzten die Pankstraße. Nachdem wir etwa 30 Schritte die Gerichtstraße weitergegangen waren, kamen hinter uns Leute angerannt. Veranlasst durch die laufenden und scheinbar sich flüchtenden Menschen liefen wir auch mit dem Strom in der Richtung der Eisenbahnunterführung. Plötzlich fielen hinter uns Schüsse. 2 bis 3 Schritt vor mir fiel ein Herr, der im Hinterkopf getroffen war. Hierdurch erschreckt, rannten wir noch schneller, ich sprang noch in aller Verzweiflung über den Herrn hinweg. Ein vor mir laufender Herr schrie: ›Au, au, au‹, er hatte einen Oberschenkelschuss. Ich flüchtete dann in eine Haustür in der Gerichtstraße, etwa 5 Häuser von der Eisenbahnunterführung entfernt. Dort vermisste ich meine beiden Freunde. Ich wollte hier auf sie warten, weil ich hoffte, dass sie dort entlang kämen. Es dauerte nicht lange, da kam mein Freund Karl Bayer, meine erste Frage war: ›Wo ist Bruno?‹ Seine Gegenfrage: ›Weißt du nicht, wo er ist, er ist nicht hier?‹ Wir warteten eine geraume Zeit, aber er kam nicht. Inzwischen war Ruhe eingetreten, und mein Freund Karl Bayer lief wieder zurück bis zu dem Hausflug, in den er zuletzt geflüchtet war. Ich wartete, bis er zurückkam, und er erzählte mir, dass er Bruno nicht gefunden hatte. Wir gingen dann in das Restaurant Pflugstraße 9 b und nahmen an, dass Bruno dort auf uns wartete. Dann begaben wir uns nach der Gerichtstraße zurück, nachdem wir versucht hatten, durch die Reinickendorfer Straße zu kommen, welche jetzt abgesperrt war. Wir gelangten durch eine Nebenstraße in die Gerichtstraße, um nach unserem Freund zu forschen.

Erst am nächsten Tage erfuhr ich von Frau Martha Spiesecke, der Tante meines Freundes, dass mein Freund getötet worden ist.«

Dieser Fall Seidler hatte ein geradezu infernalisches Nachspiel durch den Bescheid, den das Versorgungsamt V, Berlin, dem Bevollmächtigten der Hinterbliebenen, Herrn Rechtsanwalt Kahn, auf dessen Schadensersatzantrag erteilte. In diesem Bescheid heißt es u. a.: »Ihr Sohn war 24 Jahre alt, wusste daher wie alle Erwachsenen in Berlin infolge der vor dem 1. Mai 1929 vom Polizeipräsidenten erfolgten öffentlichen Warnung, dass der 1. Mai zu Spaziergängen nicht geeignet war. Da gerade der Nettelbeckplatz von ihrem verstorbenen Sohn als Ziel des Spazierganges gewählt worden ist, muss angenommen werden, dass er aus Neugier diesen Platz aufgesucht hat. Es kann ihm auch nicht unbekannt gewesen sein, dass dort Menschenansammlungen stattfanden. Er hatte in der Unruhegegend nichts zu suchen und begab sich unnötig von seiner entfernt gelegenen Wohnung, Pflugstraße 9, dorthin. Seinen Tod hat Ihr Sohn selbst verschuldet.«

Dieser Bescheid, gegen den natürlich Berufung eingelegt wird, ist um so erstaunlicher, als der Polizeipräsident selbst am 16. Mai den Hinterbliebenen geschrieben hatte. Hiermit bestätige ich Ihnen auf Grund der angestellten Ermittelungen, dass ihr Bruder, der Mechaniker Bruno Seidler, geb. am 1. Juli 1905 zu Berlin, nicht als Beteiligter an den Barrikadenkämpfen gefallen ist. Nach den Ermittelungen hat ihn der tödliche Schuss getroffen, als er sich auf dem Heimwege befand und in eine flüchtende Menschenmenge geriet.«

Es soll noch auf zwei Vorfälle hingewiesen werden, die mit aller Deutlichkeit zeigen, dass das Vorgehen der Polizei in jenen Tagen vielfach mit polizeilichen Zwecken überhaupt keinen Zusammenhang mehr hatte. Nach der aussage des Herrn cand. Jur. Leschnitzer rief ein Mann, der auf einem Autobus am 1. Mai am Alexanderplatz vorüberfuhr, herunter: »Nieder mit Zörgiebel!« Darauf schwang sich eine Anzahl vorüberlaufender Polizeibeamter auf den Autobus, schlug so lange auf den Mann ein, bis er wie leblos liegen blieb, und verließ dann, ohne sich weiter um den Mann zu kümmern, den Autobus. Wenn die Polizisten diesen Mann ohne weiteres festgenommen hätten, so wäre ihr Verhalten kaum zu tadeln gewesen. Ihr tatsächliches Vorgehen beweist aber, dass diese Leute vollkommen vergessen hatten, was die Aufgabe der Polizei ist, und dass sie lediglich aus Lust an Gewalttätigkeiten oder aus einer blinden Angstpsychose handelten.

Fast noch krasser liegt der Fall Meinert. Dieser zeuge versuchte, von der Treppe eines in der Linienstraße im Keller gelegenen Ladens aus photographische Aufnahmen von den in der Straße sich abspielenden Unruhen zu machen. Als dies bemerkt wurde, stürzten ein Polizeioffizier und einige Polizisten in den Laden und versuchten, sich in den Besitz des photographischen Apparates zu setzen. Als ihnen dies nicht gelang, misshandelten sie den Meinert auf das übelste und schlugen bei der Gelegenheit sogar ein kleines Kind.

Derartige krasse Exzesse sind wahrscheinlich nur von jüngeren, unerfahrenen Mannschaften verübt worden, aber wie kam es, dass solche Beamten überhaupt bei dieser schwierigen Aufgabe verwendet wurden? Diese Frage ist einer besonders eingehenden Untersuchung durch die dazu berufene amtliche Stelle würdig. Wir unsererseits können nur auf das Zeugnis des

Chefredakteurs Karl Vetter hinweisen, der von Polizeibeamten und sogar von Polizeioffizieren zuverlässig bestätigt erhalten, dass bei den »Kämpfen« junge Mannschaften von außerhalb eingesetzt worden sind. Diese Tatsache und die absolut unpolizeimäßige, militärische Erziehung der Beamten, auf die u. a. Polizeioberst a. D. Lange in Nr. 438 der »Frankfurter Zeitung« (siehe Anlage I) hingewiesen hat, dürften die Kernpunkte sein, an denen die Untersuchung über die allgemeinen Missstände in der Polizei, ganz abgesehen von einzelnen Gesetzwidrigkeiten, einzusetzen hat.

### IV. Die Forderung des Ausschusses

Aus allen vorliegenden Schilderungen Unbeteiligter über die katastrophalen Ereignisse der ersten Maitage geht hervor, dass die Polizei vor ihrer, vielleicht nicht einfachen, Aufgabe geradezu kläglich versagt hat, dass sie darüber hinaus aber auch die geringfügigen festgestellten Gesetzwidrigkeiten des Publikums mit Mitteln bekämpft hat, die in eine geradezu grotesken Missverhältnis zu dem zu erreichenden Zweck standen und somit die rechtlichen Grundlagen der polizeilichen Funktion im Staate völlig verlassen hat, und dass sie endlich nicht nur vereinzelt, sondern an allen Stellen, wo es überhaupt zu polizeilichen Aktionen kam, sich Übergriffe erlaubt hat, die den strafrechtlichen Tatbestand des Missbrauchs der Amtsgewalt und anderer Beamtendelikte erfüllen. Die Leitung der Polizei selbst hat Maßnahmen getroffen, die von keinem Standpunkt aus mit dem Zweck einer sich dem Staatsganzen einordnenden Polizei in Einklang zu bringen sind, die vielmehr selbst teilweise durchaus gesetzwidrig waren.

Diese Katastrophe der Polizeigewalt, allzu schnell vergessen von denen, die nicht selbst an Gut und Blut durch sie betroffen sind, darf nicht aus dem Gedächtnis der Öffentlichkeit verschwinden, bis eine ernste Untersuchung von einer amtlichen Stelle eingeleitet ist, die die macht hat, zu sühnen und zu bessern. Eine solche Stelle ist nicht etwa der Polizeipräsident, da er ja Angeklagter ist; eine solche Stelle ist ach nicht der Herr Minister des Innern, denn er hat sich durch seine Rede vor dem Landtag mit der Polizei solidarisch erklärt. Das Parlament selbst muss eine Untersuchung führen, und es hat die Macht dazu durch die Einsetzung eines parlamentarischen Untersuchungsausschusses. Es darf hier auf den Artikel zu den Maiunruhen von Professor Dr. Hugo Sinzheimer in Frankfurt a. M. in Heft 5 der »Justiz« hingewiesen werden, in dem der Autor, selbst Sozialdemokrat und ehemaliger Polizeipräsident, seinem Erstaunen darüber Ausdruck gibt, dass seitens der Polizei noch keine eingehende Untersuchung über die gegen die Polizeiorgane erhobenen Vorwürfe vorgenommen worden ist, und in dem er die Erwartung ausspricht, dass der landtag die Tatsachen durch Einsetzung eines Untersuchungsausschusses aufklären wird. Nur hiervon erwartet Professor Sinzheimer die Feststellung der objektiven Wahrheit. Ein Parlament, das aus parteipolitischen Gründen die Unersuchung über die Verantwortung für den Tod von 33 friedlichen Bürgern und die Verletzung von über hundert ablehnen würde, würde das Vertrauen des Volkes sich ebenso gründlich verscherzen, wie es die Polizei durch ihre Taten vom Mai 1929 und der Minister durch seine leichtsinnige Deckung dieser Taten bereits getan haben.

*Namen- und Adressenverzeichnis der Zeugen*
Arndt, Hermann, Berlin N 54, Lothringer Straße 75 | Bayer, Berlin N 4, Schwartzkopffstraße 20 | Beimowitz, Sarah, Berlin C 54, Grenadierstraße 2 | Berger, Erich, Treptow, Bochéstraße 37 | Bethge, E. H., Berlin NO 43, Jostystraße 10 | Bock, Helmuth, Neukölln, Weichselstraße 11 | Brauer, Fritz, Berlin-Buckow, Chausseestraße 36 | Cznottka, Paul, Berlin-Mahlsdorf, Wachholderheide 10 | Domnik, Hans, Berlin, Pflugstraße 17 | umann, August, Berlin, Gerichtstraße 32 | Engel, August, Berlin N 31, Ackerstraße 45 | Fürstenberg, Erich, Reichswehrmann, Berlin N 65, Prinz-Eugen-Straße 7 | Gutzmer, Karl, Berlin-Neukölln, Schillerpromenade 8 | Hartung, Alfred, Berlin O 27, Paul-Singer-Straße 11 | Hausmann, Arno, Potsdam, Kietzstraße 27 | Hedrich, Hans, Neukölln, Kopfstraße 56 | Hufenreuther, Berlin C 54, Grenadierstraße 2 | Janik, A., Berlin O, Zorndorfer Straße 34, Schlossaufseher | Kasimir, Klara, Neukölln, Einhornstraße 25 | Kasper, Hans, Berlin N 4, Chausseestraße 48 | Kowalewski, Elisabeth, Berlin N 54, Ackerstraße 35 | Küsell, Werner, stud. rer. pol., Berlin N 20, Drontheimer Straße 40 | Laube, Bruno, Berlin N 65, Kösliner Straße 6 | Lewin, August, Schlossermeister, Berlin N 37, Christinenstraße 10 | Loibersbeck, Samuel und Erich, Berlin-Neukölln, Wipperstraße 7 | Marx, Johann, Berlin-Neukölln, Siegfriedstraße 30 | Meinert, Arthur, Berlin NO 27, Holzmarktstraße 8 | Meisel, Richard, Berlin C 54, Grenadierstraße 2 | Niegemann, Henk, Berlin-Lichterfelde-West, Tulpenstraße 36 | Rau, Käthe, Berlin N 65, Reinickendorfer Straße 26 | Rauer, Fritz, Berlin-Neukölln, Donaustraße 12 | Röthel, Hans, Berlin, Wißmannstraße 17 | Scherwat, Berlin-Neukölln, Einhornstraße 7 | Seidler, Paul, Berlin-Weißensee, Amalienstraße 25 a | Sump, Richard, Berlin SW 29, Solmsstraße 40 | Teuber, Franz und Kurt, Berlin-Neukölln, Nogatstraße 1 | Weise, Kurt, Regierungsbaumeister a.D., Berlin NW 21, Bochumer Str. 12 | Wiencke, Hans, Berlin-Schöneberg, Hauptstraße 101 | Wolff, Margot, Berlin S 59, Schinkelstraße 12.

*Quelle: Die Menschenrechte, 1929, Nr. 9/10, S. 1–9.*

## Arthur Holitscher 60 Jahre. Der Mann mit den Augen

Von Kurt Tucholsky

Damals war ich nicht mehr ganz grün in Paris – ich konnte schon das linke Seine-Ufer vom rechten unterscheiden ... immerhin. Damals kam er nach Paris. Ich werde das nie vergessen. Weil ich nämlich neben ihm gehen durfte, während er sah – er sah, scheinbar absichtslos, er machte gar kein Wesens davon, dass er ununterbrochen aufnahm, beobachtete, registrierte, arbeitete – er sagte wenigstens kein Wort davon. Und dann las ich den »Narrenbaedeker durch Paris und London« – und war tief beschämt. Ich hatte doch, in Paris, dasselbe gesehen wie er – und ich hatte gar nichts gesehen. Er hatte gesehen – mehr: alles aufgesogen, was da war.

Über den Künstler Holitscher wäre manches zu sagen; wir sind kein ästhetischer Verein. Über den Kämpfer Holitscher ist etwas Erstaunliches zu sagen:

Dass dieser Mann eine Altersreife, eine neue Jugend erlebt – etwa, wie sie Fontane gehabt hat – nur ganz anders. Bei dem setzte der künstlerische Ast immer neue Triebe an, goldene Früchte hat er uns geschenkt – Holitscher, der lange Jahre lang (scheinbar) nur der tendenzlosen Kunst gelebt hat, beginnt, als reifer Mann etwas zu tun, wovon sich andere in diesem Alter auszuruhen pflegen: zu kämpfen.

Ich denke: wir können alle von ihm lernen.

Ich halte seine journalistischen Fähigkeiten für sehr groß. Seine technische Arbeit ist bewundernswert; wie er an das fremde Leben herangeht, wie er es erjagt, wie er es heimbringt: nämlich lebendig, was, wie männiglich bekannt, ungeheuer schwer ist. Den meisten von uns, denen eine Beute vergönnt ist, geht sie häufig unterwegs ein. Seine Bücher, seine Berichte leben.

Er hat ein seltsames, fast bitteres Gefühl gegen das Unrecht, das auf der Welt ist. Man möchte manchmal denken: es bereitet ihm einen Genuss, es aufzuspüren, er hat es vorausgesetzt, er setzt zum Fang an – und richtig! da ist es. Grimmig lächelnd hebt er es ans Licht. Er hat es nicht anders erwartet.

Dieser aktive Pessimismus hat schon viel Gutes zutage gefördert – gegründet ist er auf »dem brennenden Recht, das durch sein Herz fließt.«

Er weiß, wo es sich in der Welt bewegt – dahin geht er, da ist er immer zu finden. Und was in dieser stets bereiten Erwartung des Unrechts so auffällt und besticht, ist der unerschütterliche Optimismus Holitschers: es kann besser werden, es muss besser werden, es soll besser werden. Wenn wir nur arbeiten –! Er arbeitet.

In seinen autobiographischen Bänden stehen unschätzbare Seiten zum Verständnis dieser Zeit; was da als erlebt wiedergegeben ist, ist durchblutet – es hängt soviel Schmerz an den vergangenen Jahren ... Aber es ist ein gut angelegter Schmerz, ein heute aktivierter Schmerz.

Die Deutsche Liga für Menschenrechte verdankt dem sechzigjährigen Arthur Holitscher viel Gutes – wir drücken ihm dafür die Hand. Er hat so oft verlogene Geburtstagsfeiern, Fahnenweihen, Massenbetrunkenheiten und Trara erlebt – so wollen wir ihn nicht feiern. Wir wollen etwas anderes tun.

Wir wollen ihm versprechen, dass wir in seinem Sinne weiter arbeiten.

*Quelle: Die Menschenrechte, 1929, Nr. 9/10, S. 22f.*

## Nachruf für Paul Levi

Von Walter Loeb

*Paul Levi gehörte der »Deutschen Liga für Menschenrechte« seit dem Jahre 1922 an und war zeitweise in ihrem Vorstand. Er hat in vielen Prozessen, die Mitglieder der Liga zu führen hatten, diese vertreten. Levi war für uns immer da und hat unsere Sache oft mit Rat und Tat unterstützt. Zuletzt führte er mit Dr. Oskar Cohn zusammen den Prozeß Bullerjahn.*

*Die Redaktion*

Wessen soll man gedenken? Des Menschen, Politikers, Schriftstellers, Verteidigers, Künstlers oder des Freundes. Schon die Fragestellung beantwortet die Vielseitigkeit dieser seltenen Erscheinung eines Individuums, dessen ganze Existenz auf dem Glauben an die Massen und deren gesunden Instinkt beruhte. – Das war so merkwürdig an ihm, daß er, der wahrlich ein Einzelgänger war und für sich alle Vorrechte des Individualisten in weitestem Maße in Anspruch nahm, so in der Masse lebte, daß er die harten Menschen im Bergrevier Sachsens ebenso erfassen konnte, wie die unruhigen Naturen Mitteldeutschlands. Er freute sich an der Masse, er lebte von ihr. – Sie war ihm die Plattform seines Daseins und mit der Notwendigkeit der Organisation dieser Plattform begründete er, selbst an Tagen, wo er glaubte, es nicht mehr tragen zu können, sein Verbleiben in der Partei. –

Sicher war er ein scharfer Kritiker und vielleicht am Arzt gemessen, mehr Internist und Diagnostiker als Chirurg und Spezialist; aber der Fehler, der ihm anhaftete, wurde dadurch um ein Vielfaches verschärft, daß die maßgebenden Instanzen nur den Fehler nicht aber den Wert dieses Menschen für das politische Dasein erkannten und ihn negierten. – Schon die Tatsache seiner Erfolge im Kampf um das Recht hätte ihm einen anderen Rahmen bringen müssen. –

Dieser Verteidiger war von besonderem Format. – Es gibt schlechthin keinen anderen Ausdruck als ihn »nobel« zu nennen. – Nobel im weitesten Sinne des Wortes, ganz erfüllt von der hohen sittlichen Stellung, welche das Recht haben muß. Waren die Richter klein und häßlich, voreingenommen und übelwollend, er zwang sie meistens zu einem höheren Niveau und falls das nicht gelang, wandte er seine schärfste Waffe an: er beteiligte sich nicht mehr an der Verhandlung, er bestätigte dem Gericht sein Mißtrauen, er legte nieder oder sprach kein Wort mehr. – Dieser hohe sittliche Gehalt, der in seiner Tätigkeit lag, erkannten auch Richter, die, wenn auch rechtsstrebend, doch Sinn für Würde haben. – Er war ja so gerecht. – Er verteidigte keinen, von dessen Unschuld er nicht überzeugt oder dessen Tat ihm nicht verteidigungswert erschien. Er übernahm keinen Prozeß, den er für aussichtslos hielt, ja, er verteidigte selbst dort, wo er jemanden helfen konnte, der ihm persönlich zwar unsympathisch, doch in seinem Recht verletzt erschien. Er war ja immer selbst betroffen, denn sein Inneres war aufgebaut auf Sauberkeit und Recht. – Er war »der Anwalt des Rechts.«

So kannten wir ihn, so liebten wir ihn, so mußten wie seine Freunde und Weggenossen sein. – Und so ließ er uns plötzlich allein. – Wahrlich, für alles hatte er vorgesorgt, für jeden hatte er gedacht, nur daß er sterben sollte, das hat er nicht geglaubt und deshalb war es an jenem Sonntagmorgen so leer geworden, so entsetzlich leer auf dieser Welt. –

Einer aus seinem Wahlkreis legt mir die Frage vor: »Wo sollen wir jetzt hin? Bisher wußten wir doch immer, daß noch jemand da war.« Ich konnte keine Antwort geben. – Ich wußte es selber nicht, und ich weiß es heute, fast fünf Wochen nach seinem Tod noch nicht.

Das ist das Entsetzliche. – Hier ist eine Lücke, die kein anderer füllen wird, hier ist eine Wunde, die die Zeit nicht heilen kann. – Trotzdem müssen wir weiterschreiten – weiterschreiten. – In seinem Sinne es tun, heißt den geringen Dank abstatten, der uns möglich ist. – Den Dank dafür, daß wir diesen Menschen Freund und Gesinnungsgenossen nennen durften. –

*Quelle: Die Menschenrechte, 1930, Nr. 3, S. 10ff.*

## Mobilmachung gegen den § 218

Auf Veranlassung der »Deutschen Liga für Menschenrechte E. V.« versammelten sich vor einiger Zeit Vertreter namhafter konfessioneller, gewerkschaftlicher und humanitärer Organisationen, um ein gemeinsames Vorgehen zur Beseitigung des geltenden § 218 des Strafgesetzbuches zu erörtern. In der Diskussion kam die Einmütigkeit über die Notwendigkeit eines solchen Kampfes zum Ausdruck. Zur Durchführung dieser Aufgabe wählten die Versammelten ein Komitee, bestehend aus Dr. Créde, Grete Eichel, Marie Juchacz, Dr. Leo Klauber, Dr. Helene Stöcker und Geheimrat Julius Wolf.

*Quelle: Die Menschenrechte, 1930, Nr. 3.*

## Protest der Liga gegen die Beschlagnahme der Bilder von George Grosz

In den letzten Tagen sind seitens des Berliner Polizeipräsidenten und auf Veranlassung Berliner Gerichte auf einer Ausstellung Kunstwerke von George Gross beschlagnahmt worden. Diese Kunstwerke waren zum Teil Gegenstand eines Gotteslästerungsprozesses. Das erkennende Gericht hat damals seinen Freispruch u. a. mit folgenden Sätzen begründet: »Die Kunst ist frei! Im Interesse der Kultur darf ihr keine Zwangsjacke angelegt werden. Die Kunst ist ein höheres Kulturgut als die Empfindung von Mißverstehenden.«

Die »Deutsche Liga für Menschenrechte«, weit davon entfernt, etwaige Verletzungen religiöser Empfindungen gutzuheißen, weist darauf hin, daß die Ausstellung durch die Bekundung ihrer Tendenz sich an einen weltanschaulich geschlossenen Kreis wendet und daher nicht geeignet ist, die Empfindungen Andersdenkender zu verletzen.

Wollten ebenso die Kreise, die hinter dieser Ausstellung stehen, den Schutz ihrer Empfindungen bei entgegengesetzten Darstellungen verlangen, so würde die hier geübte Praxis zu einer unerträglichen Beeinträchtigung des im Art. 118 der Reichsverfassung gewährleisteten Rechtes der freien Meinungsäußerung führen. Daher erhebt die »Deutsche Liga für Menschenrechte« gegen die Beschlagnahme von diesen Bildern nachdrücklichst Protest!

*Quelle: Die Menschenrechte, 1930, Nr. 3, S. 20f.*

## Aufruf gegen den Antisemitismus

Die schwierige wirtschaftliche Lage wird von unverantwortlichen Elementen dazu benützt, eine schamlose antisemitische Hetze zu entfalten, die sich in letzter Zeit so gesteigert hat, daß offene Pogrome angedroht werden. Das Bestreben, eine besondere Schicht des deutschen Volkes für die wirtschaftliche Depression verantwortlich zu machen, muß von jedem anständigen Menschen auf das allerschärfste zurückgewiesen werden. Jedem Staatsbürger bleibt es unbenommen, frei und offen seine Ansichten auszusprechen, aber die Demagogie, mit der z. B. die nationalsozialistische Presse Tag für Tag arbeitet, ist eine Kulturschande ersten Ranges. Gegen diese Kulturschande erheben die Unterzeichneten ihre Stimme, weil sie nicht mitschuldig werden wollen an der infamen Verunglimpfung der Juden. Sie machen auf die in der Reichsverfassung jedem Staatsbürger gewährleisteten Rechte aufmerksam und fordern die Regierung auf, den angegriffenen Volksteil im Sinne der Reichsverfassung zu schützen. An das gesamte deutsche Volk appellieren die Unterzeichneten aber, sich von der kulturwidrigen, antisemitischen Hetze abzuwenden.

Deutschland ist heute das einzige große Land, wo diese Art von Antisemitismus überhaupt noch Boden hat. Sowohl im bolschewistischen Rußland wie im faschistischen Italien, ganz abgesehen von Frankreich, England oder Amerika, wird jede Gewalttätigkeit gegen Juden auf das entschiedenste abgelehnt. Erst kürzlich hat der italienische Ministerpräsident Mussolini erklärt, daß er den Antisemitismus innerhalb der faschistischen Bewegung weit von sich weise und sich keinesfalls mit der nationalsozialistischen Bewegung in Deutschland identifiziere. Eine mit den schlimmsten Terrormethoden arbeitende Minderheit darf nicht das deutsche Volk unter das Niveau der anderen großen Völker herabdrücken. Darum rufen die unterzeichneten Männer und Frauen, welche der jüdischen Religionsgemeinschaft nicht angehören, gegen diese Kulturschande des Antisemitismus auf.

*Quelle: Die Menschenrechte, 1930, Nr. 7. S. 8.*

## »Laßt Köpfe rollen«

Von Emil Julius Gumbel

*Zum Andenken an den Abgeordneten Karl Gareis unter der Aegide Kahr – Pöhner – Frick | Am 9. Juni 1921 von der Münchener Feme ermordet.*

In dem [...] vor dem Reichsgericht wegen Hochverrats durchgeführten Prozeß hat Herr Hitler am 25. September 1930 beschworen, die militärische Ausbildung der Sturmabteilungen von 1923 sei auf amtlichen Wunsch geschehen; bei seinem Putsch habe er unter Zwang gehandelt; heute sei die nationalsozialistische Bewegung streng legal; sobald sie gesiegt habe, werde er einen neuen Staatsgerichtshof einrichten und ganz legal »Köpfe rollen« lassen.

Im gleichen Sinn hat er ein halbes Jahr später am 8. Mai 1931 als Zeuge in dem wegen des Überfalls auf den Edenpalast gegen seine Anhänger angestrengten Landfriedensbruch-Prozeß pathetisch erklärt: »Man muß uns nach den Grundsätzen messen, dass wir ›absolut granitfest auf dem Boden der Legalität stehen‹«. Über die Bewaffnung der von ihm »Sportabteilungen« genannten Sturmabteilungen (S. A.) hat er sich allerdings auch diesmal zweideutig geäußert. Einerseits: »Die Organisation ist tatsächlich unbewaffnet. Würde ich hören, dass irgendwo Waffen sind, so würde ich sie der Behörde ausliefern.« Andrerseits: Wenn die Frage des Waffentragens hier herangezogen würde, dann könne er darüber nur unter Ausschluss der Öffentlichkeit aussagen, denn das berühre die Frage der Landesverteidigung.

Hitlers wiederholte Andeutung, dass die Bewaffnung und militärische Ausbildung der S. A. nicht von ihm, sondern von anderen Stellen, worunter nur die Reichswehr verstanden werden kann, ausgegangen sei, ist glaubhaft. Aber sie ist auch das einzig Glaubhafte an allen seinen Aussagen. Bereits 1922, sogar noch einen Tag vor seinem Putsch vom 9. November 1923, hat er genau dieselben Legalitätsbeteuerungen abgegeben.

Diese »Arbeiterbewegung« ist eine vorzügliche Kapitalschutzgarde. Die utopische Ökonomie des Dritten Reichs wird zwar in keiner Zukunft die Zinsknechtschaft brechen, real – und zwar bereits heute – ist nur der Terror, den die Träger dieser Irrlehre ausüben.

Dieser Terror ist keineswegs neu. Die Jahre der Inflation 1919–23 waren bereits mit politischen Morden erfüllt. Es genügt, die bekanntesten Namen wie Liebknecht, Luxemburg, Eisner, Gareis, Erzberger und Rathenau hervorzuheben.

Es gibt nun kein stärkeres Kriterium für die Legalität einer Bewegung als ihr Verhältnis zum Gesetz. Und da die Heiligkeit des menschlichen

Lebens zum mindesten in Friedenszeiten das oberste Gesetz jeder Gemeinschaft ist, ist die Einstellung zum menschlichen Leben das klarste Kriterium der Legalität.

Wir stellen daher im folgenden eine Liste derer zusammen, die von den Rechtsradikalen im Laufe der letzten Jahre getötet worden sind. Von den vielen Verletzten führen wir nur diejenigen auf, die im Zusammenhang mit Tötungen stehen. Diese Taten reichen vom feststehenden juristischen Begriff des Mordes in vielfachen Übergängen zu den weniger fest umrissenen Delikten des Totschlages, des Raufhandels, der vorsätzlichen und der fahrlässigen Körperverletzung mit tödlichem Ausgang, vom provozierten Überfall bis zum subjektiven Glauben an die Notwehr.

Auch bei Zusammenstößen der Kommunisten mit ihren Gegnern hat es Schwerverwundete und Tote gegeben. Die Nationalsozialisten sind wohl bewaffnet, militärisch formiert und uniformiert; sie unterstehen einer Disziplin. Die Kommunisten sind schlecht bewaffnet, ihr militärischer Verband ist aufgelöst. Nationalsozialisten wie Kommunisten handeln in Erregung. Aber die Nationalsozialisten folgen zudem noch einer wohlüberlegten Parole: Lasst Köpfe rollen! Dies führt zu gut vorbereiteten Mordanschlägen, wogegen die kommunistischen Taten vielfach als tumultuöse Abwehrreaktionen auf den faschistischen Terror auftreten und Morde im juristischen Sinn bei ihnen jetzt überhaupt fehlen.

Die nationalsozialistischen Taten entsprechen den Zielen und Theorien dieser Bewegung, welche zum Teil aus ihrer Programmlosigkeit heraus sich als überwertig empfindet und ihren Gegnern nicht nur die Zugehörigkeit zu diesem Lande, sondern sogar zum Menschengeschlecht abstreitet. Da die Marxisten in den national-»sozialistischen« Blättern nur als »Untermenschen« bezeichnet werden, bedeutet es keinen ethischen Makel, sondern umgekehrt eine nationale Großtat, wenn ein solches wertloses Leben ausgelöscht wird. Aus allen diesen Gründen sind die nationalsozialistischen Taten für die Bewegung typisch, systematisch, die der Kommunisten untypisch, sporadisch. Gerade deswegen müssen wir auch die letzteren erwähnen und sie als der sozialistischen Bewegung schädlich verdammen.

Von den Gerichten werden die Nationalsozialisten milde, die Kommunisten mit der ganzen Schwere des Gesetzes bestraft. Dies äußert sich bereits bei der Anklageerhebung. Wenn es bei Nationalsozialisten überhaupt dazu kommt, lautet sie auf fahrlässige Tötung oder Körperverletzung mit tödlichem Ausgang, bei den Kommunisten auf Totschlag oder Mord. Aus der großen Zahl der von Nationalisten begangenen Tötungen werden wir im folgenden eine beschränkte Auswahl von wohlbeglaubigten Fällen vornehmen, um den feierlichen Worten, den vor allem für die Außenstehenden offiziellen Befehlen der Parteileitung die Taten derer gegenüberzustellen, die in Hitler den kommenden Erretter sehen.

1. April 1924: In Grasdorf bei Hannover fand eine Gründungsversammlung des »Stahlhelm« statt, zu der die Stahlhelmleute der Umgebung militärisch formiert und mit Gummiknüppeln, Revolvern, Messern und Degen bewaffnet anmarschierten. Am Eingang zum Versammlungslokal kam es zu Auseinandersetzungen mit Arbeitern. Dabei wurde der 17jährige Willi Schulze von einem Stahlhelmmann mit einem Messer in den Hals gestochen. Am nächsten Tage starb er.

30. April 1926: In der Nacht vom Fastnachtsamstag auf Sonntag hatten Nationalsozialisten den Arbeiter Philipp Käufer aus Weingarten bei Kaiserslautern überfallen und misshandelt und waren mit einer Geldstrafe von 100 RM belegt worden. Die Berufung sollte am 4. Mai vor dem Schöffengericht in Lermersheim verhandelt werden. Als Belastungszeugen sollten der 19jährige Maurer Karl Ludwig Bauder aus Oberlustadt und sein gleichaltriger Freund Becker fungieren. Zur Abwehr solchen Terrors war geplant, am 2. Mai eine Ortsgruppe des Reichsbanners zu gründen.

In der Nacht vom 30. April zum 1. Mai um ½ 1 Uhr trafen 20 Nationalsozialisten unter der Führung des Hilfslehrers J. Schmidt auf Bauder und Korpet, die von Freimersheim nach Freisbach nach Hause radelten. Es erscholl der Ruf: »Haben wir dich jetzt!« Schmidt gab drei Schüsse aus einem Armeerevolver auf Bauder ab. Die Kugel ging durch die Magenwand und blieb im Rückgrat stecken. Durch den Lärm aufmerksam gemacht, versuchten zwei weitere Radfahrer, darunter Becker, aus Freisbach Hilfe zu holen. Becker kam mit Tragbahre und Kissen an. Die Nationalsozialisten sperrten die Straße ab, schlugen mit Prügeln auf Becker ein und verhinderten die Hilfeleistung mit den Worten: »Der Feind soll im Straßengraben zuerst verrecken.« Bis Hilfe kommen konnte, war Bauder verblutet. Der Lehrer Schmidt forderte am Tag nach dem Mord die Kinder auf, sich mit schwarz-weiß-roten Bändern zu schmücken.

28. Juni 1926: Drei Arbeiter, Adolf Wilke, Wenzig und der Reichsbannermann Felix Doktor, kommen in Breslau zu später Nachtstunde aus einer Distriktsversammlung der SPD. Ecke Augusta- und Yorkstraße begegnen sie zwei Stahlhelmleuten, Schön und Paul Magiera. Letzterer ist in Stahlhelmuniform. Wilke sagt: »Das ist Deutschlands Zukunft!« Magiera, ein schwächlicher, nervöser Mann mit Kriegsverletzung, ruft

sie an, die Arbeiter drehen sich um, Magiera feuert aus 15 m Entfernung, Doktor bricht, in die Brust geschossen, tot zusammen. Magiera, wegen Totschlags angeklagt, behauptet, nur zur Abschreckung geschossen zu haben. Das erweiterte Schöffengericht (Vors. Landgerichtsrat Sperlich, Oberstaatsanwalt Schäfer) bezeichnet den Ermordeten als weitgehend an dem Vorfall mitschuldig, verwirft die belastenden Aussagen der beiden Zeugen, billigt dem Täter Putativnotwehr zu und spricht ihn am 4.12.28 frei. Das Zentrumsorgan »Schlesische Volkszeitung« nennt diesen Freispruch einen Freibrief für Stahlhelmleute. Das Reichsgericht bestätigte ihn am 24. Juni 1927.

### Gerechtigkeit nach rechts und links

28. Juli 1926: Bei einer Stahlhelmbesprechung in Düsseldorf wird eine »inoffizielle Expedition in das Arbeiterviertel«, in dem der Konsumverein gelegen ist, verabredet. Fünfzig Stahlhelmer, mit Stöcken, Schraubenziehern, Messern, Pistolen und Gummischläuchen bewaffnet, darunter Christian Vobis, achtmal wegen Diebstahls vorbestraft, und sein Bruder Joseph, ein früherer Fürsorgezögling, wegen fahrlässiger Tötung vorbestraft, schaffen »Ordnung«, indem sie Arbeiterpassanten überfallen. Der Konsumvereinsangestellte Peter Erdmann, Mitglied des Reichsbanners, wird von dem Stahlhelmmann Bieber mit einem Knotenstock niedergeschlagen und erhält von Joseph Vobis von hinten drei Messerstiche, an denen er stirbt. Die Arbeiter Ling und Blatt werden von Christian Vobis schwer verwundet, die Fürsorgerin Pfannkuch geschlagen.

7. März 1928: In einer Schankwirtschaft in Prenzlau kommt es zu Auseinandersetzungen zwischen dem Dentisten Müller und den beiden Kommunisten Ziebell und Gielow. Müller zieht einen Revolver und gibt vier Schüsse ab. Ziebell, von einem Herzschuss getroffen, bleibt tot liegen, Gielow erhält drei Schüsse und stirbt im Krankenhaus.

### Heil Hitler!

17. November 1929: Ecke Gollnow- und Georgenkirchstraße in Berlin überfallen Nationalsozialisten einen kommunistischen Jungarbeiter Böhm. Stiche in Kopf und Herzgegend, Böhm bleibt tot liegen.

29. Dezember 1929: In der Nacht zum 30. Dezember überfallen die Nationalsozialisten Born, Rieck, Senkbeil, Kobierowski, Löwe, Döring und Vernicke ein kommunistisches Lokal Hellmuth in der Görlitzer Straße in Berlin. Der Arbeiter Walter Neumann wird in die Lunge geschossen,

vier andere Arbeiter schwer verletzt. Neumann stirbt vier Tage darauf im Urbankrankenhaus.

Am 3. Juni 1930 wurden Born, Rieck und Senkbeil wegen schweren Landfriedensbruchs in Tateinheit mit Körperverletzung mit Todesfolge und wegen unbefugtem Waffenbesitz vom Schwurgericht zu je 3 Jahren, 6 Monaten und 1 Tag Gefängnis verurteilt. Kobierowski, Löwe und Döring erhielten je 4 Monate Gefängnis mit Bewährungsfrist, Vernicke wird freigesprochen. Nach dem Urteil kam es im Gerichtssaal zu lauten Kundgebungen. Die Angeklagten und die nationalsozialistischen Zuhörer demonstrierten sprechchorartig mit dem Ruf »Heil Hitler!«

16. Mai 1930: Im Lokal zur Ameise in der Hauptstraße Schöneberg versammeln sich Mitglieder des Sturms IV und IX der NSDAP, mindestens 30 Mann. Ein Teil steht auf der Straße. Fünf Leute gehen in einer Reihe vorüber, ohne Platz zu machen, darunter der Zeitungshändler Heimbürger, ein Mann von jüdischem Aussehen. »Das sind für uns Kommunisten, los, auf ihn!« Heimbürger flüchtet über die Straße, fällt hin, der 21jährige Postaushelfer Egon Westenberger sticht auf ihn mit einem 4 cm breiten und 15 cm langen Dolch ein. Als Heimbürger sich aufrafft, wird er von dem Postschaffner Ilgner, dem früheren Schutzpolizisten Timpe und anderen Nationalsozialisten Niese, Dietrich, Burchardt und Winkler, lauter Jugendlichen, verfolgt, eingeholt und mit Gummiknüppeln geschlagen. Heimburger flüchtet in das Lokal Rathauseck, wird herausgeholt und zu Tode geprügelt und getreten.

Westenberger rühmte sich seiner Freundin gegenüber: »Den Dolch habe ich einem Kommunisten in den Leib gestochen. Aber das schadet denen gar nichts, die haben mich lang genug geärgert.« Vor Gericht sagte Timpe: »Ich habe auf alle Fälle den Mann auch noch gegen den Kopf geschlagen.«

### Dum-Dum-Geschosse

16. Mai 1930: In der Naugarder Straße in Berlin begleiteten zwanzig Nationalsozialisten ihren Gruppenführer nach Hause. Ecke Zelterstraße stießen sie um 1 Uhr nachts auf 18 Arbeitersportler, die von einem Skatabend kamen: Schlägerei. Die Nationalsozialisten Domke, der 19jährige Schneidergeselle Edgar Meier und der gleichaltrige Dekorateur Heinz Prüfke schießen. Die Kommunisten Erich Schumann und Albert Selenowski bleiben tot liegen. Munition und Pistole der beiden Mörder, die versteckt waren, wurden bei einer Haussuchung gefunden: der Stahlmantel der Munition war an der Spitze über Kreuz eingesägt.

6. Januar 1931: In Buerdissen bei Braunschweig wurde der Arbeiter Reinicke auf dem Nachhauseweg von drei Nationalsozialisten überfallen und totgeschossen.

18. Januar 1931: In Rewahl (Mark Brandenburg) kommt es bei einer Reichsgründungsfeier zu schweren Zusammenstößen zwischen Arbeitern und Nationalsozialisten. Der Bauer G. Schwarz ersticht den Arbeiter Willi Laabs; dessen Bruder wird durch einen Rückenstich schwer verletzt.

21. Januar 1931: In der Pallanzerstraße des Vororts Köln-Sülz werden Kommunisten auf der Straße von vorübergehenden Nationalsozialisten angerempelt. Die Kommunisten wehren sich. Der Führer der Nationalsozialisten gibt den Befehl: Feuer! Der Monteur Wilhelm Höschel wird durch einen Herzschuss getötet.

24. Januar 1931: In Stralsund dringen Nationalsozialisten in ein kommunistisches Lokal ein. Bei der Schlägerei wird der kommunistische Arbeiter Demblow durch mehrere Dolchstöße verletzt; er stirbt im Krankenhaus.

25. Januar 1931: In Grebenstein bei Kassel kommt es zu einem Krawall zwischen Nationalsozialisten und Kommunisten. Der jugendliche Kommunist Mohnsam wird durch ein Fenster auf die Straße geworfen und stirbt am 17. März an seinen Verletzungen. In dem wegen des Krawalls eingeleiteten Prozess sollte er ursprünglich als Angeklagter fungieren.

### Die waffenlose S. A.: Schneebälle und Schüsse

23. Februar 1931: In Zittau veranstalteten die Nationalsozialisten einen Fackelzug. Die Leitung des Abwehrkartells, des Reichsbanners und der SPD gaben die Parole aus, die Mitglieder sollen sich zum Schutz der Einrichtungen der Arbeiterschaft einfinden, jedoch die Kundgebung meiden. Die Kommunisten forderten zur Gegendemonstration auf, was zu Zusammenstößen mit der Polizei führte.

Als 200 Nationalsozialisten am Gebäude der Volksbuchhandlung vorbeikamen, wurden sie von Kommunisten mit Schneebällen beworfen und schlugen darauf mit brennenden Fackeln auf das Publikum ein. Der am Schneeballwerfen unbeteiligte Reichsbannermann Emil Kalbaß erhielt zunächst Schläge mit der brennenden Fackel. Gleichzeitig erfolgten zwei Schüsse aus den Reihen der marschierenden Nationalsozialisten. Emil Kalbaß erhielt einen tödlichen Brustschuss, der Jugendliche Walter Scholze einen Rückenschuss. Der nationalsozialistische »Freiheitskampf« berichtete über diesen Fall mit der Überschrift »Rotmord in Zittau«.

26. Juni 1931: Der Reichsbannermann Reinhold Pammler in Hannover war bereits seit längerer Zeit von den Nationalsozialisten bedroht worden. Auf dem Nachhauseweg wurde er von etwa 30 Nationalsozialisten überfallen, mit einem Maurerhammer über den Kopf geschlagen, durch Fußtritte auf den Unterleib verletzt. Im Krankenhaus erlag er nach 3 Wochen seinen Verwundungen.

Die von uns dargestellten politischen Morde sind nur ein Teilausschnitt aus einem umfangreichen Gebiet. Schon die tatsächliche Häufigkeit der Morde ist viel größer. Dazu kommen Hunderte von Leicht- und Schwerverletzten, die Zerstörungen von Versammlungslokalen, die täglichen Schlägereien, die Bedrohungen, unter denen wir alle leiden.

Ordnet man diese Taten zeitlich, so erhält man folgende Tabelle:

| | |
|---|---|
| 1924 | 3 |
| 1925 | 3 |
| 1926 | 4 |
| 1927 | 5 |
| 1928 | 6 |
| 1929 | 4 |
| 1930 | 20 |
| Halbjahr 1931 | 18 |
| SUMME | 63 |

Diese Zahlen verlaufen ungefähr parallel dem Anwachsen der nationalsozialistischen Bewegung, von 1924 bis 1929 sehr langsam, dann sprunghaft rasch. In diesen Bluttaten offenbart der Faschismus sein wahres Gesicht. Er zeigt dem deutschen Volk die Methoden, deren er sich bedienen wird, wenn er zur Macht kommen sollte.

Republikaner! Vergleicht Hitlers Schwüre mit dem Wirken seiner Anhänger!

Nieder mit den Faschisten, ihren offenen Anhängern und versteckten Freunden!

Wer den Faschismus nicht will, der kämpfe mit uns gegen dieses Mordsystem, der komme zur Deutschen Liga für Menschenrechte

Die Deutsche Liga für Menschenrechte kämpft:

Gegen den Krieg – für die Verständigung aller Völker – gegen die blutige Internationale der Rüstungsindustrie – für allgemeine und vollständige Abrüstung – gegen die Rassenhetze – für die Gleichberechtigung aller Menschen – gegen Justizmorde, Justizirrtum – für die Gerechtigkeit und für die Humanität und für das ökonomische Existenzminimum aller Menschen.

Druckschriftenmaterial und Literatur durch die Geschäftsstelle:
Berlin N 24, Monbijouplatz 10, Eing. I/3 Tr.

*Quelle: »Laßt Köpfe rollen«. Faschistische Morde 1924–1931. Im Auftrage der Deutschen Liga für Menschenrechte e.V. dargestellt von E. J. Gumbel.*

## Eine Büste von Rosa Luxemburg

Am 15. Januar 1931 jährt sich zum zwölften Male der Todestag Rosa Luxemburgs, einer Frau, deren wissenschaftliche und politische Größe, deren geschichtliche Bedeutung schon heute von immer größeren Kreisen anerkannt wird, deren menschliche Persönlichkeit in der Liebe und Verehrung ihrer Freunde fortlebt. Am 5. Mai 1931 haben wir ihres 60. Geburtstages zu gedenken.

Es ist bisher keine plastisch lebenswahre und lebensgroße Porträtbüste von Rosa Luxemburg vorhanden. Daher wird es jeden, der die Kämpferin und den Menschen Rosa Luxemburg liebt und verehrt, willkommen sein, zu erfahren, daß der Bildhauer Karl Lühnsdorf in Brandenburg a. H., unser langjähriges Mitglied, eine solche Porträtbüste geschaffen hat.

Das Original hat im Raum der DLM (am Monbijouplatz) Aufstellung gefunden und kann dort besichtigt werden.

*Quelle: Die Menschenrechte Nr. 9, S. 25.*